金陵全書

甲編·方志類·縣志

光緒續纂句容縣志（一）

（清）張紹棠 修
蕭穆 等纂

南京出版社
南京出版傳媒集團

圖書在版編目（CIP）數據

光緒續纂句容縣志 /（清）張紹棠修；（清）蕭穆等纂
. -- 南京：南京出版社，2020.10
（金陵全書）
ISBN 978-7-5533-2807-2

Ⅰ. ①光… Ⅱ. ①張… ②蕭… Ⅲ. ①句容－地方志
－清代 Ⅳ. ①K295.34

中國版本圖書館CIP數據核字（2020）第018744號

書　　名　【金陵全書】（甲編・方志類・縣志）
　　　　　光緒續纂句容縣志
編 著 者　（清）張紹棠修；（清）蕭穆等纂
出版發行　南京出版傳媒集團
　　　　　南 京 出 版 社
　　　　　社址：南京市太平門街53號　　郵編：210016
　　　　　網址：http://www.njcbs.cn　　電子信箱：njcbs1988@163.com
　　　　　聯系電話：025-83283893、83283864（營銷）　025-83112257（編務）

出 版 人　項曉寧
出 品 人　盧海鳴
責任編輯　嚴行健　余世瑶
裝幀設計　楊曉崗
責任印製　楊福彬

製　　版　南京新華豐製版有限公司
印　　刷　南京凱德印刷有限公司
開　　本　889毫米×1194毫米　1/16
印　　張　153.75
版　　次　2020年10月第1版
印　　次　2020年10月第1次印刷
書　　號　ISBN　978-7-5533-2807-2
定　　價　3200.00元（全四册）

南京出版社
圖書專營店

總序

南京，古稱金陵，中國著名的四大古都之一，是國務院首批公佈的國家歷史文化名城。

南京有着六十萬年的人類活動史，近二千五百年的建城史，約四百五十年的建都史，享有『六朝古都』『十朝都會』的美譽。南京歷史的興衰起伏在某種程度上可以說是中國歷史的一個縮影。在中華民族光輝燦爛的歷史長河中，古聖先賢在南京創造了舉世矚目、富有特色的六朝文化、南唐文化、明文化和民國文化，爲中華民族文化的傳承和發展作出了不朽貢獻。然而，由於時代的遞遷、戰爭的破壞以及自然的損毀等原因，歷史上南京的輝煌成就以物質文化形態留存下來的相對較少，見諸文獻典籍的則相對較多。南京文獻內涵廣博，卷帙浩繁，版本複雜。截至一九四九年中華人民共和國成立，南京文獻留存下來的有近萬種，在全國歷史文化名城中名列前茅。以六朝《世説新語》《文心雕龍》《昭明文選》，唐朝《建康實録》，宋朝《景定建康志》《六朝事迹編類》，元朝《至正金陵新志》，明朝《洪武京城圖志》《金陵古今圖考》《客座贅語》，清朝《康熙江寧府志》《白下瑣言》，民國《首都計劃》《首都志》《金陵古蹟圖考》等爲代表的南京地方文獻，不僅是南京文化的集中體現，也是中華民族優秀傳統文化的重要組成部分。這些南京文獻，積澱貯存了歷代南京人民的經驗和智慧，翔實地反映了南京地區的社會變遷，是研究南京乃至全國政治、經濟、軍事、文化、外交和民風民俗的重要資料。

歷史上的南京文化輝煌燦爛，各類圖書典籍琳琅滿目。迄今爲止，南京文獻曾經有過三次不同程度的整理。

第一次是距今六百多年前的明朝永樂年間，明朝中央政府在南京組織整理出版了《永樂大典》。《永樂大典》正文二萬二千八百七十七卷，凡例和目録六十卷，分裝成一萬一千零九十五册，總字數約三億七千萬字。書中保存了中國上自先秦、下迄明初的各種典籍資料達七八千種，是中國古代最大的類書。

第二次是民國年間，南京通志館編印了一套《南京文獻》。《南京文獻》每月一期，從一九四七年元月至一九四九年二月共刊行了二十六期，收入南京地方文獻六十七種，包括元明清到民國各個時期的著作，其中收録的部分民國文獻今天已經成爲絶版。

第三次是二〇〇六年以來，南京出版社選取部分南京珍貴文獻，整理出版了一套《南京稀見文獻叢刊》點校本，到二〇二〇年，已經出版了六十九册一百零五種，時代上起六朝，下迄民國，在學術普及方面作出了一定的貢獻。

中華人民共和國成立以來，尤其是改革開放以來，南京的政治、經濟、文化建設飛速發展，但南京文獻的全面系統整理出版工作一直没有得到應有的重視，這與南京這座國家歷史文化名城的地位頗不相稱。據調查，目前有關南京的各類文獻主要保存在南京圖書館、南京市檔案館，以及全國各地的高等院校、科研院所、圖書館、檔案館、博物館，少數流散於民間和國外。一方面，廣大讀者要查閲這些收藏在全國各地的南京文獻殊爲不便；另一方面，許多珍貴的南京文獻隨着歲月的流逝而瀕臨損毁和失傳。南京文獻的存史、資治、教化、育人功能没有得到應有的發揮。

盛世修史（志）。在中華民族和平崛起和大力弘揚民族傳統文化、全力發展民族文化事業的大背景下，在建設『文化南京』的發展思路下，中共南京市委、南京市人民政府於二〇〇九年十二月作出决定，將南京有史以來的地方文獻進行全面系統的匯集、整理和影印出版，輯爲《金陵全書》（以下簡稱《全書》），以更好地搶救和保護鄉邦文獻，傳承民族文化，推動學術研究，促進南京文化建設；同時，也更爲有効地增加南京文獻存世途徑，提昇南京文獻地位，凸顯南京文獻價值。

爲編纂出能够代表當代最高學術水平和科技成就，又經得起時間檢驗的《全書》，我們將編纂工作分成三個階段進行。第一個階段爲調研階段，主要對南京現存文獻的種類、數量、保存現狀以及收藏地點等進行深入細緻的調研，召集專家學者多次進行學術論證和可操作性論證，撰寫出可行性調查報告，爲科學決策提供依據，此項工作主要由中共南京市委宣傳部和南京出版社組織完成。第二個階段爲啓動階段，以二〇〇九年十二月二十四日召開的『《金陵全書》編纂啓動工作會』爲標志，市委主要領導親自到會動員講話，市委宣傳部對《全書》的編纂出版工作作了明確部署。在廣泛徵求專家學者意見的基礎上，確定了《全書》的總體框架設計，確定了將《全書》列爲市委宣傳部每年要實施的重大文化工程，確定了主要參編責任單位和責任人，並分解了任務。第三個階段爲編纂出版階段，主要在全國範圍内進行資料的徵集、遴選和圖書的版式設計、複製、排版及印製工作。

爲了確保《全書》編纂出版工作的順利進行，中共南京市委、南京市人民政府成立了專門的編纂出版組織機構。其中編輯工作領導小組，由中共南京市委、市政府領導以及相關成員單位主要負責人組成；《全書》的編纂出版工作由市委宣傳部總牽頭；學術指導委員會，由蔣贊初、茅家琦、梁白泉等一批全國著名的專家學者組成，負責《全書》的學術審核和把關。

《全書》分爲方志、史料、檔案和文獻四大類。自二〇一〇年起，計劃每年出版四十册左右。鑒於《全書》的整理出版工作難度較大，周期較長，在具體操作中，我們採取了分工協作的方式。市委宣傳部和南京出版社負責《全書》的總體策劃，其中方志部分，主要由南京市地方志編纂委員會辦公室和南京出版傳媒集團·南京出版社共同承擔；史料和文獻部分，主要由南京圖書館承擔；檔案部分，主要由南京市檔案局（館）承擔。《全書》的編輯出版，得到了江蘇省文化廳、江蘇省新聞出版局、江蘇省檔案局（館）、南京大學、南京圖書館、南京市文廣新局、南京市社科聯（社科院）、南京市文聯、金陵圖書館以及各區委宣傳部和地方志辦公室等單位及社會各界的熱情鼓勵和大力支持，尤其是得到了中國國家圖書館和全國各地（包括港臺地區）高等院校、科研院所、圖書館、檔案館、博物館等藏書單位的鼎力相助，在此表示深深的謝意！

我們相信，在中共南京市委、南京市人民政府的長期不懈支持下，在各部門、各單位的積極配合和衆多專家學者的共同努力下，這項功在當代、利在千秋的傳世工程一定能够圓滿完成。

《金陵全書》編輯出版委員會

凡例

一、《金陵全書》（以下簡稱《全書》）收録的南京文獻，分爲方志、史料、檔案和文獻四大類。

二、《全書》按上述四大類分爲甲、乙、丙、丁四編，以不同的封面顏色加以區分；每編酌分細類，原則上以成書時代爲序分爲若幹册，依次編列序號。

三、《全書》收録南京文獻的地域範圍，包括了清代江寧府所轄上元、江寧、句容、溧水、高淳、江浦、六合。

四、《全書》收録的南京文獻，其成書年代的下限爲一九四九年。

五、《全書》收録方志、史料和文獻，盡量選用善本爲底本。《全書》收録的檔案以學術價值和實用價值較高爲原則，一般選用延續時間較長、相對比較完整的檔案全宗。

六、《全書》收録的南京文獻底本如有殘缺、漫漶不清等情况，必要時予以配補、抽换或修描，以保證全書完整清晰；稿本、鈔本、批校本的修改、批注文字等均保留原貌。

七、《全書》收録的南京文獻，每種均撰寫提要，置於該文獻前，以便讀者了解其作者生平、主要内容、學術文化價值、編纂過程、版本源流、底本採用等情况。

八、《全書》所收文獻篇幅較大時，分爲序號相連的若幹册；篇幅較小的文獻，則將數種合編爲一册。

九、《全書》統一版式設計，大部分文獻原大影印；對於少數原版面過大或過小的文獻，適當進行縮小或放大處理，並加以説明。

十、《全書》各册除保留文獻原有頁碼外，均新編頁碼，每册頁碼自爲起訖。

提要

《光緒續纂句容縣志》二十二卷，清張紹棠修，蕭穆等纂。

張紹棠，字星五，安徽桐城人（今安徽桐城），附貢。光緒二十五年（一八九九）署理句容知縣。蕭穆，字敬孚，安徽桐城人，縣學生。近代文獻學家，《清史稿》本傳稱：『其學博綜群籍，喜談掌故，於顧炎武、全祖望諸家之書尤熟。』

光緒己亥（一八九九），張紹棠署理句容縣事，與士大夫詢及邑志，知自乾隆以來百餘年未曾修纂，而前志如弘治、萬曆、順治等又皆佚，乾隆志亦僅存抄本而殘缺不全，以為『第不及今為之，後之君子雖慨然欲補前人之未逮之業，恐無從措手者矣』，於是與邑人駱文鳳、張瀛、張余堂及姜彬等商議續修縣志之事。其間桐城蕭穆至，亦參與其事。次年張紹棠移署東台（今江蘇東臺），而編纂工作尚未完成，遂囑託駱、張等人繼續編務，而自己仍負責匯總、校勘、刊板之事。在匯總後的拾遺補缺、刊誤删潤過程中，蕭穆出力甚多，故為總纂。

《光緒續纂句容縣志》是一部集集眾人之力修纂的志書，除主修、總理、總纂外，尚有分纂四人，採訪十九人，采送四十九人，校對七人，經捐七人。

本志體例仿《光緒續纂江寧府志》。開篇為《光緒續纂句容縣志序》。卷首：目錄、續纂銜名、凡例，附列纂修縣志願捐征信錄，後為句容縣輿圖及圖說。輿圖有句容縣全境圖、赤山湖圖、句容縣十六鄉山水圖、句容縣治圖、華陽書院圖、貞孝節烈祠圖、邑廟圖、永豐倉圖、新建茅山松風樓圖及重修崇明寺塔圖。卷一：聖澤紀，記載有清一代自順治元年迄於光緒二十三年關於句容之政令、巡幸、旌表、科貢諸事，尤詳於康熙、乾隆南巡、頒賜事。卷二：建制、大事記、古跡。建制詳述句容之城垣、祠廟、公署、驛站、倉廒、書院、善堂及橋樑、道路；大事記記載句容自夏代至明代的名人軼聞、軍政大事、行政區劃變遷等；古跡記載縣之寺、觀、庵、院、樓、閣、泉及牌坊、墓葬等。卷三：祠祀、學校。祠祀記載縣内祭祀各神祇、社稷、先賢之壇廟，學校備載縣之學宮、祀位、祀儀、祭器、樂器、樂懸、書籍、學額、學田、書院、賓興等。卷四：實政，記載社會治理狀況，諸如賑濟災荒、貧弱，勸課農桑、興修水利、戶口清查、社會治安等。卷五：田賦，詳載土田、戶口人丁及相應賦稅額數，並各項雜稅、鹽引等，詳列財稅之各項支出。卷六：水利、風俗、物産。水利分湖、河、塘、壩、閘、圩等各種水利設施或工程；風俗物産記縣內風俗人情及方物特産。卷七：秩官表、科貢表、選舉。秩官表詳記歷年知縣、縣丞、教諭、訓導、典史等任職情況，後附歷任龍潭司巡檢、城守汛把總；科貢表詳記歷年進士、舉人、貢生、武科；選舉記載以薦辟、封典、恩蔭、應例、別進等途徑選拔之人才。卷八：人物（宦績、先正、孝友）。卷九：人物（仕績、儒行、文學、武功、耆年、技藝）。卷十：人物（義行附義舉）。卷十一：人物（忠義、忠義表）。卷十二：人物（流寓、方外）。卷十三：列女（節婦）。卷十四：列女（孝婦、孝女、烈婦、烈女、貞女、賢媛、才媛）。卷十五：列女（貞烈、貞烈表）。卷八至卷十五以小傳簡述各類人物生平。卷十六：金石上，據楊世沅《句容金石記》，列自秦以來碑、刻目三百七二，補遺十四。卷十七：金石中、金石下。錄自孫吳至清光緒年間歷代尚存的寺觀、學校、墓志、祠廟等碑、刻百餘，錄碑、刻文數十。卷十八：藝文（書目、詩、文）。書目分經、史、子、集、志乘、閨秀集、方外集等類，詳列見諸方志、史乘之句邑著述家著作名目；詩、文則廣集此時期內關於句容之文物故事、風土人情、人物傳記以及生活隨感雜錄等作品。

卷十九：祥異、兵事。祥異記乾隆二十五年以來之災、變、疫、異；兵事詳載咸豐三年至同治三年間之戰事。卷二十：拾補，收錄前志所疏漏及本志所未收之人物故事二百餘。卷末：志餘雜俎，匯集在編輯本志過程中所收集但並未編刊之資料。

本志接續《乾隆句容縣志》，記事始於乾隆，迄於光緒。相較於前代志書，本志格外重視鄉邦文獻的搜集，收錄了大量的奏疏、諭旨、碑刻及個人著作，盡可能搜集當時能用的資料，真正實現了張紹棠所期望的『精粗俱舉，細大不捐』，成為歷代縣志中搜羅材料最多最全的一部。如『金石』卷，楊世沅在《重刊乾隆句容縣志序》中自云：『掇拾自秦以來碑記數百種，……為《句容金石記》，先以碑目附入新志，或亦典獻之一助云。』又『苦心抉剔尚數十種，如獲遺珠，作《金石第十六》』（《續纂句容縣志凡例》）。又如『藝文』卷，編纂者遍檢各種家乘、志書，兼以採訪，『搜遺摭秩，尚獲三百餘種』。另外，本志還詳細記述太平軍與清軍在縣境內的攻防戰鬥，以及戰爭期間大量的人物故事，是瞭解此時期句容地方歷史的重要資料。《中國地方志總目提要》認為本志：『是研究晚清句容社會狀況的重要資料，具有典則，詞亦典雅，失之簡要。』

本志現存有光緒三十年（一九〇四）刻本、民國七年（一九一八）刻本。

志書初版後，刻板收藏于句容縣學內。清末民初之際戰事不斷，民國七年，駐紮在縣學內的兵士或拿刻板來做枕，或拿來做柴燒，不出旬月，刻板就損失了千餘片。在時任句容縣知事應祖康的主持下，對遭毀滅之板進行了補刻，旋即重印。《金陵全書》收録的《光緒續纂句容縣志》以南京圖書館藏光緒三十年刻本為底本影印出版。該書原板框尺寸横長十三點六厘米，縱高十七點五厘米，現擴為横長十四點七厘米，縱高二十厘米。

劉玉斌

續纂句容縣志

維支甫署

光緒甲辰

春三月刊

光緒續纂句容縣志序

昔明顧文莊公嘗謂地方文獻士大夫宜留心搜訪至前代圖籍尤宜甄錄雖簡編零缺亦當以殘珪碎璧視之公所記有六朝唐宋元金陵志凡五十餘種今存者唐許嵩建康實錄二十卷宋周應合景定建康志五十卷張敦頤六朝事迹編類二卷元至正金陵新志十五卷然公亦僅據金陵新志訛闕之本其他均未之見也已亥春紹棠攝篆句容與士大夫詢及邑志知始修於明宏治繼萬曆及　國朝順治乾隆皆曾更纂今百數十年未有討及者宏治萬曆順治志已佚曹公襲先乾隆志亦僅舊鈔本尚殘缺不可校邑楊芷香學博聞杭州　文瀾閣有藏本乃展轉假鈔重栞將次竣工紹棠遥想顧公所記五十餘種必多句容人物事迹可備甄錄者且建康實錄許嵩郎句容

人也然公尙均未見今更何求而得之哉又閲嘉慶光緒江甯府志於句容頗疎略亦以句容志失修文獻無徵斷非憑虛結搆所能爲力也第不及今爲之後之君子雖慨然欲補前人未逮之業恐無從措手者矣爰與駱君桐君張君蓬仙張君子升暨主講華陽書院修文姜君鑑堂肇議續修適吾桐蕭君敬孚至又與之探討搜輯者旬餘芷香與其昆弟饌淸首捐巨貲爲之倡庚子三月紹棠移署東臺采纂尙未就緒乃屬桐君蓬仙子升務期精粗俱舉細大不捐凡總理校勘栞板之事紹棠仍自肩倚嗣因諸類犕備繕稿見詒公暇復加拾遺補闕而刊誤删潤又得敬孚之贊爲多竊念斯邑爲明太祖高皇帝里閈我

朝

聖祖仁皇帝

高宗純皇帝皆六次　南巡由瓜洲渡大江幸京口金焦兩山
及　鑾迴蘇浙登陸而幸金陵　翠華所駐龍潭寶華　行宮
在焉
睿藻頻摛
宸翰疊降昭回雲漢照耀湖山　兩朝盛典諸書班班可考也
聖祖仁皇帝　南巡先文端公曾四次扈從先文和公亦兩次
扈從先公均好山水隨
上登寶華而眺三茅諸山蜿蜒磅礴峯巒奇麗未嘗不時懸心
目之間紹棠忝涖茲土慨想前徽倍茲鄭重而不敢與尋常下
州小邑等量齊觀者蓋非一端已也夫山川能說可爲大夫文
獻有徵方能言禮士君子伏處蓽門迴翔文囿而於桑梓枌榆
詢其形勢無馬援指畫之圖考其人文謝朱育宴見之對一朝

發迹閭巷掘起雲霄又安能具知天下扼塞戶口多少强弱之處民所疾苦俾各區畫條理而爲之所悉臻至治乎今旣嘉桐君蓬仙子升饌淸芷香於年湮代遠之餘抽厥秘思發攄才智尋墜緒於旣往示遺型於將來深有合於鄉先達顧文莊公明訓更望邑之後進景仰前修隨時法守前言往行多識多聞處則可以蓄德師表人倫出則擴而充之可以輔佐

皇猷以永保我

國家累代文明之盛而紹棠亦藉此竊取知所先務之名免誚於尸位素餐遥遥勉繼曹公之業也

大清光緒二十七年歲在辛丑春三月

誥授朝議大夫　賞戴花翎署東臺縣知縣前署句容縣知縣

桐城張紹棠謹序

續纂句容縣志卷之首

目錄

續纂句容縣志卷之首

續纂銜名

督修

頭品頂戴兵部侍郎江蘇巡撫恩　壽藝棠鑲白旗滿洲人

主修

四品銜賞戴花翎句容縣知縣張紹棠星五安徽桐城縣人

參閱

句容縣教諭顧鴻闓澤軒通州人

句容縣訓導張祥書笏山丹徒縣人

贊修

句容縣巡檢趙鑑三可夫山東人

句容縣典史吳　棟紹賡河南固始縣人

總理兼監修
五品銜候選直隸分州恩貢生駱文鳳 桐君

總纂
孝廉方正貢生蕭穆 敬孚 安徽桐城縣人

分纂
兼收掌采訪校對五品銜歲貢生張瀛 蓬仙
兼采訪廩貢生張餘堂 子升
五品銜前代理興化縣訓導歲貢生陳汝恭 子壽
舉人姜彬 鑑唐 貴州修文縣人

采訪
廩生劉慶壽 紹彭
增生胡景洛 修梅

監生曹方璋琢齋
附生張益順耳臣
歲貢生田進道循之
附生駱崇光近廷
兼校對增生張桂馨一山
附生張受福介兹
附生許傳薪丙昭
增生田守經子畬
附生駱煊象山
附生笪元輝星垣
附生張長年紫田
附生楊聲遠

歲　貢　生劉　渭徵祥
監　生葛懋泰小舒
監　生蔄坤三
附　生張麗燦旭初
候選教諭歲貢　生施貞文炳如
采送
從九　品許　鼐調元
兼校對附　生駱崇霽南雲
附　生周應達
附　生高　俊鳳鳴
附　生倪克邦汝賢
附　生蔣獻治海平

在任候選知府廣東嘉應州知州舉人蔣鳴慶 近垣

內閣中書前沛縣教諭拔貢生楊世沅 子湘

就職訓導歲貢生陳汝權 惠卿

舉人朱逢咸 竹君六合縣人

廩貢生黃渠 清臣六合縣人

廩貢生朱廷楨 聘卿

附生鄭大康

附生章蘭芳 亞梅溧水縣人

附生王榮浩

附生駱登雲 錦裳

附生宋道一 貫之

附生鄭建辰

附生章煥章 堯文

附生許洪才

附生朱學鏞

附生王應淮 雲章

附生王言綸 敬敷

監生韓瑤齡 宗姚

附生裔渭元

童生章鳳章 步墀

附貢生王厚銘 功甫

廩生俞濟川 御卿

廩生駱崇恩 繼海

五品銜藍翎候選縣丞廩貢生許兆元 冠伯

附生葛寶璋 子玉
監生吳樹勳
附生劉照青
增生鄭大康
廩生陳繼美 尊五
廩生陳兆鰲 六峰
廩生倪康壽 介眉
附生朱士鸞 鳴和
附貢生駱文華 玉堂
增貢生王彬 蔚章
附生華文煥 堯章
附生樊道仁 靜庵

附　生王長建 植甫

附貢生黃　輅 賓階

歲貢生高成隆 子興

廩　生孔昭明 月秋

廩　生張長齡 少伯

附　生張長華 蕚樓

附　生劉本銳 蓄之

校對

附　生徐　夔 韶甫

附　生張緝熙

附　生王自修 簡齋

附　生田守文 杏村

附生張庚經仙樵
附生孔繁增壽川
附生王厚基肇初

經捐

就職訓導歲貢生張澍渭川
候選教諭恩貢生束錫桐晉卿
歲貢生楊瑞椿逢年
監生紀邦恩懷清
監生趙燮堂
附生倪安瀾鳳池
廪生張恩福錫之

監刊

貢

生李鴻志仰超旌德縣八

續纂句容縣志

凡例

修志宜循古法昔人云取前志之佳者摹印以傳弁掇近代事實依原目以續之則善矣吾容邑志修於乾隆庚午距今光緒庚子已百五十餘年中更兵火舊籍蕩然無存借鈔文瀾閣藏本梓刷全帙新志仿光緒續纂江甯府志例有昔無而今增設昔佚而今補錄者總其大凡分門二十而隨類附目釐爲二十二卷

列朝恩澤愈久難忘我　聖祖仁皇帝　高宗純皇帝皆六次　南巡　翠華所駐龍潭寶華而外雖江郇山墅均沐　天子之光　睿藻頻摛　恩綸疊沛自是以後　深仁厚澤有加無已恭稽　盛典作　聖澤記第一

輿地山川無可續也粵寇跳梁慘罹浩刼公署祠廟以及倉
庫橋梁投諸一炬兵燹後稍稍規復作續建置第二
吾容爲近畿大邑漢元建藩前明開府往來冠蓋實繁有徒
網羅舊聞聊資掌故作大事記第三
句曲洞天古稱名境山房精舍棋布星羅舊乘所收容有未
備作補古蹟第四
祀典所重禦災捍患保我黎庶馨香特薦以答神庥非若梵
宇琳宫僅資游覽已也作祠祀第五
陶育英才端賴庠序亂定後規模草創俎豆既陳笙鏞宜備
而儀器縷載不厭其詳作續學校第六
前志云振荒良法優於他邑惜無類附入今臚舉風流善政以
誌黍雨棠陰作實政第七

句容厥田中下厥賦上中報墾雖及六成而賦皆上則背山臨江歲無全稔大憲軫念窮黎奏免三成以舒民力今據府志及檔册僅志一時之蹟作續田賦第八

句容居萬山中山多圩少宜開塘壩而赤山湖爲四邑九鄉水櫃年久淤墊左文襄開濬湖河修建橋閘爲百世利焉作水利第九

風俗物產附載前志輿地今仿續府志例專列一門以備輶軒之采作風俗物產第十

秩官一表第班姓氏而已其有卓然可紀者并諸人物亦循府志例也作續秩官表第十一

前代科名之盛甲於他邑乾嘉後稍衰落矣今徵郡志及家傳所錄作續科貢表第十二

漢晉以來進身之途甚廣至明始偏重科第要之人才何途
蔑有同治閒戡定髮逆霞蔚雲蒸不僅出科舉中也作續選
舉第十三
茅華鍾靈閒生英特官斯土者旣宦蹟卓著而耆舊寓賢以
及緇黃所萃非無佼佼者也紅羊歷刼捐軀赴義者不下數
萬戶臚列於表十僅二三作續人物第十四
貞孝節烈巾幗完人更生氏所爲作古列女傳也前志誤入
人物今特設一門以維陰敎作列女第十五
句容爲漢封縣碑版最夥自明初墁地煆灰淪滅已盡搜羅
故籍多至三百餘種聊存碑目而已而頹垣破壁閒往往橫
臥斷碣苦心抉剔尚數十種如獲遺珠作金石第十六
抱樸著書而外唐許箋經殷樊拈韵搜采遺目尚三百種可

謂彬彬矣至若長篇短什風化攸關流連名勝者彙爲一編作續藝文第十七

天官五行史家所重乾嘉以來凡旱乾水溢彗孛星流及草木之異備書於簡以資警惕作續祥異第十八

句曲自古爲兵衝瀕江一帶屢遭蹂躪咸豐庚申淪爲賊窟屠戮之慘民無孑遺然　王師之鵰勦與團丁之堵截戰地營壘形勝扼塞迄今思之若聚米畫地髣髴可覩焉作兵事表第十九

秘籍莫肯上呈古書亦難驟得致抱滄海長遺之憾今捃采家乘於前志所疏漏者作拾補第二十

倒倉傾廩尙有餘粱轢釜轑羹豈無遺炙棄之可惜過而存之作雜俎以附卷末

今將纂修縣志願捐徵信錄列於後
前任荆溪儒學楊世盛願捐洋叁百元
前沛縣教諭升用内閣中書楊世沅願捐洋壹百元
分鋏先選用分縣楊世森願捐洋玖拾元
工部郎中楊世興願捐洋捌拾元
佾生楊世霖願捐洋陸拾伍元
州同朱攸縉願捐洋陸拾伍元
楊世順願捐洋伍拾元
王長本願捐洋柒拾元
徐道熙願捐洋伍拾元
州同包炳南願捐洋肆拾伍元
王貞春願捐洋肆拾元

候選府同知俞芳華願捐洋叁拾元

監生楊瑞祥願捐洋叁拾元

徐國安　朱攸松　顧長明　經傳惠　楊啟恂
林道興　周貞安　曹順鴻　楊世富　王貞恒　共捐洋叁拾元

紀德願捐洋貳拾肆元

文生李繼仁願捐洋貳拾元

四品銜候選府同知楊履謙願捐洋貳拾元

候選府同知楊金聲願捐洋貳拾元

布政司理問吳中立願捐洋貳拾元

駱金門願捐洋貳拾元

張如松願捐洋貳拾元

張紫卿願捐洋貳拾元

譚雲峰願捐洋貳拾元
國史館謄錄楊履恆願捐洋拾伍元
俞毓川願捐洋拾伍元
附生楊世久願捐洋拾貳元
章徵清願捐洋拾元
汪樹森願捐洋拾元
李國祥願捐洋拾元
許　鼐願捐洋拾元
陳隆興願捐洋拾元
沈春泉願捐洋拾元
紀懷清願捐洋拾元
楊瀛洲願捐洋拾元

沈斌臣願捐洋拾元
楊逢年願捐洋拾元
耿斗樞願捐洋捌元
俞授亭願捐洋捌元
復盛坊願捐洋柒元
王隆昌願捐洋柒元
陳汝桂堂願捐洋伍元
正興坊願捐洋伍元
端輔臣願捐洋伍元
戴春塘願捐洋伍元
王念曾願捐洋伍元
吳承彬願捐洋伍元

在任候選府廣東香山縣知縣蔣鳴慶願捐洋貳百元
朱居達願捐洋壹百元
王厚宗願捐洋壹百元
陳振和願捐洋陸拾元
賞戴花翎同知銜監生濮德泰願捐洋伍拾元
樊啟文願捐洋伍拾元
趙廷樽願捐洋伍拾元
張廷龤願捐洋肆拾元
趙燮堂願捐連泗紙肆塊
許珍漢願捐洋叁拾元
徐家樓願捐洋叁拾元
振源坊願捐洋貳拾元

續纂句容縣志

許立松願捐洋貳拾元
沈承實願捐洋貳拾元
章安泰願捐洋貳拾元
俞天成願捐洋貳拾元
孫明德願捐洋拾玖元五角
許廣燿願捐洋拾玖元
顧有瓆願捐洋拾伍元
陳濟川願捐洋拾元
劉師福願捐洋拾元
章傳椿願捐洋拾元
章傳家願捐洋拾元
斐耀文願捐洋拾元

戴友餘願捐洋拾元
徐義隆願捐洋拾元
許先福願捐洋拾元
許兆元願捐洋拾元
王東生願捐洋玖元伍角
王錦章願捐洋玖元伍角
李志高願捐洋陸元
施煥春願捐洋陸元
趙瑞章願捐洋伍元
汪伯壎願捐洋伍元
王春甫願捐洋伍元
曹樊川願捐洋伍元

源茂隆願捐洋伍元
朱寶芳齋願捐洋伍元
俞頴清願捐洋伍元
汪翰卿願捐洋貳拾元
濮竹菁願捐洋肆元
王懷奇願捐洋肆元
欒維新願捐洋貳元
笪　奇願捐洋貳元
張翼雲願捐洋貳元
端利濱願捐洋貳元
王德森願捐洋壹元
黄　輅願捐洋貳拾元

賞戴花翎在任候選道署丹徒縣知縣前署句容縣知縣張紹棠捐廉洋壹千陸百元

計開出入各項列後

支采訪薪水洋叁百元

支纂修薪水洋捌百元

支謄錄校對薪水洋貳百元

支筆墨紙張搨碑洋叁拾元

支局用伙食洋肆百元

支各處勸捐川資洋叁百肆拾元

支刻資洋壹千叁百元

支三百部紙張洋捌百元

支刷印裝訂洋貳百元

共入捐洋肆千壹百零柒元伍角

共支洋肆千叁百柒拾元

駱文鳳墊用洋貳百陸拾貳元伍角

續纂句容縣志卷之首

邑人張　瀛分纂

輿圖

邑志之圖率皆點綴景物吾容向無此陋獨所續稍疏脫耳乾隆輿圖較勝舊本然未若近世之牛毛繭絲纖悉必備也佗邑水皆東注而容獨西流山勢環抱險而易守絳湖南匯大江北繞形勢之勝也民足其食士勤其業重節義和神人百廢具舉焉若夫修阿育之塔倚貞白之樓摎尋勝蹟豈徒流連光景已乎爰就建復繪爲十圖未復者不與焉作續輿圖志

句容縣全境圖

每方十里

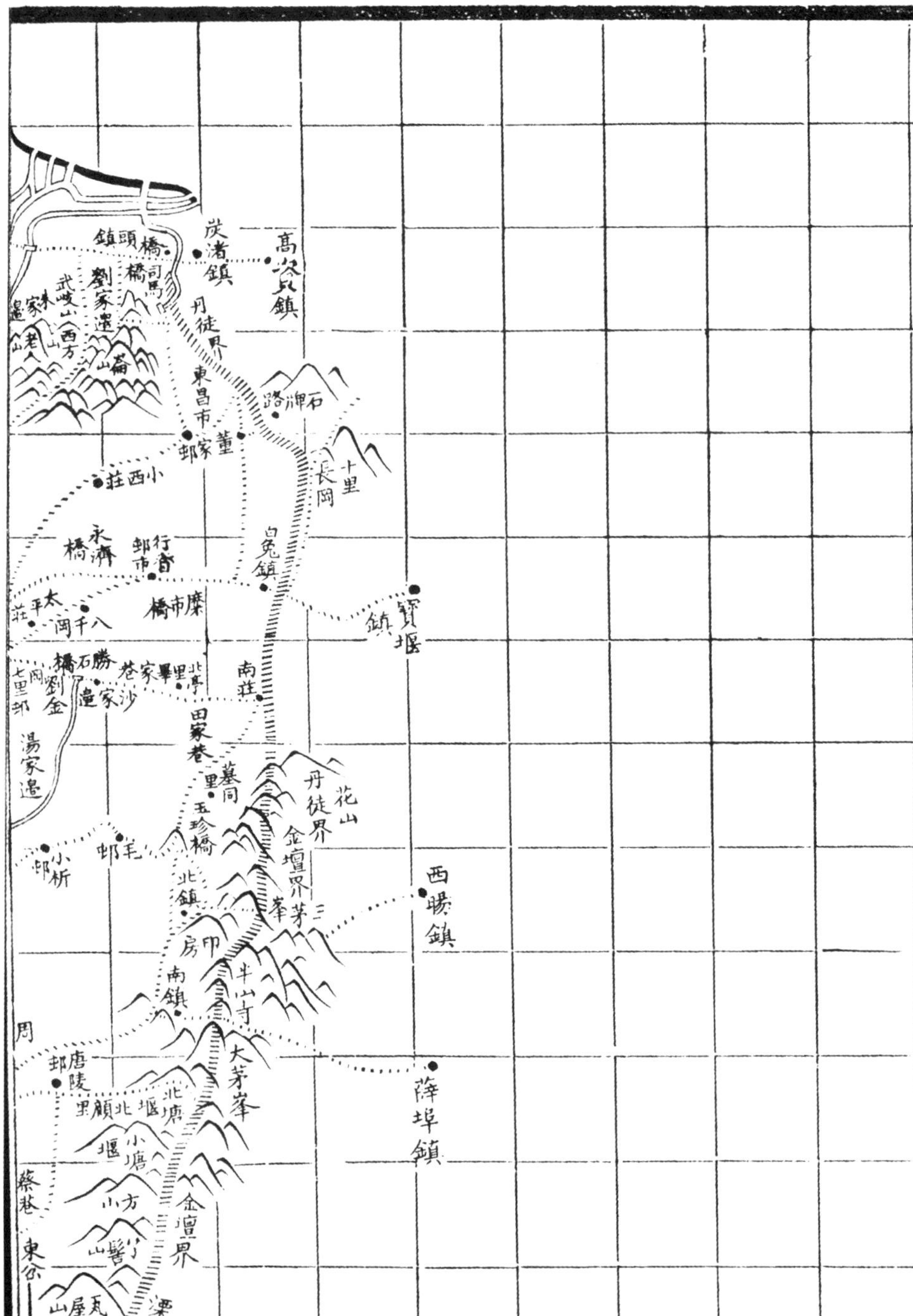
高資鎮
炭渚鎮
橋頭鎮
司馬橋
劉家邊
朱家邊
武岐山
老人山
丹徒界
石牌路
東昌市
董家邨
十里長岡
小西莊
永濟橋
行香邨市
白兔鎮
寶堰鎮
太平莊
八千岡
摩市橋
勝石橋
北畢里
畢家巷
沙家邊
南莊
七里岡
湯家邊
田家巷
墓同里
玉珍橋
丹徒界
花山
金壇界
西暘鎮
小析邨
毛邨
北鎮
印房
南鎮
半山寺
周
唐陵邨
大茅峯
薛埠鎮
北塘
北顧里
小塘
方山
蔡巷
金壇界
瓦屋山
溧陽界
分界山

楚水吴坦理繪

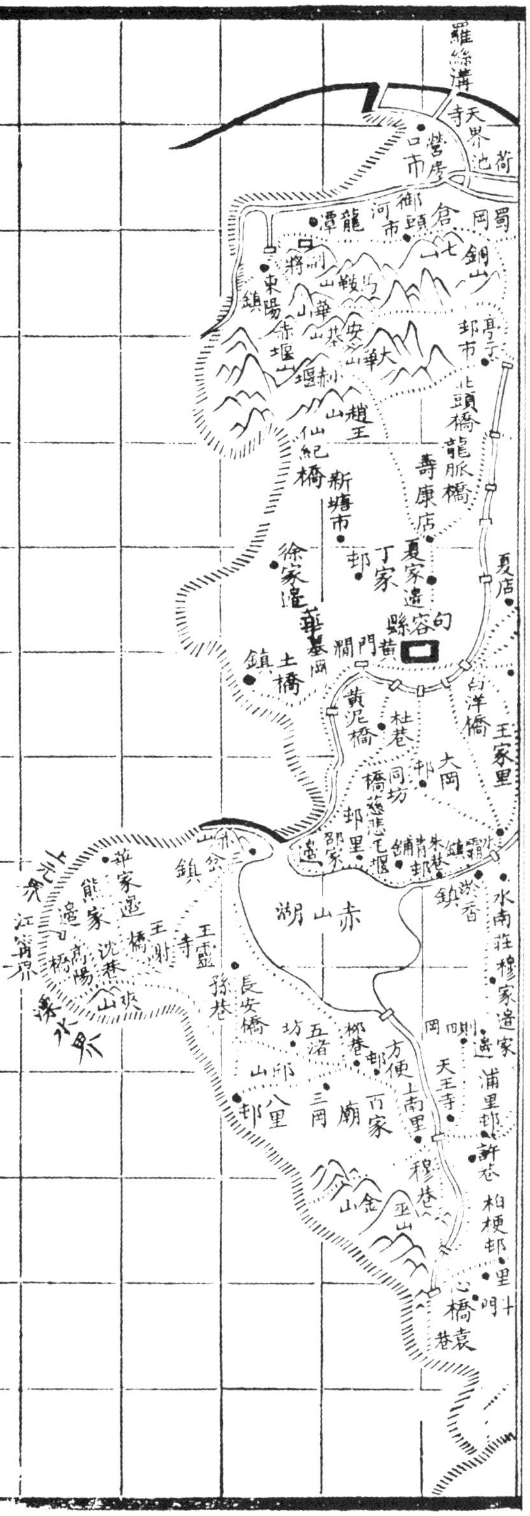
天界寺
荷池
營房
口市
倉頭
龍潭
東陽鎮
華山
安山
大華山
亭子
北頭橋
龍脈橋
壽康店
斯塘市
仙紀橋
徐家邊
句容縣
夏家邊
丁家
土橋鎮
黃泥橋
杜巷
白洋橋
王家里
大岡
赤山湖
水南莊
穆家邊
長安橋
孫巷
五渚
天王寺
方便
百家
廟
金山
袁巷

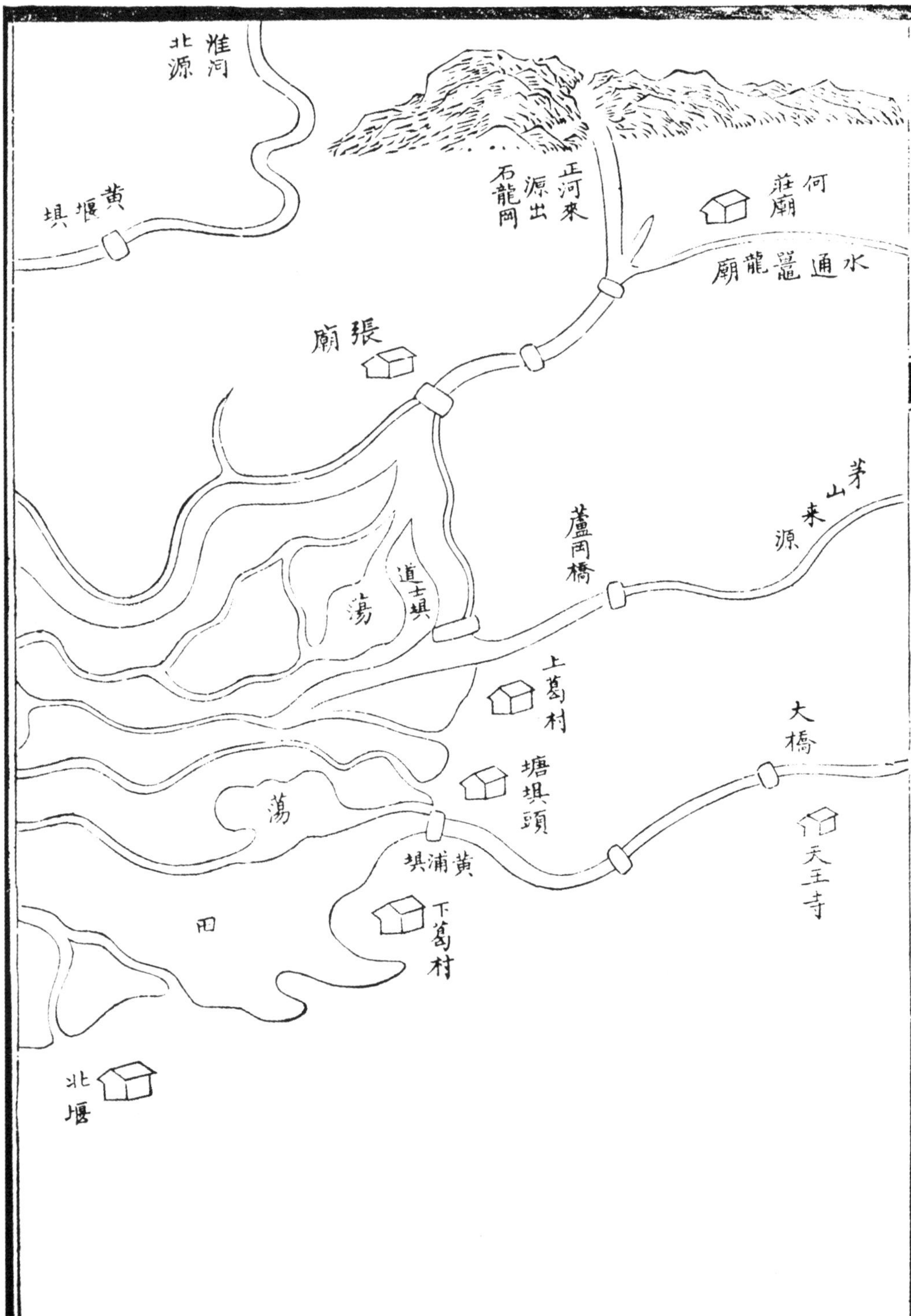
淮河北源
黃堰埧
正河來源出石龍岡
何莊廟
水通疊龍廟
張廟
茅山來源
蘆岡橋
道士埧
蕩
上葛村
大橋
塘埧頭
蕩
黃浦埧
天王寺
田
下葛村
北堰

續纂句容縣志　卷首　二

赤山湖圖
北
南
西
下三岔河
上元木橋
陳家閘
湖熟鎮
赤山
麻培橋
上三岔河
三岔鎮
允盛橋
厥村巷
田地
圩田
新圩
秦淮河水由金陵入大江
吳趙村
蟹子埧
湯泉
湯
田
趙巷村
石柱
湖中
蘆亭
三羊地
赤岸
田
望湖山

句容十六鄉山水圖

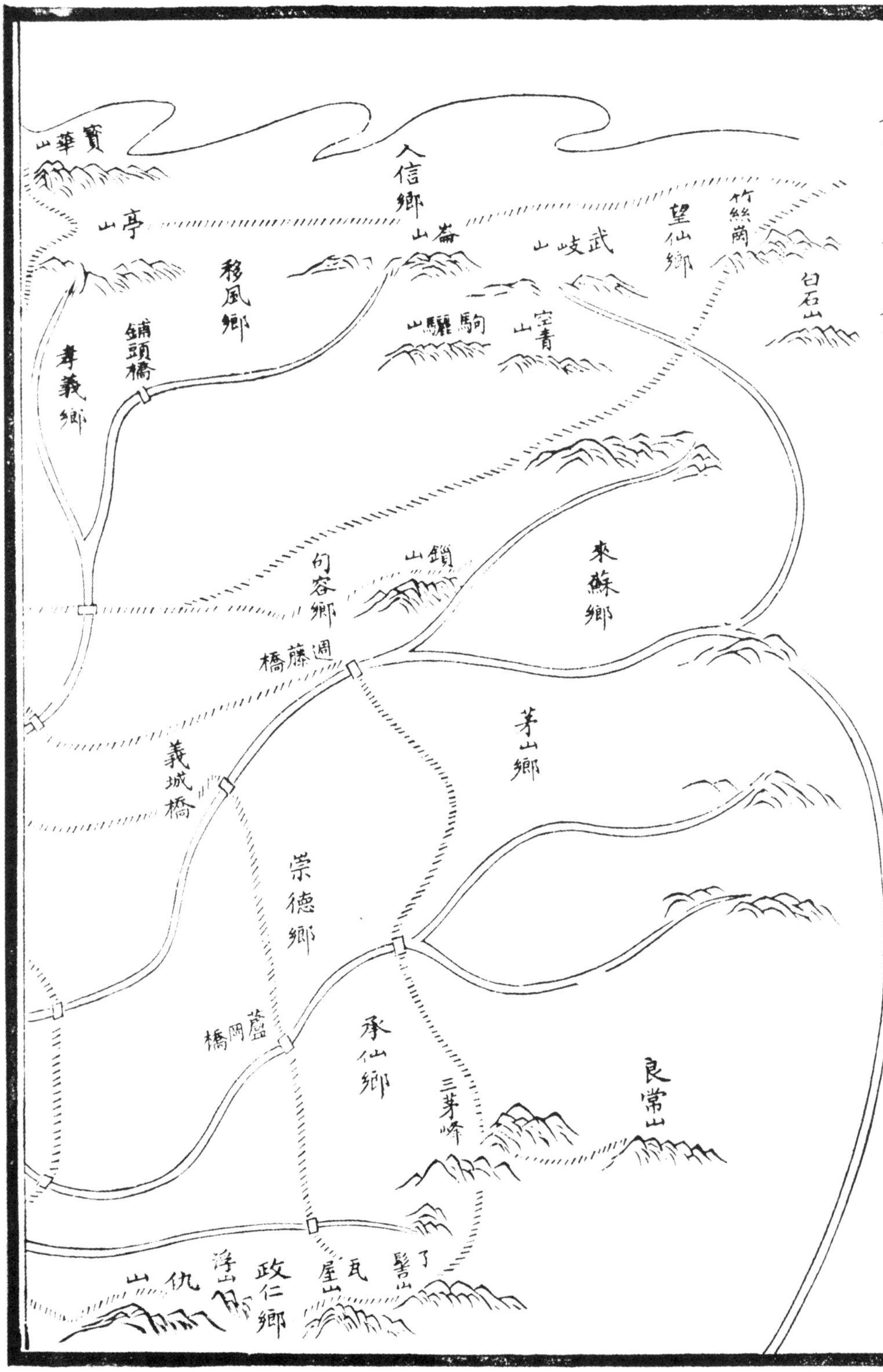
寶華山
亭山
入信鄉
崙山
武岐山
望仙鄉
竹絲岡
白石山
移風鄉
駒驪山
空青山
鋪頭橋
孝義鄉
句容鄉
鎖山
來蘇鄉
週藤橋
茅山鄉
義城橋
崇德鄉
藍岡橋
承仙鄉
三茅峰
良常山
仇山
浮山
政仁鄉
瓦屋山
了髻山

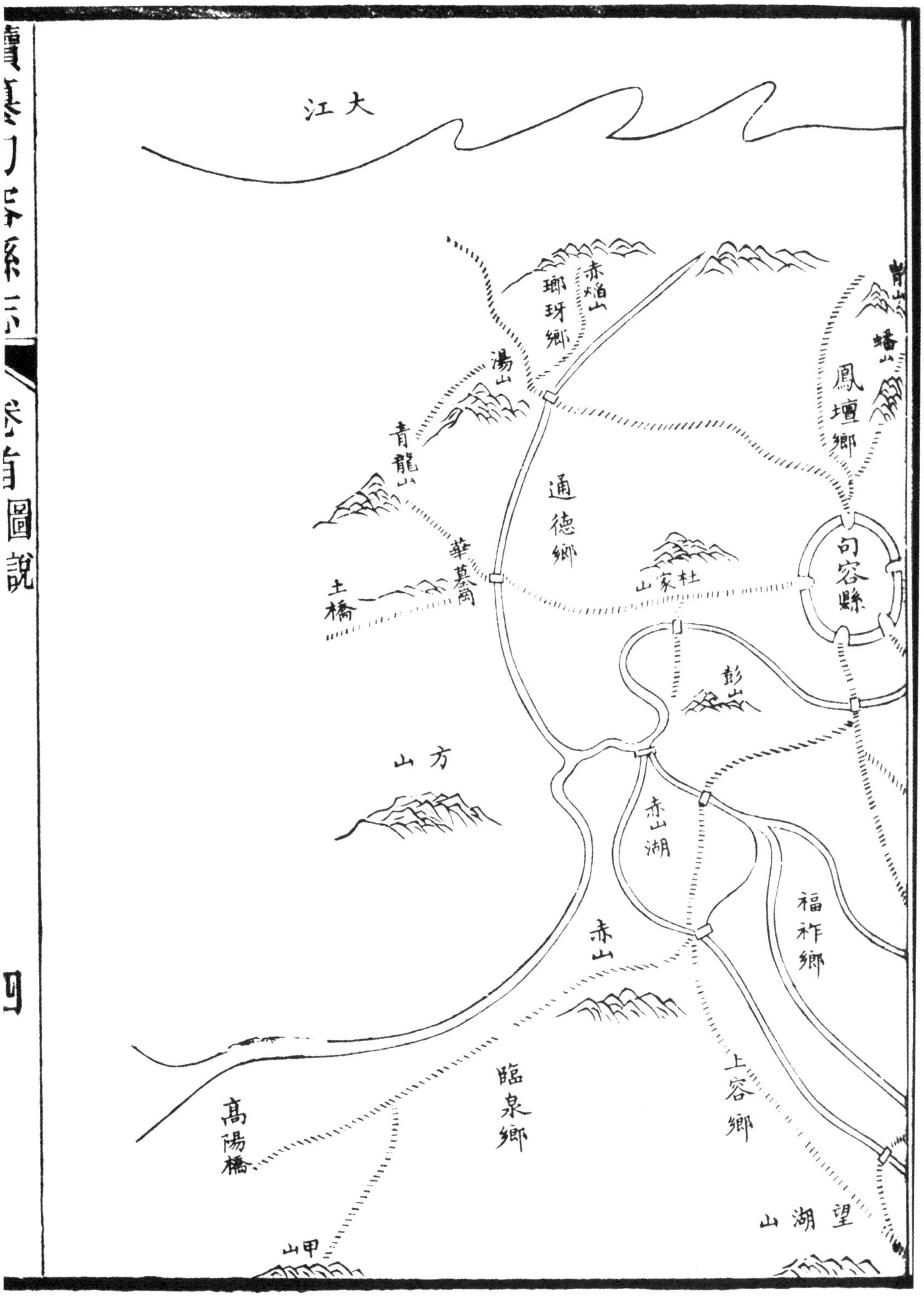
大江
赤焰山
瑯玡鄉
湯山
青龍山
華墓岡
土橋
通德鄉
杜家山
句容縣
鳳壇鄉
蟠山
彭山
方山
赤山湖
福祚鄉
赤山
臨泉鄉
上容鄉
高陽橋
甲山
望湖山

句容縣治圖

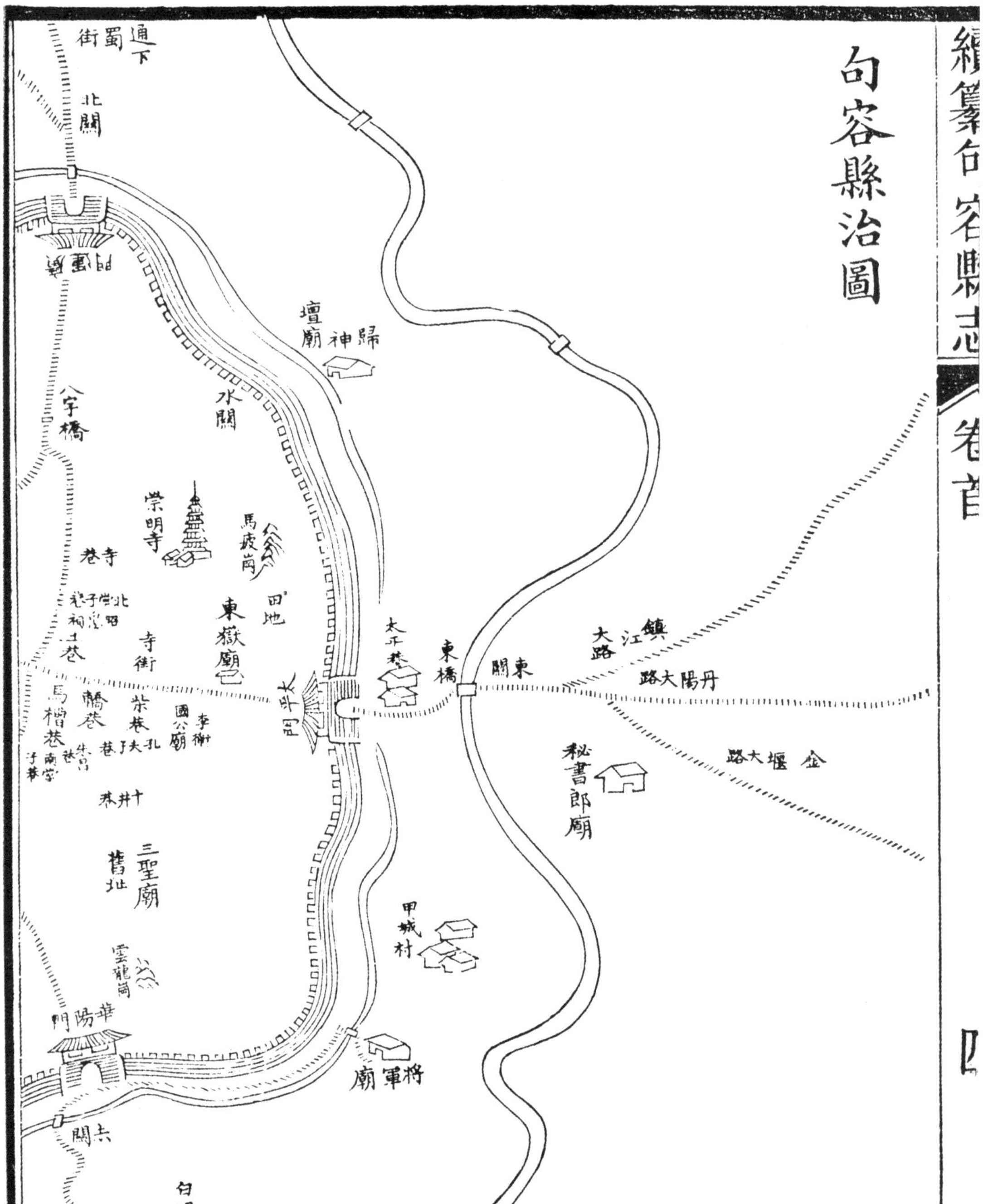
通下蜀街
北關
歸神廟壇
水關
八字橋
崇明寺
寺巷
東嶽廟
寺街
東橋
東關
鎮江大路
丹陽大路
金堰大路
秘書郎廟
三聖廟
舊址
甲城村
雲龍崗
華陽門
將軍廟
白陽橋
通茅山大路

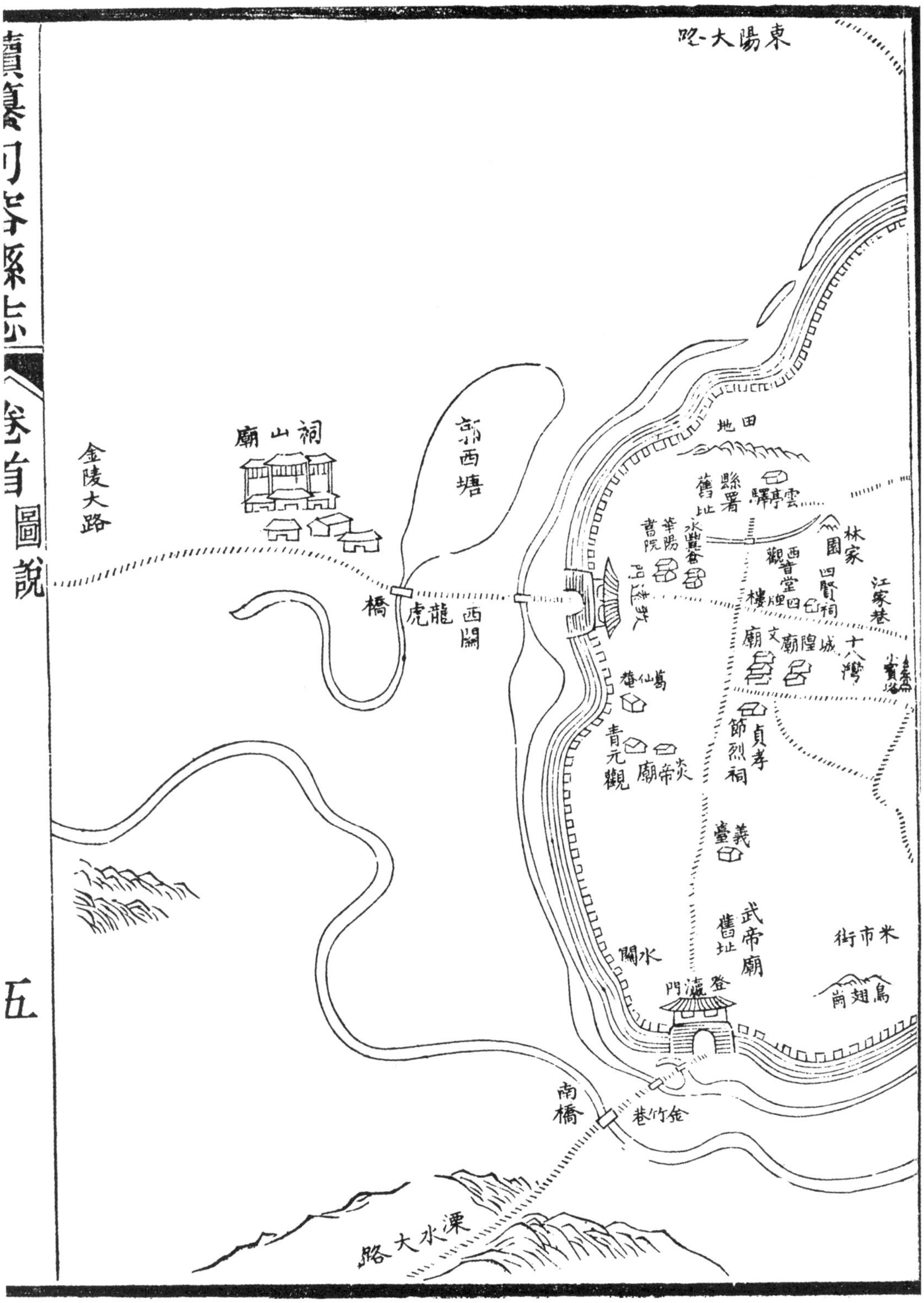
東陽大路
田地
縣署舊址
雲亭驛
華陽書院
水巽庵
林家園
西觀音堂
四賢祠
四牌樓
江家巷
通德門
文廟
城隍廟
十八灣
小寶塔
葛仙庵
青元觀
炎帝廟
貞孝節烈祠
義臺
武帝廟舊址
米市街
水關
登瀛門
烏翅崗
祠山廟
郭西塘
金陵大路
龍虎橋
西關
南橋
金竹巷
溧水大路

華陽書院圖

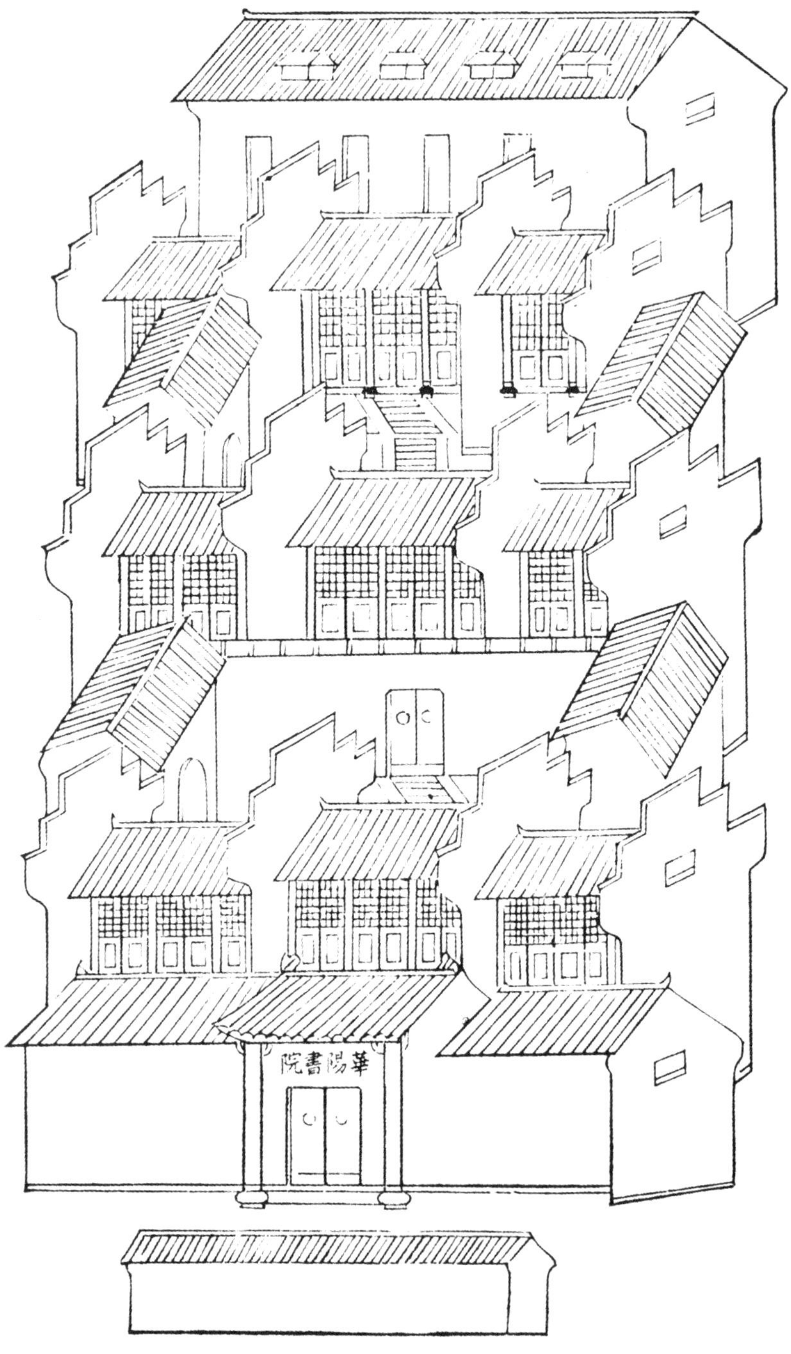

邑廟圖

貞孝節烈祠圖

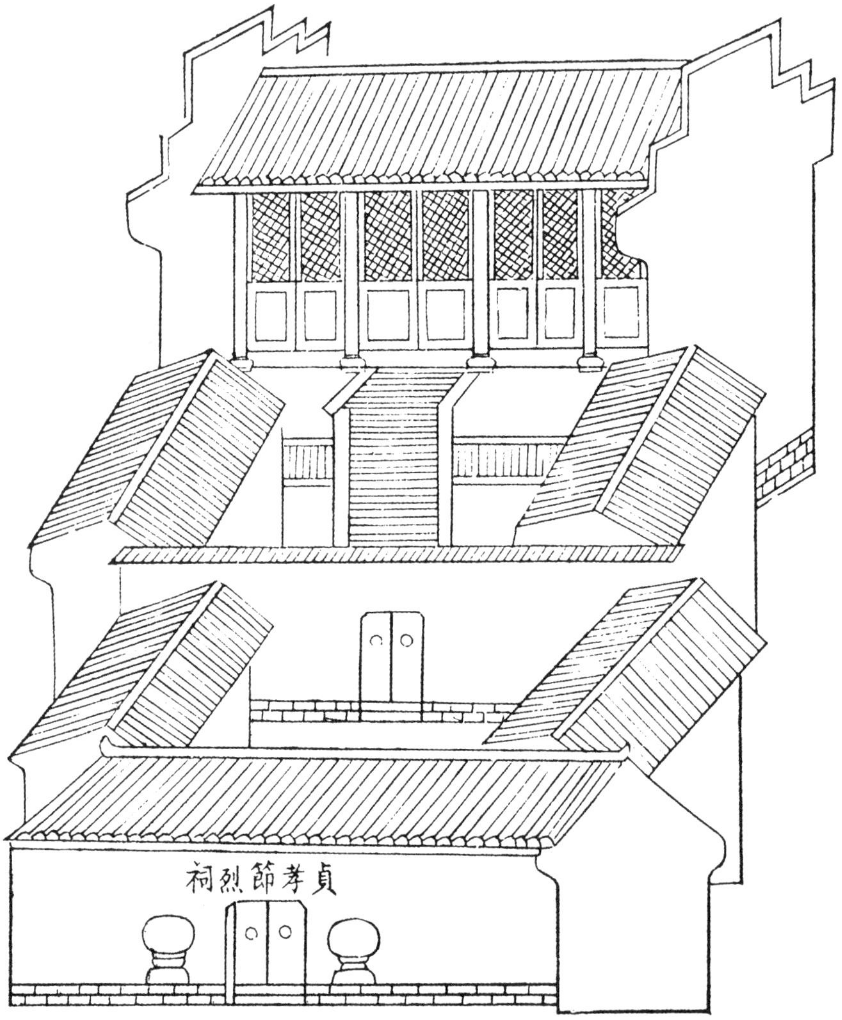

永豐倉圖

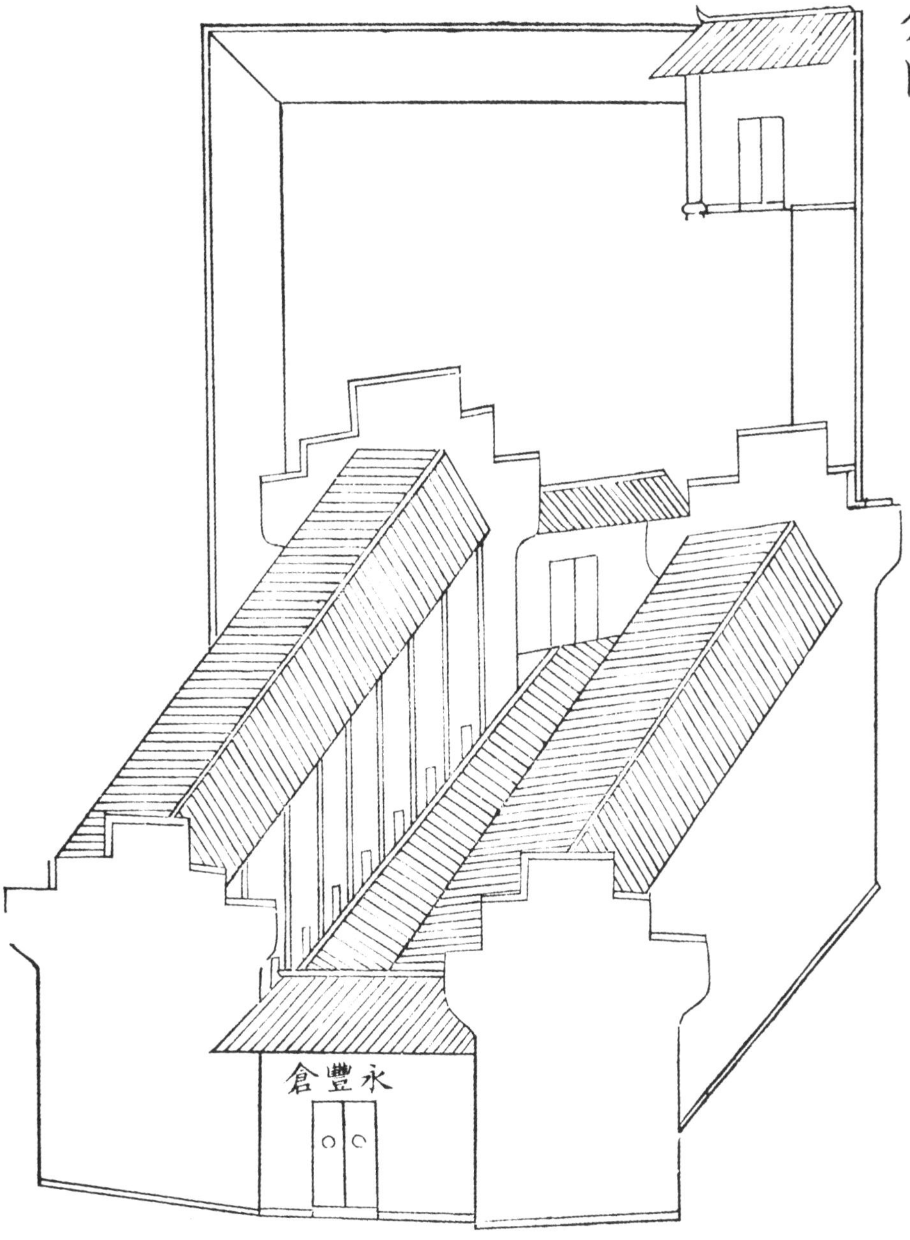

新建茅山松風樓圖

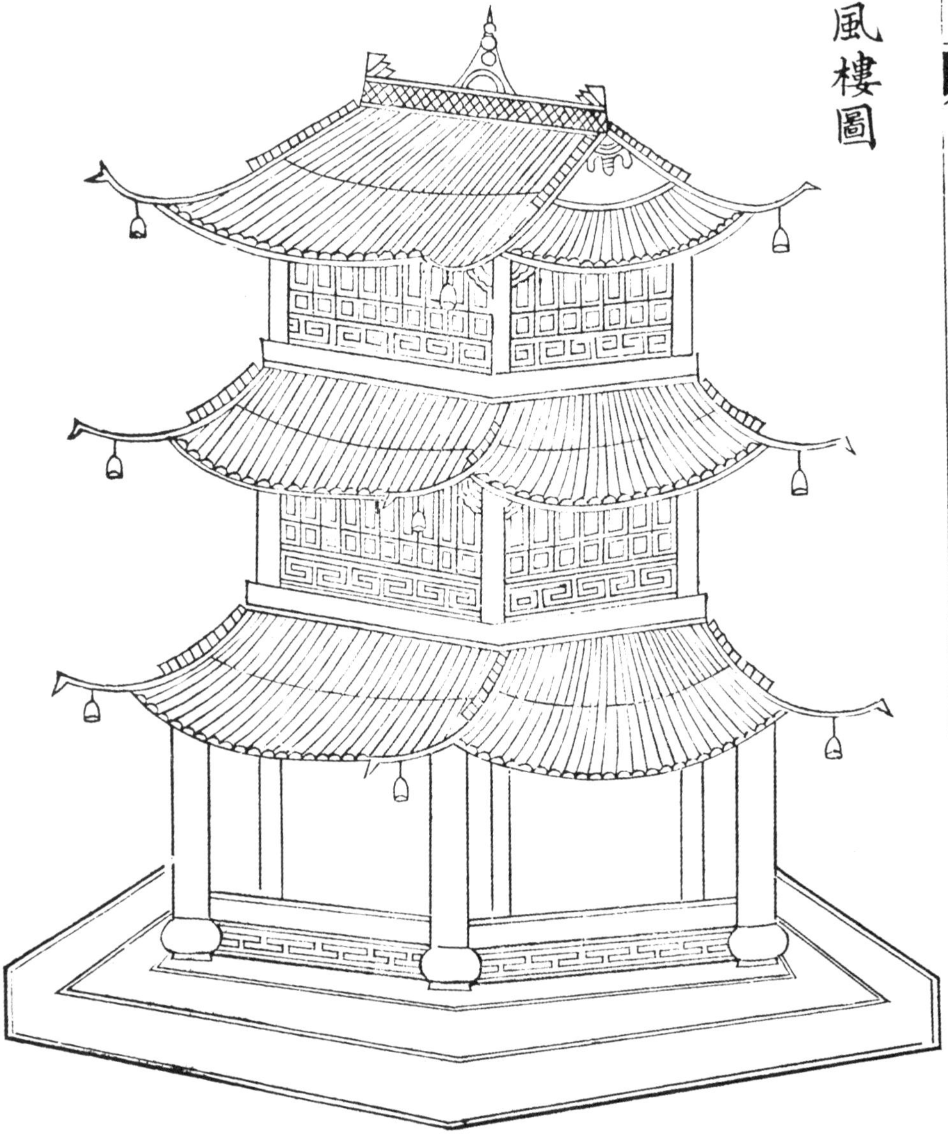

重修崇明寺塔圖

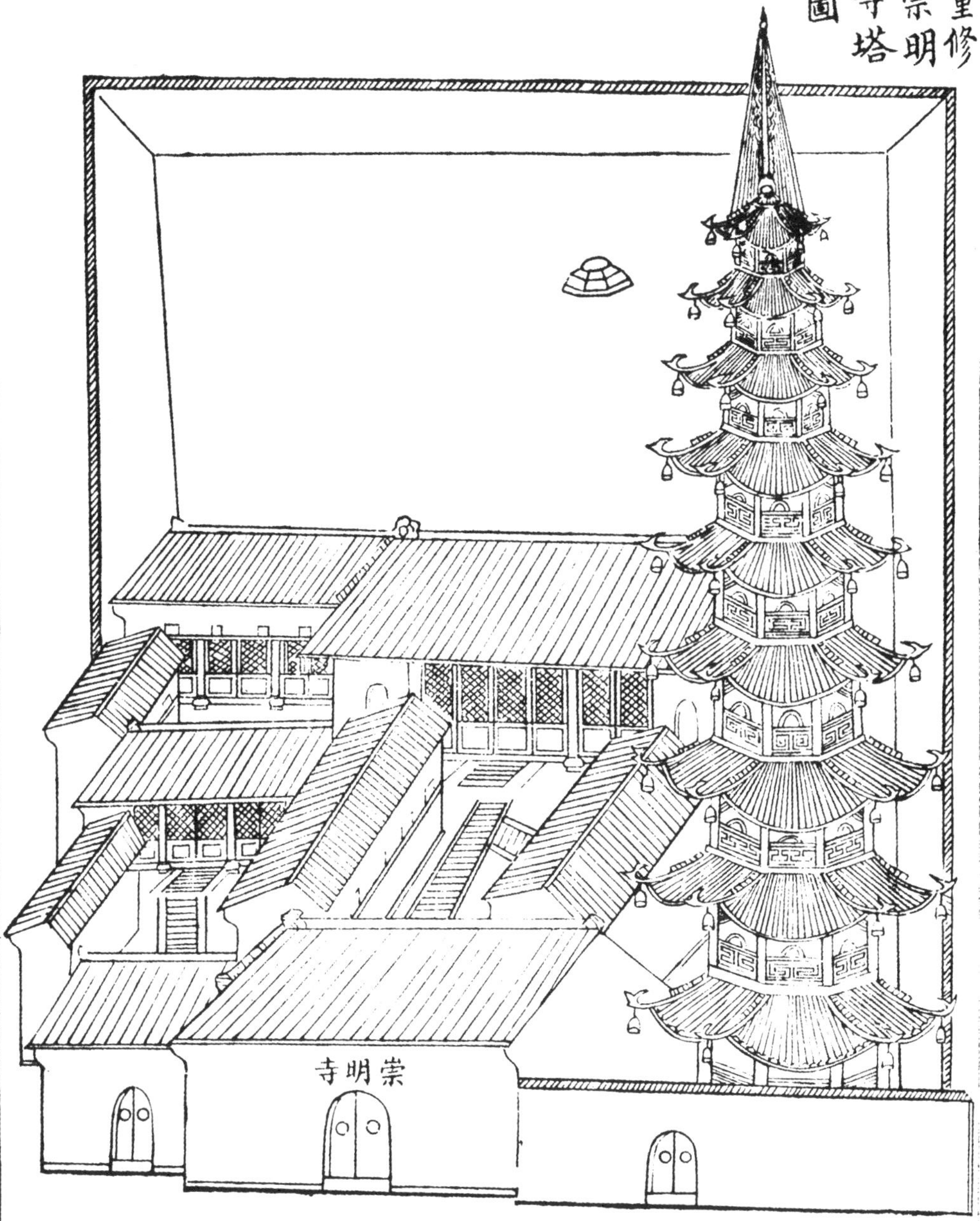

句容縣圖說

句容縣距江甯七十里自北門北至羅絲溝出江逕直五十四里東北至炭渚鎮丹徒縣界口逕直四十九里西北至張橋上元界口逕直四十里自西門西至土橋鎮上元界口逕直十六里西南至猴山三縣塘上元溧水兩界口逕直四十四里自南門南至分界山溧水溧陽兩界口逕直七十二里東南至茅山金壇界口逕直四十里自東門東至白兎鎮丹徒界口逕直三十八里南北最長處一百三十二里東西最廣處六十里統計積地四千八百七十六方里合二萬六千三百餘頃自三江口東至炭渚溝計迂曲江邊三十里與儀徵分界江心自炭渚溝南歷白兎至花山計迂曲界邊八十里爲丹徒界自花山南歷茅山方山至丫髻山口計迂曲界邊五十餘里爲金壇界自丫

髻山口西南至分界山計迂曲界邊三十餘里爲溧陽界自分界山北東歷巫山夾山至三縣塘口計迂曲界邊九十里爲溧水界自三縣塘北歷土橋湯水龍潭諸鎮至三江口計迂曲界邊一百八十餘里爲上元界四境峯巒環繞惟中爲平原自白兔鎮西歷縣治至土橋爲徒陽達省之要路北塘堰西來爲金壇入境之要路分界山北來爲溧陽入境之要路殷家蕩東北來爲溧水入境之要路而天王寺鎮距城南六十里爲總控南東西三面來路之險要綠營汛守所宜注意北境江防以羅絲溝與泗源溝相對爲扼要之處境內河渠爲四山所阻北境江水南不灌城中境山水迴流境內惟西面自湖熟鎮迂道由秦淮河出江者爲全境去委而治西南有赤山湖周邊三十九里山水會歸其幹流俱由赤山湖分支一北經三岔鎮北東繞出

縣治又北抵亭子邨而止一東北歷淤香鎮抵勝石橋而止一南經天王寺又南抵心橋而止統計各河之長不足一百二十里未能無旱潦之患也

續纂句容縣志卷一

邑人張　瀛荼纂

聖澤記

於穆

昊蒼佑我

大清

濬哲文明

聖

聖相承赫濯聲靈遐被八紘

政紀典章焜燿喬皇井鑿田耕腹鼓衢康

震疊懷柔

日月重光河山列星不顯彌彰羣生咸

德萬禩莫忘粤稽我

世祖章皇帝順治元年定鼎燕都二年五月初八日豫親王奉
命率大兵渡江自丹陽趨句容十四日夜駐金陵之郊壇門十五日明魏國公徐允爵大學士王鐸以南京降改南京爲江南省應天府爲江甯府領縣七句容屬焉據明鑑福王事江南通志康熙府志乾隆邑志小腆紀年等書○恭按張穆顧亭林年譜作初九日王師渡江初十日夜宏光帝出走十五日王師入南都
附載特設蘇州巡撫署以撫江甯而裁駐句容明季之應天巡撫其廢署仍存句容如故又鹽巡道仍明制駐句見乾隆句容邑志並督學署皆名察院署
詔開科於句容錄取士子遺才舊志○時督學署在句容以後凡乾隆邑志皆稱曰舊志
定歲貢二年一名送部志○凡此等事舊志及鄰邑志引者則引餘則俱從畧
廷試優貢大學三年二人送監肄業恩拔副貢等與歲貢制略同欽定學政全書

附載學政全書順治元年恩詔以正貢作恩貢二年欽貢作歲貢正貢歇貢之學欽年舉行外有才學出衆孝弟著聞聽學臣不拘廩附薦用又定名宦鄉賢由提學官覆實報部

詔赦明季積欠糧稅舊志溧水志

恩免句容土貢蒼朮鰣魚舊志又

免本年稅糧十之七兵餉免十之四上海山陽兩志三年十月

恩詔送貢舊志

詔除前代征漕積弊著爲令滿漢名臣沈文奎列傳四年

定邑學廩生額二十名增廣數同又

定是年優貢起送一名赴監學政全書。恭按乾隆四年議准大省無過六名六年

恩詔送貢舊志八年戶部

題爲恭報查明賜撥官田請

旨變價以充國用事江南司案呈送本部送戶科抄出總督江

南馬題前事等因○按茅山志載巡視下江按王題金壇民朱煦等因世變飽私又二三四年正賦逋欠若查追敲撲恐不易完常鎮道陳祥代求免追等語六月二十八日縣報租米題七月初六日奉

旨戶部知道

奉

聖旨戶部知道欽此欽遵抄出到部奉此相應議覆案呈到部

該臣等看得茅山崇禧宮地六千三百餘畝賜自唐朝

歷來已久地內錢糧七分納官三分供奉香火我

清朝定鼎於宮觀賜田皆不入官崇禧宮地仍應一例免其變

價追租仍令該宮道士承種每歲所地內應納錢糧三

分以爲焚修之資奸徒不得妄起爭端者也既經該司

案呈前來相應具

覆恭候

命下臣部轉行遵奉施行七月二十七日

題本日奉

旨是笪重光茅山志

附載志雖載此事而所言六千餘畝則未詳何地今以元劉大彬茅山志明江永年茅山志明懿典録金石等書考之其田當即懿典崇禧宮下金壇縣田七十四頃八十九畝餘也其所云六千餘畝者兼句容丹陽而言不盡在金壇又明懿典載嘉靖十六年巡撫歐陽書冊內開元符崇禧崝茅靈谷巘三處民田止徵平米二升卽令遵守此卽焚修之貲也

是年

恩詔送貢一名又

上諭選拔廩生考貢其來

京考試盤費官給學政全書又

詔立學校上江志○舊志十三年修學宮九年

令每鄉設社學一區免社師差役給廩餼提學案臨造冊申報

○康熙二十五年令提學查革怠者

頒臥碑立於明倫堂左十一年奉
題准直省儒學廩生內通行考試經書策論拔取學行兼優者一人充貢送部學政將各生原卷解部仍令本生謄寫朱卷帖連貢單於布政使司起文取該府州縣學各印結齎投本部彙送內院以候
廷試各學政仍將拔貢生員姓名籍貫備造文冊報部又令提學將各學廩增附名數細查在學若干黜退若干照數造冊出示府州縣衙張掛俾通知的確姓名然後優免諸生丁糧學政全書十四年

頒賦役全書康熙江甯府志其志亦曰陳志又云舊志有恤孤項見後乾隆四十年下十五年

定學額十五名學政全書四月奉

恩准部文改免鄉紳舉貢生員本身壹丁銀例康熙府志。按志並吏承等共免銀壹百叁拾柒兩肆錢肆分捌釐注是月部文吏承等不免故生員等共實免柒拾壹兩捌錢玖分捌釐

聖祖仁皇帝康熙元年

詔裁江甯前衛左所後衛右所屯田變作民田歸句容縣變售徵收舊志。嘉慶江甯府志作康熙八年

恩詔送貢舊志

定歲貢三年一名八年

定仍二年一貢九年奉

題准生員關係取士大典若有司視同齊民撻責殊非恤士之意今後如果犯事情重地方官先報學政斥黜革後治以應得之罪若詞訟小事發學責懲十年

令拔貢入監肄業十一年

恩詔送貢舊志十四年

頒賜

御纂日講四書解義於學學政全書○按舊志云二部二套又舊志凡記欽頒書籍年月甚略較以上江志溧水志亦微有異同今凡年月可考者皆按年細載外有上江志之禮部則例科場條例四書全書大學衍義等書亦未載年月附記於此以俟考二十二年

定給廩生貧士膏火學政全書

旌表節孝戴周氏等舊志二十三年邑東鄉治石堤宛延數十里以爲

御道筆記舊志南巡以龍潭在邑西北八十里爲京江金陵適中之地特建

行殿以備

巡幸潭南巡盛典之龍行宮圖記九月二十八日

御駕東巡岱宗十月初八日遂
南巡二十六日
駕由蘇州虎邱迴
鑾二十八日
幸無錫惠山華亭董聞石尊鄉贅筆二十九日
駕自丹陽陸行閱石堤舊志引南巡筆記○按舊志引作三月初一日今考尊鄉贅筆九月二十八日聖駕東巡十月初八日至岱宗下山遂南巡十六日渡河二十一日至高郵二十二日至廣陵二十三日至金山二十四日至竹林寺二十六日至虎邱二十八日上乘輿至惠山二十九日至長巷宿村舍初一日至江甯則南巡筆記之三月當作十月舊志誤刊

御製過句容道上詩
漸入茅山境來當農暇時但看初日上未覺曉風吹碧歛寒塘水紅垂野樹枝江南經幾郡民俗欲周知舊志

駕至邑東門外長巷舊志及贊筆遇雨

駕宿長巷村民鄒宗嶠家夜中其村雞犬無聲比旦

天顏甚喜曰可謂太平莊矣即

御書太平莊三字勒碑道上舊志及吳興張□□紀恩記鄒氏家乘○按舊志載前江西巡按御史笪重光恭紀駕宿長巷詩云句曲城東紫氣屯同鑾午夜宿農村只今四海爲家日不遣兒童避至尊鄒氏家乘云甲子冬駕幸我二十世宗嶠公之宅扈從文武俯伏嵩呼民之欲瞻天顏者雲集終宵達旦村中雞犬不鳴聖祖訪問輿情甚喜曰朕宿此爾鄒姓其昌爰錫嘉名曰太平莊

駕幸邑之督學察院署舊志及邑令施廷璜碑

頒萬世師表匾額於學舊志十一月朔

駕駐江甯府初五日

駕登舟由大江回

鑾贊筆

御製長江靜浪歌

傳來江勢最凶險萬里長流湍潋灩葱嶺分派自岷山江漢黑水界蜀陝逶迤東注百川歸縈帶如駛經諸磯風波雲霧全渺渺羣峰屹立暝煙微鐵鎖橫江原氣怯投鞭斷流借蓋威未若自然順天意無怠無荒廣川濟利涉須憑正剛柔分理全賴作舟楫仁者如斯稱水德治人御世先光霽最喜長江能容物更羨長江有寬厲每度無險浪且平登臨慷慨古今情未卜始終概難信願言永靜勿紛更張氏侍從記略

御製操舟說

器之利用而致遠者陸行莫如車水行莫如舟舟之為用也逸於車而險或過之若享其逸而不入於險則恃乎操舟者之有

其道也當夫木石擊撞波濤怒飛迴駛如鶩驟合若離此非其巧之爲乎至如浮滄溟駕虞淵歷艨艟如衽席汎浩瀚以涧沿此非其習之然乎若或淩萬頃之中流驚颶風之四集檣檝欹傾徒侶失色巧者不及施習者不及試斯時也惴惴然有背溺之憂自非備之以至豫而持之以至慎殆鮮克濟事焉蓋其所爲巧與習者藝也而其所爲豫且備者道也易曰濡有衣袽終日戒詩曰紼纚維之言其豫也言其慎也朕南巡江淮閒見操舟者苟備之豫而持之慎矣雖大舟罔弗如其意之所欲爲焉苟備之不豫而持之不慎舟雖小亦不能勝任而愉快也夫舟一器操舟一藝耳猶必有道持之以不至於敗況居天下之大器者哉揚子有言乘國者其如乘航乎航安則民安矣此物此志也侍從記略○金山志云京口副都統臣張恩會經勒石

恩詔經過地方應徵丁銀概行蠲免贊筆及上江志邑境龍潭碑二十四年
欽頒
上諭十六條上江志。舊志載一部二套又二部二套無年月溧水志乾隆八年六月者一套共十本十五年二月者一套蓋各邑之於省垣呈請時日不同及裝訂微異也
令拔貢生員入監讀書二十五年七月初四日戶部尚書文華
殿大學士臣張玉書奉
敕敬書
御製至聖先師孔子贊並序立學楊希琛常熟學碑錄二十六年
令歲貢概免來京
廷試由部挨授訓導捐納歲貢亦聽挨授願入監者學臣送部學政全書。恭按三十六年後又經改章
恩蠲二十七年應徵地丁各項錢糧及本年未完錢糧舊志溧水上江

諸志略同並十三年以後加徵雜稅上海志二十七年

令以學田租賦給贍貧士嚴覈施行學政全書二十八年正月初九

日

南巡

蠲民賦贅筆

附載贅筆言蠲江南賦二百二十餘萬嘉慶府志同治上江志作　允督臣傅臘塔奏免房稅附此俟考

定句容本大學額宜二十名嘉慶府志○學政全書作三十八年又嘉慶亦曰呂志

御製句容雨望詩

山行逐高低四望多松樹雨裏萬人家遙看隔雲霧舊志凡所經

御道士女歡騰鵠立恭迓

翠華結綵懸燈焚香燃燭自上元至二月盡乃止贅筆二十九年

三月十六日戶部尙書文華殿大學士臣張玉書奉

敕敬書

御製四配贊立學學碑錄

頒賜

欽定孝經衍義二部於學上江志○按舊志每部四套又溧水志十六套三十年

恩蠲歲運漕米以次遂省各免一年上江志三十三年

恩免舊欠帶徵錢糧武志溧水志三十六年

恩詔送貢

令拔貢甯缺無濫學政全書七月

御書懷冰雪額

賜左都御史臣張鵬翮鵬翮於邑之察院恭建

御書亭舊志三十七年

恩廣學額（金鰲金陵待徵録）

恩詔送貢三十八年

南巡

上諭學額增廣五名又遵

旨議准句容本大學定額二十名（學政全書）

恩免舊欠帶徵糧及三十四五六等年一應帶徵地丁錢糧雜稅俱著豁免（嘉慶府志同治上江志溧水志略同）

御製自龍潭用戰艦往金山詩

來往無濤如咬鏡江干極目遠峯連昔時血戰金山側今日平成萬里天（金山志）三十九年議准

欽頒

上諭十六條每朔望地方官宣講士子恭請

御製條教宣讀（恭按條教即臥碑）又
令停選拔以陪貢充四十一年
頒賜
御製訓飭士子文於學（學政全書○按學碑錄作四十二年）四十二年恭設
行座在慧居寺內之東以備
南巡並歷奉
欽頒法物（嘉慶府志）
上舟至維揚顧侍從曰江南之黃山茅山鍾山華山峯巒盤踞各周數百里前次南巡疊經察問荆榛荒瘠山不可耕人無可食久則必鍾匪類疊囑近臣妥議處置今其地伊邇爾等其愼籌之並寄信與浙閩諸臣沿海諸山島妥思善處
明日清晨扈從諸臣朝

上於高旻寺
行宮初畢
上曰朕夜間審思凡事更張十敗三四江南諸山及沿海諸島
如有善法該各督撫其即奏聞候旨否則仍舊毋妄事更張也
寄各督撫知之侍從記
御製渡揚子江詩
曉霧風初豁揚帆縱彩舟危峯眞屹立漩水急洄流碧轉沿江
柳沙平遶嶼洲十年巡再至騁目睇神邱紀恩記
召華山僧眞義赴
行在引
見
賜金字心經一卷二月

駕登寶華山

御書慧居寺額盛典華山志

附載嘉慶府志云內有藏經樓供奉敕賜藏經並御書墨寶

前同安知縣題署鬱林知州張效齡見

駕於麒麟門

上問在任始末併有子幾人效齡奏對詳明

上慰勞甚殷並

獎以好精神等語張氏家乘○按金陵詩徵及家乘效齡字子長號長卿句容人遼陽籍解任後歸江甯是年八十有一卒年九十有七

陞賞各官有差

賚貧民上江志

四十三年

恩豁衛軍貳伯壹拾陸丁○恭按元甯浦六四縣久經恩豁故其時無此事

頒

御製平定朔漠告成太學碑文於學嘉慶府志四十四年揚州紳民

以

萬壽聖誕延華山僧常松入

京師開祝

聖道場

上臨視屢加歎賞常松應對得體自是日

賜克什道場圓滿復

賜紫衣玉器華山志二月

南巡

御書第八洞天四字以

賜茅山舊志茅山志

御製將遊華山以欲雨未往詩
欲向靑山澗壑行春雲又變曉陰輕勾陳不遣驚禪意欲礙林
閒春草生華山志　三月十八日
萬壽士民恭進
御撰
命翰林學士撰敘於貢院試各士子各賦詩二章上江志　四十五
年
恩免四十三年以前未完地丁銀米其已完者準本官留抵東華錄及上海志　四十六年
頒賜
御製古文淵鑑學政全書
御批通鑑綱目前編正編於學上江志。恭按舊志載資治通鑑二部十六套無年月溧水志

同作乾隆十四年五月共百六十本三月

南巡登寶華山

召山僧眞義引

見

御書飛白蓮界香雲額於銅殿

御書精持戒梵額於戒壇華山志

御製華山詩

警蹕來初地青山鳥道深風生松澗合雲暗石苔侵靜晝聞飛蝶餘春噪晚晴空留支遁跡物外託塵襟嘉慶府志○恭按志未載年月東巡盛典今未能得覩謹附於此以待考

賚耆老帛肉有差

恩免四十七年額徵地丁錢糧武志○按嘉慶府志作蠲通省地丁錢糧無四十七年額徵六

字華山僧貞義恭送
鑾輿至維揚復蒙
賜御書金扇一柄淵鑑齋法帖一部華山志
恩詔送貢舊志因旱
恩免本年地畝銀糧康熙府志及舊志五十一年
恩免明年地畝豁除歷年積欠同治上江志○恭按嘉慶府志卷五有是年特旨將天下地丁錢糧自五十年爲始三年之內全免一週除將直隸奉天浙江福建廣東廣西四川雲南貴州及山西河南陝甘兩湖各直省五十年五十一年地丁錢糧一概蠲免歷年舊欠錢糧一併免徵所有江蘇安徽山東山西各撫屬除漕項外五十二年應徵地畝銀俱著察明蠲免等語與上江縣志相異故謹錄於此五十
二年
命各縣多立義學
恩詔送貢學政全書○按舊志缺人名而待徵錄亦遺未知何故

頒賜

御纂朱子全書二部於學學政全書上江志○舊志每部四套溧水志乾隆七年五月四套三十二本大學朱子全書八本

詔徵收丁銀但據五十年丁冊定爲常額續增人丁永不加賦名爲

聖世滋生戶口舊志五十四年

頒賜

御纂周易折中二部於學每部二套五十六年

頒賜

御纂性理精義二部於學上江志○舊志每部二套溧水志折中十二本精義一部五本

恩免帶徵地丁屯衛銀其漕項雖例不准免亦破格施

恩所帶徵漕項銀及米豆各蠲半嘉慶府志上江志六十年

頒賜
欽定春秋傳說彙纂二部於學上江志○舊志每部二套溧水志共二十四本
恩廣學額口名待徵錄六十一年
恩詔送貢舊志
恩詔加取學額七名一次又
令照三十六年例選拔一次
世宗憲皇帝雍正元年
頒發
欽定孝經衍義於學學政全書
詔開科增學額爲二十五名呂志又
詔學額加取七名一次
特旨拔貢

恩詔送貢又
令照順治九年例於大鄉鉅堡各置社學其子弟有能文入泮
者優奬社師怠者查革嚴議學政全書
恩免康熙十一年至五十年未完地丁米豆蘆課銀上江志。恭按嘉慶府志止蠲蘆課銀無以上等事
詔建忠義孝悌祠於學宮建節孝祠於外。是年部議所在有司春秋致祭修葺不累民間
詔立墩汛舊志二年遵
旨題准江南之句容照府學額爲二十五名學政全書
恩廣學額口名待徵錄
命奬勵社倉
旌表節婦周王氏等舊志三年

頒賜
御製萬言廣訓朋黨論於學學政全書上江志○恭按學碑錄作五月十七日頒賜
御碑在戟門右疑即此也
御製平定青海告成太學碑文於學嘉慶府志
特旨改啟聖祠爲崇聖祠舊志及施霖碑記
給耆民冠帶
旌表節婦吳駱氏等四年
頒生民未有額於學是年編審滋生人丁前督院范於丁隨田辦以廣
皇仁等事案內題請自雍正六年始將前項人丁銀兩隨田辦納舊志
五年三月十四日禮部奏會試舉人叨荷
特恩合詞陳謝奉

上諭碑立學學碑錄

上諭拔貢舊例十二年一次於雍正元年特行一次嗣後六年

選拔一次候

旨學政全書

頒賜

欽定詩經傳說彙纂二部於學上江志　舊志每部二套溧水志二十本

旌表節婦王潘氏等舊志

頒瑞穀圖於學上江志　六年

令選拔分兩場學政全書

敕修訂丁祭禮儀選身家清白儒童爲佾生免其府縣考試舊志

凡用一百餘名又備用者二十名

旌表節婦夏陳氏等舊志　八年

頒賜
欽定書經傳說彙纂二部〇舊志每部二套溧水志十六本
上諭內閣於學上江志十一年四月十九日
諭和碩莊親王等曰朕欲賜各省僧人一千五百衆於愍忠寺受皇戒爾等可寄信與江南總督令其將大寶華山住持福聚送赴來京其放戒所需執事之僧人即著福聚揀選一併前來其來京之期於明春正月間起程二三月間到來即可再著福聚將放皇戒之意傳佈在彼所住之各省僧人知悉如有願受皇戒者亦著於明春來京俟僧衆受戒圓滿之日仍送福聚等囘山欽此華山志是年水災蒙
恩詔緩徵錢糧振饑民上江志十二年二月十三日華山僧衆到
京十五日莊親王帶領福聚引

見
上諭將愍忠寺改爲法源禪寺又
諭十九日巳時莊親王及本寺辦事大臣等送福聚進法源寺
二十日
命開三壇大戒二十四日
諭莊親王帶領福聚於
圓明園引
見
頒賜
御製諸經典及紫衣四領又
諭將寶華山執事僧一百二十衆及新受皇戒僧一千八百十
九人每班十八人次第引

見初五日

諭莊親王等曰爾等諭新受皇戒僧人等夫持律講經固爲佛制要務若不明此本性縱然持律講經俱屬空虛必須了明本性持律是爲眞持律講經是爲眞講經方爲克盡持律講經之道如宗門更屬緊要彼又不持戒又不講經若不了悟實爲佛門之罪人較之持律講經之人更屬不可爾等新受戒僧衆荷蒙朕恩得受皇戒朕期爾等人人上達各各了悟方爲不負朕恩也再著詢問伊等如有向上者情願入內閉關操持以洞徹爲期朕以本分鉗鎚令其透徹如縱有一知半解示莫出宮門如在內居住而又不能了明此事者實爲深負朕恩之輩必將原戒追回仍從重懲治爾等將情願入內者以識字不識字分爲兩起在前領引見其餘隨後次第引見其福聚併執事等十

入從優賞賜之處議奏欽此

僧福聚以其時適修佛藏請將本山僧寂光之梵綱直解卷四讀體之毘尼止持卷十六毘尼作持卷十五三壇正範卷四德基之毘尼關要卷十六入藏五月初二日奉

旨將此書著令福聚帶回南去刪改明白俟送到之日請旨入

藏欽此欽遵十二月華山大雄殿等處被災總督趙洪恩

奏聞奉

旨照舊式重建華山志尋

遣官護送福聚還山嘉慶府志是年

詔截留乙卯年起運糧二十萬石於被水州縣開春平糶緩徵新舊條欠銀及南漕米動支倉穀分別振濟上江志

十三年九月

高宗純皇帝登極

恩詔送貢學政全書

諭各省民欠錢糧已於恩詔內概免茲特再行降旨於恩詔外將雍正十二年以前錢糧實欠在民者其有官侵吏蝕著照民欠例寬免嘉慶府志上海志十月

詔免各年漕項蘆課及學租雜稅等積欠銀十一月

恩免雍正十二年以前耗羨銀十二月

恩免雍正十二年以前帶徵緩徵漕項及本年折銀米又

詔業戶減佃戶之租乾隆元年秋水

詔酌免被水鄉村本年額賦振䘏安插又

詔凡遇蠲免均以奉旨之日爲始其奉旨之後部文未到之先已輸在官者準作次年正賦永著爲令上江志奉

令嗣後舉貢生員紳衿等概免雜色差徭學政全書

頒賜

聖祖仁皇帝律書淵源於學

恩詔送貢舊志

恩廣學額口名待徵錄

旌表節孝王張氏等其時福祚鄉章鳳臺妻張氏壽一百歲督

撫題請建坊

上用緞一疋

旌其閭曰貞壽之門並

賜內府白金十兩外照例給建坊銀三十兩舊志

附記是年免賦見前但陳志小異

二年

旌表節孝宣朱氏等華山志○華山志言福聚有奏請莊親王和親王轉
奏啓奏華山僧請將梵網直解毘尼止持毘尼作持三壇
正範毘尼關要華山律部五種採錄入
藏一併恭呈
御覽伏候
欽定正月二十八日奉
旨照所奏入藏欽此華山志
三年奉
諭嗣後凡遇賑貸卽於公項內撥銀米交教官給極貧衣貧生
又
諭凡歲貢貢單已給尙未到部而物故者准作貢生以示矜恤
至本年之歲貢將陪貢頂補所有旗匾銀則給頂補之生學政全書
旌表節孝楊高氏等

詔江南全省發帑金八十萬兩振饑

頒與天地參匾額於學舊志。又棻按嘉慶府志作五年頒又御書化成悠久額諸志皆未載

年

月

四年四月

頒十三經註疏。舊志載一部十六套五年三月又

頒廿一史皆溧水志。舊志五十套並

御製訓飭士子文於學學碑錄

旌表節孝朱吳氏等舊志六年奉

諭嗣後拔貢十二年一舉永爲例學政全書

旌表節孝張杜氏等舊志。棻按是年皇太后五旬萬壽諸書皆未錄及恩典七年

令學宮兩廡神牌依順天學政錢陳羣所奏照太學位次校事錄

旌表節孝張許氏等八年

旌表節孝李陳氏等九年

旌表節孝吳陳氏等舊志十年

恩詔普免十一年地丁錢糧上江志

頒文廟樂章祝文革舊曲高調舊志

頒賜通鑑綱目三編上江志又

令學中向有學租一項嗣後學政於案臨日面給貧生

頒太學訓飭士子文學政全書

旌表節孝曹許氏等十一年

旌表節孝王孔氏等舊志十二年

頒賜

御製詩初集於學上江志○溧水志作三十二年十月計二部九十六本十三年

旌表節孝孫楊氏等舊志

頒賜三禮義疏於學上江志〇溧水志一部一百二十八本是年

東巡加

恩士類增廣入學名數學政全書十四年四月

頒賜

御製平定金川告成太學碑文於學學碑錄北路提督咨商龍潭倉頭橋頭三汛礮臺營房令於縣境

御道旁每十里改建墩汛十五年塡築龍潭

御道舊志大吏以龍潭

行殿檻前烟樹外巖巒蒼翠青葱昕夕效靈獻秀重修

行宮以備

駐蹕盛典及舊志附載

盛典卷九十四乾隆十五年十二月依

工部議奏查

皇上巡幸各直屬等處省方

問俗行慶施惠凡一切經由道路及營尖地各該督
撫均係委員敬謹辦理惟恐差竣報銷承辦之員任
意浮冒開銷是以臣於乾隆八年奏準將營盤每座
准修墊夫一百六十名尖盤每座准修墊夫八十名
道路每里准修墊夫三十五名如遇 皇上巡
幸一次後修墊舊有營尖道路營盤每座准夫八十
名尖盤每座准夫四十名道路每里准夫二十五名
其應行搭蓋橋座工料及應用器具什物等項價值
均經酌定章程俱行文直督遵照各在案今臣部屢
查各報銷冊內平墊營尖道路搭蓋橋座及製備器
具等項用工用料之處與例浮多所報冊內間有土
溝應行培築者亦有高坡應行刨平者恭遇
駕臨幾次而報銷夫工銀兩與前次有增無減屢經
臣部駁查飭令據實刪減報銷伏思直屬常經
皇上行幸之區差務歷有年所而差竣報銷與例
不符之處尚種種不一查乾隆十二年分東省辦差
報銷之州縣共十數處內有合例者准報銷案其餘
州縣屢經駁詰尚未報銷則今秋 皇上巡幸
中州及明春 巡幸江浙等省該州縣並未辦
差無例可循將來造冊報銷更難保無舛錯浮冒之
處即臣按冊查核逐款指駁徒滋案牘紛繁殊非辦
理盡善之道相應請 旨將臣部從前據定修
墊營尖道路准給夫工名數並應行搭蓋橋座工料
數目做法及一切器具等項查明刊刻頒給各該督

撫一體遵行辦理至修墊營尖各盤務擇其寬展平
坦地面飭交各屬敬謹修墊其間或遇地窄低窪泥
濘之處必須修墊者務將修墊處所先期報部至於
道路遇有山嘴石岡必須開鑿或遇沙壓土坡應加
創挖者亦應先行據實估報並將製備應用器具等
項工料價值各若干分晰開載如有營尖道路已經
修墊過一次者亦即於估冊內一併聲明報部統俟
該省報銷時臣部逐一查對除開用夫工等項與估
冊相符者按照定例準銷外倘造報冊內或有以少
報多以無作有等弊即將承辦之員指明題參以爲
浮冒開銷者戒如是則事有成例帑不虛糜而於差
務錢糧均有裨益俟 命下之日臣部行文各
該督撫一體遵照是否有當伏乞 皇上訓示
遵行謹 奏請 旨乾隆十五年十二月十五
日奉 旨依議欽此又是月十九日 依
禮部議 奏云查會典內開 行幸經過地方
又查康熙四十二年 行幸奉 旨應祭嶽
瀆預行議 奏經臣部查明具 奏奉 旨在
三十里以內者 奏 聞三十里以外者不必具奏欽此
又查本年八月 聖駕巡幸臣部分別酌議致
祭在案明春 南巡臣部敬查應行祀典江
瀆禮應致祭節經催督撫詳查具報俟覆齊日再行
另議等因於本年十月三十日 奏臣部隨即行文
該督撫續具咨報部 臣等詳加酌核除冊內所開

江瀆經臣部議致祭遣祭令　聖駕正歲啟行
臣部隨堂官隨時議奏請　旨預令太常寺酌
辦香帛帶往應用祭文屆時令扈從
翰林院撰擬祭品交地方官備辦

旌表貞孝張趙氏等舊志太學生許光國妻趙氏壽百歲奏
旨給帑建坊
欽賜貞壽之門承仙鄉趙氏譜云氏生順治己丑十月
恩詔送貢十六年○恭按是年皇太后六旬萬壽諸書皆未言及
恩詔送貢學政全書
恩加學額五名一次學政全書及待徵錄
上奉
皇太后鑾輿南巡
恩免元年至十三年江蘇積欠地丁錢糧上江志大學士傅恆等
奏遵

旨議准江南省自入境以後江蘇各屬進士舉人生監人等陸續進呈詩文業經學政莊有恭遵旨詳閱兩次開名奏聞伊等已回原籍應令學政調赴江甯迎鑾候期考試（學政全書）邑廩生張道正進呈南巡文蒙恩賜荷包一對元寶二個（張氏家乘）三月御製句容道中作

路舍舟而騎俗覘漓與庬紅圍山下墅白閒柳邊江寺僻僧常獨春深燕每雙明朝臨建業訪古六朝邦（盛典）

上至龍潭

行宮

附載 盛典卷九十四乾隆十六年正月初四日依大學士 公傅恆議 駐金山閱視水操過

江皴淇幡山至錢家港登旱路至龍潭　行宮駐蹕俟覽閲名勝後仍由原路至龍潭駐蹕由龍潭至寶華山同　鑾龍潭仍至錢家港登舟進鎮江口直達無錫又　盛典路程圖云聖駕幸江甯自金山　行宮登舟三里對渡錢家港馬頭登岸十三里永豐橋十一里高貲港尖營八里炭渚村係江甯府句容縣界十六里徐家莊尖營七里倉頭鎮七里七星觀八里龍潭行宮十一里楊柳泉六里寶華山十七里東陽鎮十七里六分棲霞山　按自金山至棲霞百二十七里六分

御書福字六幅又

御書勝攬龍蟠額岡巒縈繞桑麻富洲渚參差颿槳通對聯又

御書江聲潭影額三茅天際青蓮聳二水雲邊白鷺分對聯

盛典○嘉慶府志作御書匾聯四副並

頒三希堂湻化閣帖一部於龍潭

行宮嘉慶府志二十八日

御製登寶華山慧居寺詩

松逕霏花雨香臺靄法雲笵銅輝傑閣鏤玉隱蜚文寶誌名長在梁皇懺尙聞芳颸舞錦卉仙籟韻瓊篔誰識隆昌舊從來名象紛澄觀忘萬慮小坐亦堪欣

御書光明法界額於大雄殿

御書寶綱常新額於銅殿

御書精進正覺額地控秣陵金殿香浮華鬘動山蟠句曲石壇月朗戒珠圓對聯於戒壇及華山志盛典又

賜墨刻觀音像金剛經寶塔心經寶塔白金五百於山寺嘉慶府志

作御製詩一軸御題匾額共四副十八年十二月初八日

頒賜

御刻三希堂石渠法帖全部計四函三十二冊於華山華山志

附載盛典卷九十四兩江總督臣黃廷桂江
蘇巡撫臣王師兩兩淮鹽政臣吉慶謹爲奏
聞事恭照 聖駕回鑾後所有各 行宮
及名勝座落房間自應責令專員經理以垂永久今
臣等擬將自龍潭起至江甯一帶各 行宮及名
勝座落交與江甯布政經管云云均令不時查看如
有應行黏補之處報明臣等動項黏補以昭誠敬仍
行文提督按處酌派弁兵敬謹看守理合奏祈
皇上睿鑒乾隆十六年四月初
四日奉 旨知道了欽此

二十年五月

頒賜

御製平定準噶爾告成太學碑文學碑錄

御纂周易述義

御纂詩義折中於學上江志。按溧水志作三十一年十月述義二部計八本折中二部十六本

二十二年嘉慶府志作二十三年

上奏

皇太后鑾輿南巡
恩免二十一年以前地丁銀上江溧水兩志及十年以前積欠漕項銀
米地丁耗羡又
詔省會駐蹕之地附郭州縣本年應徵地丁銀悉與豁免上江志
二月
駐龍潭行宮
附載盛典載祭江瀆事宜於二十一年禮部請加十六年例其年十二月初二日奉旨知道了又太常寺奏聞明春南巡渡揚子江點香照十六年例辦理亦於十二月十一日奉旨知道了欽此
邑廩膳生張道正進呈迎
鑾曲三十章學臣彙置二等張氏家乘
召試士子於府治之鍾山

行宮上江志夜半奉
特旨二等之張道正一體
召試張氏家乘
頒賜
御製平定囘部告成太學碑文於學嘉慶府志
恩加學額五名一次學政全書待徵錄
上諭迎輦男婦七十以上者照從前恩詔例賞賚盛典

附載
盛典江蘇巡撫臣陳宏謀謹題准
行在戶部咨乾隆二十二年二月初二日內閣奉
上諭朕奉
皇太后鑾輿載巡江浙所至黎庶愛戴情殷夾道焚香歡迎輦路而鶴髮皤然扶攜恐後尤堪軫念所有江浙二省男婦年七十以上者俱著加恩照從前恩詔例賞賚以示優老引年之意欽此欽遵轉行到司奉經通行各屬一體欽遵去後今據江南河運道暫留江甯府原任朱廷揚蘇州府官登常州府增福鎮江府蘇陵阿淮安府五諾璽揚州府兆麟徐州府郭永甯詳據上

元江甯句容長洲元和吳縣吳江震澤武進陽湖無
錫金匱丹徒丹陽山陽清河桃源江都甘泉高郵寶
應銅山邳州宿遷睢甯等二十五州縣會詳內稱據
經過各州縣耆民及老婦夫男金旭陽任永昌沈朝
聖沈玉成朱子臣張秉仁張天益沈茂貞王御珍朱
嘉賓顧殿臣徐方來趙文岳金益龍徐吉士徐介臣
朱允昇萬子口管成章張楚艮等呈稱竊逢
舜日　堯天咸歌擊壤　禹功　湯
網共慶陶鎔身等叨　天之庇得以年躋耄耋
荷　聖垂恩不聞時戒征徭　歷聖深仁
罔報　今皇厚德何酬　恭逢兩次　南巡
採風問俗民隱周知施　恩蠲賦民力得紓萬
言難述之奇逢千古不邀之　曠典毋論致仕
復銜食俸勤勞加級褒榮郎如老民給賞銀牌又加
概　錫絹米身等疊次濫膺撫心自愧欲紓報
効慚愧無由今恭聞　鑾輅回都　聖躬
豫悅正萬萬年億兆生民之福乃千千世統御之休
祉跔譺敢不鳴謝叩賜據詳轉詳請題俾下情上達
蟻悃少伸等情○恭按以謝　恩
詞者民次第考之沈朝聖當爲邑人

三月十六日

上登寶華山

御製慧居寺八韻詩

寶華深秀處問路記吾曾是日觀民暇青春佳興乘梵宮迎馬近崎逕破雲登戒井誰當汲蓮池依舊澄六檀身口意三寶佛經儈淨業遵毘柰禪機謝慧能璇題千載煥（寺舊名聖化隆昌皇祖南巡時易今名）飴慕一心增小憩催行轡耽斯理豈應（盛典及華山志○嘉慶府志作御製一幅）

頒賜

御書福字於華山

賜墨刻觀音像一幅朝珠一掛荷包四枚鼻烟一瓶（華山志）三十日

御製高資港詩

孝陵未讀柳州論繼世旋看禍亂紛詎可長江恃天塹早教高

港覆舟軍金川守禦終無濟瓜蔓誅夷不忍聞一死齊黃難贖
罪獨憐氣節在斯文

御製長江夕照歌

借問長江源及委葢與朱日爲出入浮玉崢嶸接東西寅賓寅
餞惟中立是時萬里無微風鱗雲暎江江面紅鯨宮鮫室朗欲
徹楚山蜀塞渺何窮布颿來往紛紛者捩柁不較風上下北人
使馬南人船各有所長語非假金波浮沈金彈子將謂曦輪碾
其底璿璣九萬且莫論明朝試看扶桑始

御製渡江詩

吳越巡方兩月周長江迴泛木蘭舟風恬北指瓜洲渡天朗西
窮巫峽流花有繁紅識津口樹成嘉蔭出城頭金山背擁蒼巖
迥綠字曾題初度遊盛典

御製三月晦日作

貪程忘日有常談忽報春蓂落盡三應趁淸和歸冀北恰留九十在江南原注是日渡江未孤柳媚還花治慮誤吳耕及越蠶更有予心深愜處皇州好雨應時甘

恩振被災州縣截漕十萬石備糶二十三年

頒賜

御纂春秋直解上江志○按溧水志作三十一年四月二部計二本二十四年十二月

頒賜

御製平定回部告成太學碑文學碑錄二十五年

頒賜

御製詩二集於學二十六年

恩詔送貢學政全書奉

上諭今歲
皇太后七旬萬壽因江南被災改明年恭奉
鑾輿南巡截留冬漕十萬石分廠平糶嘉慶府志二十七年二月
南巡
恩振去年被災州縣上江志
恩加學額五名一次學政全書
恩蠲二十二年至二十六年節年因災緩徵及未完地丁各欠
恩增江浙皖三省本年科試大學五名中學四名小學三名郡志
邑廩生尙昌盧進呈
萬壽南巡萬言頌侍從記畧〇按頌內□□氏壽百歲係六合人見六合志
御製句容道中詩
揚子登舟指秣陵中途易馬渡江乘菜花引蝶麥藏雉畫裏溪

郵農事興

迤南峻嶺北長江天塹眞稱險莫雙底事古來恃險者豈旛頻

見出城降

小兒已長老年多縱令隨觀不禁訶五十帛需七十肉孜孜爲

慮應原注去聲如何

御製壬午仲春望後一日即景題什

崇搆觀濤舊所稱石簰壯觀試臨憑恭按石簰爲京口句容孔道千尋翠巘

天疑近一道長江波不興來往布颿嫌力弱空明玉鏡與心澄

風恬浪靜自佳事何必枚皐賦語徵

御製高資港詩

好學皇孫穎慧聞惜無斷耳用心勤燕兵已渡高資港猶自中

朝議禮文

御製茅山詩

第八洞天稱地肺金壇崔崣巃高陵三茅已跨茅龍去祇剩殘山列遠稜

御製丹井詩

華陽上館石橋東原注有二一在陶村一在此一例陶村丹井同拔宅不知何處去風烟中覓舊基空盛典

御製壬午暮春詩

梭織往來眾軸轤風恬浪靜蔽江鋪遠帆樓上延遙目太液池頭了不殊盛典金山志二月二十三日

御製三登寶華山詩

峯嶺因何秀秀因泉石遭恰宜耆域擴底較蔣山高禽演無生偈松翻萬古濤闍黎惟守律不習坐禪逃嘉慶府志作詩一軸

頒賜
御書南無阿彌陀佛於華山二十四日又
頒賜
御書石刻法華經一部藏香二束哈噠香一包功德齋銀五百兩華山志
御製壬午季春詩
秣陵將問古氏父暫浮江雨不妨兼驛風全靜渡艘水天憑几席花鳥列軒窗秪合蠲諸慮誰云聲色撄金山志二十六日華山
僧謝
恩又
賜荷包一枚華山志
御製壬午暮春之杪雨望作

細雨飛來箭發弦江波接上勢如連須臾雲斂千峯淨綴目睛光會一川

御製茅山正譌文

壬午春巡將發金陵道句容徵三茅之勝而邑誌率摭吳越春秋禹改茅山曰會稽爲玆山數典所自是援越入吳疆域紊而世代淆予不可以不辨按史記注引越傳禹到大越上苗山苗與茅古字通而小異其爲屬越則均水經注漸江條云會稽古防山亦謂之茅山別稱防者蓋以防風後至故而漸江即浙江其山隸今紹興境明甚若句容之茅山本名句曲亦名已山自後漢茅盈兄弟學仙於此三茅之名始著距吳越時既遠地與紹興又絕不相蒙輯誌者無識沿名竄附牽連爲一謂會稽同出異名若艮常秦望海江仙韭之屬二十有六實爲一山且注

出吳越春秋今覈全書初無是語況自紹興至句容道踰千里中隔一江三茅卽號地肺安能呼吸一氣若此使其言然則方內纍纍宮霍蜀繹者疇不當名之曰崑崙岱宗乎再考江甯郡志艮常秦望仙韭諸山並與句曲壤接道里可數更於紹興無涉卽以所引秦望言紹興句容皆有要各自爲一山未可强而合之獨於茅山乎何疑或曰會稽爲古揚州鎭山後漢移會稽郡治越秦初置時本治吳焉知會稽始名之茅山不可通於句曲後著之茅山也予得仍以吳越春秋正之其書凡六卷前吳傳三後越傳三茅山之改名會稽入越外傳不入吳內傳當時方隅所限詎不較然風馬牛哉用覼縷析之以俟後之訂山經者盛典

御製壬午暮春之杪駐蹕金山作

百里棲霞曉策驄金山舟到日方中又成迴蹕時臨夏每喜橫江靜戢風氣接鴻濛開遠勢峯連杳靄入高空精藍寶帶常留鎮那見蘇公與印公金山志二十八年

頒賜

御製文初集上江志○按溧水志作三十二年十月計二部共十六本二十九年

詔明年駐蹕地方照例截留冬漕平糶如上例三十年三月

上奉

皇太后鑾輿南巡

恩免二十五年以前節年因災未完蠲賸河驛俸工等欵並二十六七八三年因災未完地丁及二十八年以前因災未完漕項嘉慶府志暨民借籽種口糧備築堤堰等銀及熟田地丁雜稅未完銀兩又優免江甯附郭諸縣本年地丁銀上江志

御製高資港詠古
京口東餅舫石頭西問津高資今有詠庸主昔無憂一旦燕兵過千屯明甲收原注謂守將童貫迎降孝孺乏畫策割地是佳謀盛典
召試士子於鍾山書院志上江
恩加學額五名一次學政全書及待徵錄又
上諭江安二省分設各縣向來選拔統新舊兩學中拔一人本年加
恩各學各取一人及加
恩本年選拔貢生除錄用外如願在
四庫全書館効力准充謄錄扣定五年覈辦學政全書初三日
御製四登寶華山詩
梵宅寶華陽莊嚴殊勝常石壇授五戒銅殿厭諸方庭有禽聽

唄廚多鼠守糧原注香積廚中多鼠呼之即至而不耗糧蓋僧雛飼養者謝參黃蘖佛期結白蓮瑒輪演無生法燈傳不盡光迴輿度耨水淸磬餉悠揚

盛典○嘉慶府志作詩一軸

賜御書福字一幅嘉慶府志石刻黃龍佛像一軸藏香八束哈噠香四封齋銀五百兩五月二十二日又

賜維摩所說大乘經三卷華山志於華山

頒賜

御製平定青海告成太學碑學碑錄三十三年

頒石刻梅花一幅於寶華山改建龍潭

御道三十四年

頒賜

御製文廟碑文於學嘉慶府志

令嗣後優貢照舊三年一舉加意覈辦學政全書三十五年
皇太后八旬萬壽
特恩普行蠲免錢糧嘉慶府志三十六年
恩詔送貢學政全書
頒賜
南巡盛典於學上江志○按溧水志八套四十八本
頒翻譯名義集正訛一部於寶華山嘉慶府志三十七年奉
旨停止五年編審虛文止逐年清查數目造冊又題定軍丁仍
行五年編審以便辦運惟欽遵
聖諭一體永不加賦嘉慶府志奉
詔廣額待徵錄三十八年
頒石刻湻化閣法帖一部於寶華山嘉慶府志三十九年

頒賜
欽定同文韻統八卷滿漢蒙古西番合璧大藏全咒一部於寶
華山
恩旨將句容江浦等十八州縣三十九年分被災緩漕於四十
二年帶徵嘉慶府志
令學政給該貢生貢單仍取地方官文結送監學政全書四十年
頒賦役全書句容縣存留雜支項下孤貧布柴銀捌拾壹兩壹
錢玖分貳釐○閏月加銀壹兩玖錢肆分○起運解給
項下本邑存留孤貧米貳百貳拾叁石貳斗○按未言閏恐有誤
○衞賦糧項下給卹孤口糧壹百柒拾柒石肆斗肆升
肆合○閏月壹拾肆石柒斗捌升柒合○各標營兵糧
餘剩恤孤新陞充餉存倉候撥米壹百壹拾壹石玖斗

陸升壹合捌勺○閏月米叁石柒斗肆升捌合玖勺嘉慶府志

附載舊志民賦起運項下陸科恤孤充餉米叁斗捌升壹合零○存留恤孤米貳百貳拾叁石貳斗玆殘升言共每陸名捌田貳給石壹雜給項下孤貧每名給柴米銀壹兩共銀陸拾貳兩於乾隆二年奏准通省均不敷撥補另於俸工冊內造報補給○藩署項下舊裁扣優免等項銀壹千叁百伍拾柒兩有奇恭按以上諸項疑皆康熙十四年賦役全書所制而舊志未詳所本並未載始於何時故載於此以俟參考

四十一年

頒賜

御製平定兩金川告成太學碑文於學石刻羅漢十六軸維摩所說佛教之大乘經三卷於寶華山嘉慶府志

四十二年

普免錢糧上江志○原注江蘇於戊午年輪免嘉慶府志云天下自戊戌年爲始仍分三年輪免江蘇於戊戌年全行蠲免

次年八月二十七日

賜寶華山救護日食經一卷華山志四十五年

七旬萬壽

恩加學額五名一次學政全書及待徵錄

詔普免錢糧一次自庚子年爲始上江志三月

南巡二十四日

駕幸寶華山

賜齋銀一百兩華山志

召試士子於鍾山書院上江志

御製五登寶華詩

精藍據向陽熟路到曾常風靜乃旛動禪圓而戒方寺原超下界僧自富齋糧試問出塵地可眞選佛場愛他別室迴却思納

山光

賜額慧居改千秋名永揚華山志

御製江甯旋蹕駐龍潭行宮作

巡狩無非事者然要於勝處戒流連金陵諸務既云畢容水一程適可旋蕬昔攝山駐以豫圖金浮玉到為便怯行百里行廿里自覺鬚眉已長年嘉慶府志

便民河成

上旋蹕由便民河復至棲霞上江志

賜河名曰便民港嘉慶府志

御製由便民港舟至棲霞山行館即事有詠

發以寅而到以申原注舟行由便民港至棲霞山行館水程百里較每日稍遠因以寅刻起行迨申刻即到舟行百里未勞身此言訝不當出我執役猶應念眾人漫向青山論今昔最欣綠水滌精神迎鑾老幼胥懽忭自審如何稱原注去聲便民棲霞山志○恭按嘉慶府志載七言金漆直條一幅疑即此詩

御製登棲霞最高峯眺望作歌

我昨進舟來棲霞高峯半天望及至今日徐徐登便民港水眼底漾由港而江通潮汐舊稱險處黃天蕩避險就安誠便民兩府原注謂江甯鎮江行舟永無恙不惟兩府歌利濟通省士庶情俱暢原注便民港既成不特鎮江江甯兩府舟行穩順即通省士民往來金陵者免涉黃天蕩江濤之險及陸行跋履之艱無不稱便也然而江中仍有舟圖利忘害憐眾狀邇日作炎其熱難堪比及造極爽拂風尖身既適矣心亦恬於是息江港安險之幻境置魏吳機械之浮談歌留石碑傍花龕萬刼佑我黎與黔古希誠老矣南巡欲罷安福帆棲霞山志

附載是年江南督撫奏自上元攝山至句容龍潭又東至於鎮江丹徒下師古灘開新河以入於江以避黃天蕩之險其河實至四十八年始通行名新開河此嘉慶府志所言者也　聖祖當年行舟至棲霞者乃上口十餘里耳其東所未開者尚近百里又此河俗名刀鎗河即宋元鏖戰故址淤久不通至此

乃復故迹

頒賜

御製七言金漆直條一幅

御題金漆對聯一副墨刻蘭亭一分於龍潭

行宮（嘉慶府志）仍

命截留冬漕十萬石照前例在

駐蹕地方平糶（上江志）八月十三日

賜華山佛前五供三分（華山志）四十六年

恩詔送貢（學政全書）四十七年

頒賜

御批通鑑綱目續編（上元志）四十九年

南巡至龍潭

駐蹕行宮恭拔是年具請啟迎鑾者邑紳王周南駱應隆裴于宣倪大經

附龍潭　行宮記吾邑龍潭鎮西有黃龍山焉山南為青龍山　行宮在兩山之間西枕平疇東挹倉廛正殿凡三後殿中殿前殿皆九間殿前兩廊為朝房又前為宮門正殿東為閒宇正殿之西近北為便殿花園廳宇宇南為宮女梳洗樓又南為書樓又南亦為便殿花廳廳北與園西樓西皆隙地奇峯怪石巉巖聳矗奇花異卉雜出叢植其最異者玉皮羅漢松天矯百尺形狀奇偉松非邑所素產不知由何處移植也宮外繚垣四周垣內隙地西廣東狹宮門前為影壁門南壁北廊房對列為大臣憩息之所廊之東西又有長廊以處羣臣垣外四隅及東西共兵棚六所以

備守衞影壁南爲　御道道南有古樹俗名風水樹今僅存四株即生於青龍山麓麓西之南北爲峻嶺兩嶺上架宇相接爲天后觀俗名奶奶廟觀音閣閣下即向金陵孔道也影壁旁有房一間守宮役一名居焉每歲工食錢二十六千合鎮公備每歲秋由龍潭巡檢開門一次率役芟草過此仍鐍鑰每當春晨秋夕清風時起百鳥嚶鳴異香芬撲俗名石蘭香近年猶然宮北爲便民河爲深宮澗產龍頭魚似鱧而龍鬚重觔許長尺不可食一勺泉亦名溫泉定水庵攬江亭涵碧樓餘若馬鞍山此並下皆在東南誌公塔讀書臺擂鼓臺寶華山諸名勝皆咫尺間便民河北爲黃天蕩江自皖來由南而北至蕩一折由西而東迴瀾曲抱風帆上下萬千相續行人估客經此必卸帆瞻眺

咸謂其地足以轄天險而江山勝概亦無比倫云

附記瑣事錢泳履園叢話云三十八年　聖祖

仁皇帝奉　慈聖太后南巡凡在籍紳士耆老

接　駕俱有黃綢旛旛上標明都貫姓名恭迎

聖駕字樣凡　駐蹕之所皆建錦亭連

以畫廊架以燈彩結以綺羅備極壯麗視甲子己巳

逾十倍矣三月十八日　萬壽聖誕凡百士庶

獻康衢謠頌　聖詩　萬壽詩各若干帙

分天地人和四帙以祝　萬年之觴又於諸山

及城名剎廣列祝　聖道場百姓懽呼塗路五

十四年五次　南巡　聖誕日奉

上諭江南上下兩江舉監生員人等有書法精熟願

赴內廷供奉抄寫者齊集江甯蘇州兩處俟朕回鑾
日親加考試
儀徵李斗揚州畫舫錄引　南巡盛典云自錢
家港至江甯府　御舟向例在清江浦倉場侍郎
及坐糧廳司之舟名安福艫翔鳳艇湖船撲拉船皆
所謂大船也其餘　上用船隻裝載一切什用
等物及隨從官兵船例給票監放　御舟前派
御前侍衛　乾清門侍衛各二員前引船隻派
兩對出兩邊行走船旁令一人騎馬在河路行走以
備差遣拉船幫縴侍衛四員四副撒袋令在拉幫縴
侍衛後行走縴手用河兵沙飛馬溜添縴用州縣民
壯鹽快不敷僱民夫　陞蹕御舟凡　御前大

臣侍衛內大臣軍機大臣　御前侍衛　乾清
門侍衛船及載　御馬船　上駟院侍衛官員
批本奏事軍機處侍衛處　內閣兵部官員船以
有事承辦俱在前行走兩岸支港汊河橋頭村口各
安卡兵禁民舟出入緯道每里安設圍站兵丁三名
令村鎮民婦跪伏瞻仰於應迴避時令男子退出村
內不禁婦女馬頭　大營例五十丈　皇太
后大營例二十五丈居住船上備帶三丈四方帳房
一架二丈正房圓頂帳房一架一丈五尺帳房帳房
一架（此上帳字原本恐誤）耳房帳房一架於馬頭支蓋清早折
卸兵部船例在豹尾鎗後與軍機一處行走駐營時
將船在布城後角灣住以便接遞牛羊船係　京

城備帶茶房所用乳牛三十五頭膳房所用牛三百
隻布棚外皆諸號沙飛馬溜傳宣接遞用小快船名
草上飛迨上岸時大船令其先行恐不能趕到馬頭
另備如意船先在馬頭伺候其馬頭例鋪棕毯奉
諭不准紅黃等璮　御道用文磚亞次暫用
石工餘照二十二年定例用土鋪墊　御道旁或
搭綵棚或陳水嬉共達呼嵩誠悃所過皆然空地屯
隨從官兵執事人等黃木柵爲　御馬廠四圍欄
緣旗其隨從駝隻渡河來者另立木柵謂之駱駝營
隨營官兵施帳房布罩立風旂識別掘地爲土竈夜
懸晃燈於旗竿上竿下拴馬匹割草打柴設草廠柴
廟晚出帳巡邏謂之唧嘍喊向例侍衞揀派三班兵

丁揀派一千名各處官員拜唐阿等酌派旱路扎營則備大城蒙古包帳房樁橛至江南水路兵丁減半章京四十員虎鎗侍衛兵丁一百零三十七員中揀派四十皆謂之隨營官兵給船乘載若城門馬頭園亭寺觀皆有隸人給事著卒衣題識其上爲某營某兵六司百官食次第一分頭號五簋碗十件燕窠雞絲湯海參匯猪筋鮮蟶蘿蔔絲羹海帶猪肚絲羹鮑魚匯珍珠菜淡菜蝦子湯魚翅螃蟹羹蘑菇匯雞䩚轤鎚魚肚煨火腿鯊魚皮雞汁羹血粉湯一品級湯飯碗第二分貳號五簋碗十件鯽魚舌匯熊掌米糟猩唇猪腦假豹胎蒸駝峯梨片蒸果子狸蒸鹿尾野雞片湯風猪片子風羊片子兔脯嬭房簽一品級湯

飯碗第三分細白羹碗十件猪肚假江瑤柱鴨舌羹雞筍粥猪腦羹芙蓉蛋鵝肫掌羹糟蒸鰣魚假斑魚肝西施乳文思豆腐羹甲魚肉片子湯蟹兒羹一品級湯飯碗第四分毛血盤二十件獲炙哈爾巴小猪子油炸猪羊肉白煮猪羊肉掛爐走油雞鵝鴨鴿臛猪雜什羊雜什燎毛猪羊肉白煮猪羊肉白蒸小猪子小羊子雞鴨鵝白麪餑餑卷子十錦火燒梅花包子第五分洋碟二十件熱吃勸酒二十味小菜碟二十件枯菓十徹卓鮮菓十徹卓八旂隨從官禁衛一門祗應八等另置庖室食次第一等嬭子茶水母膾魚生麪紅白猪肉火燒小猪子火燒鵝硬麪餑餑第二等杏酪羹炙肚肱炒雞炸炊餅紅白猪肉火燒羊

肉第三等牛乳餅羹紅白猪羊肉火燒牛肉繡花火
燒第四等血子羹火燒牛羊肉猪羊雜什火燒餅第
五等孏子餅酒醋燒毛大猪大羊肉片子肉餅兒等
物

丹徒縣沈志云二十七年春內閣學士兼禮部侍郎
雙慶自江甯　行在奉　賫香帛牲酒告祭
丹徒卞忠貞公祠

又云乾隆四十五年　南巡三月乙丑
駐蹕江乘　特遣內閣學士兼禮部尚書侍郎
嵩貴往祭卞忠貞公祠恭按公於金陵廣陵毘陵皆有專祠此二次由句容往祭者皆在鎮江城西祠岳祠坊金盞橋口

是年

恩加學額五名一次學政全書及待徵錄
恩旨積欠地丁漕項未完銀糧米豆等欵全免
恩免江甯附郭諸縣地丁錢糧三月
召試士子於鍾山書院上江志十三月
駕幸華山
賜娑羅樹圖一張蘭亭圖一卷無量壽經一函原注計三張如意二
柄元寶錁五十定
御製六幸寶華詩
輕輿趁曉陽古寺徑知常是日弗多路遊山到上方佛居無住
處僧食有緣糧却守毘尼律殊非棒喝場以斯勤本分亦可度
流光小憩還行館松陰鞭緩揚華山志○嘉慶府志作詩一幅
賞老民老婦仍

命截留冬漕平糶如上例上江志

恩旨上元句容丹徒三縣加振兩月呂志○因上年被災四十九年

恩廣學額□名待徵錄五十年

御製七言詩一軸玉三鑲如意二枝文竹如意二枝外又並平

定金川冋部圖二部於龍潭

頒行宮嘉慶府志民人李昌佺五世同堂

旌額昇平人瑞並

欽賜銀緞有差仁信鄉人李氏家乘

恩詔送貢學政全書五十三年

頒諧奇趣圖一分二十卷於龍潭

行宮五十四年

頒玉兔朝元硯一方月活內澄泥硯一方於龍潭

行宮嘉慶府志是年蒙

諭加恩欽賜邑舉人駱存智以翰林院檢討銜

欽賜

恭補載舉人吳觀南鄉張墟人乾隆間蒙翰林院檢討其子祖新邑廩生有哭父萬言文

五十五年

恩詔送貢學政全書五十六年蒙

恩緩徵四十八年至五十四年因災積欠銀米分四年帶徵五十九年

頒臺灣戰圖一分於龍潭

行宮嘉慶府志

恩詔普免來年銀糧一次上江志六十年

授

受禮成

太上皇帝

恩詔送貢

恩加學額七名一次（學政全書及待徵錄）

仁宗睿皇帝嘉慶元年

恩詔普免錢糧（上海志）奉

旨廣額七名一次（待徵錄）

賚老民絹緜米肉有差四年

高宗純皇帝

升配禮成

恩詔送貢學額加七名一次（學政全書）

恩免乾隆六十年以前積欠緩徵地丁耗羨及民欠籽種漕糧

銀兩（戶部則例）六年

頒安南廓爾喀等戰圖於龍潭
行宮嘉慶府志九年
頒聖集大成匾額於學上江志十一年
頒湖南貴州戰圖各一分於龍潭
行宮嘉慶府志十四年五月二十六日奉
上諭各學刊奉
旨嚴禁士子鬧漕碑記於學學碑錄十四年
五旬萬壽
恩詔送貢學政全書
賚老民絹緜米肉有差十九年旱蒙
恩振饑免徵銀糧十之六二十三年
恩科

御題宋畫詩

漫說神仙好出塵不如佛法講能仁三茅眞誥君看取當日原皆惠愛人

右茅山

幾經富庶幾離亂庶富歡娛離亂愁祇有秦淮一片月溶溶無恙照千秋

右秦淮　琉璃廠刻方幅本○恭按後一詩嘉慶府志所載與石本微異然未注引何書誌以待正

御題寶華山扇面詩

錦繡江南路禪居自勝場山靈知應喜金粉助輝煌　琉璃廠搨本

二十四年

六旬萬壽

恩蠲十年至二十一年未完民欠錢糧銀米

恩詔送貢
賚老民絹緜米肉有差
宣宗成皇帝道光元年
恩詔送貢上江志
賚年老軍民絹緜米肉有差是年山田旱
恩賞口糧上江志
恩廣學額七名一次待徵錄二年春
加賞旱田口糧三年水
恩給水災振銀四年春
加振水災春日賑銀
令設豐備倉容山校事錄○按校事錄又云句容歲比不登迄未舉行至十六年竭力議行而又不果蓋邑之田山圩相間不能皆豐山熟圩荒圩熟山荒由來無豐歲非他邑可比故不果行也

頒聖協時中匾額於學監生許煌妻趙氏壽百歲

旌表建坊十一年水

恩免徵銀米十之四又鄉試改期九月武鄉試改明年三月

恩詔送貢

又十三年

恩詔送貢

御製題金焦茅華竹林蜀岡六方冊詩附記按諸書互有異同

地占南朝勝

天章仰璇題山峯分釋道江水界東西駭浪扁舟遠春松老屋

齊所期惟縮地勾曲問幽棲琉璃廠榻本十五年

皇太后六旬萬壽

恩詔送貢
上諭
恩蠲十年以前之正耗民欠錢糧因災緩徵帶徵銀穀並給籽
種口糧牛具及漕項蘆課學租雜稅十九年
旌表貞孝節烈婦女一千二百人建總坊於致遠門外二十年
恩詔送貢是秋水
詔鄉試俱改如上例二十四年
恩詔送貢
二十五年
皇太后七旬萬壽
恩蠲二十年以前之正耗及一切學租雜稅改如十五年例二
十九年水

詔鄉試改如上例上江志三十年奉

恩廣學額府縣試文童加性理論一場

文宗顯皇帝登極

頒德齊覆幬匾額於學咸豐元年至二年

恩詔送貢

恩廣學額七名新府志一次

詔開科

恩免道光三十年以前民欠地丁銀糧上海志三年

恩詔送貢五年

恩詔送貢。自三年起賊踞省垣停考試均於同治三年後補行又自軍興來邑於省垣爲最近又當孔道故報効捐輸亦爲最鉅六年賊踞邑城文冊俱毀邑遂無據以請永廣額七年克復縣城奉

旨獎敘官紳功有差九年長壕告成

恩免錢糧八年省垣以賊故築長壕邑民踴躍從公九年告成以此故恩免錢糧是年

恩科借浙闈舉行鄉試。十年賊又至凡報効文冊又毀與前次同十一年

恩詔送貢

穆宗毅皇帝同治元年

恩詔送貢

恩廣學額七名一次。三年後補行三年邑垣克復奉

旨獎卹存亡將士有差兩江總督曾文正公奏設招墾局及分

經善後事宜等務十一月以全省底定

特恩開科並補行戊午科。以全省底定故也

蠲從前租賦並免四五六等年新租。上江志引案云同治三年以前錢糧均於被兵案內奏蒙蠲免自七年起奉辦抵徵僅有七八九十十一十二等六年水旱蠲免等案云云又三年起捐每畝六十五文未免自七年改抵徵每畝二百五十文自十三年改爲應徵上忙連閏每畝八十八文下忙

及漕米每畝二百廿餘文自光緒四年沈制帥奏下忙及漕米蒙 上恩准減則改爲七折每畝徵錢一百四十五文現徵米每石 奉約四千五百文不等

御書聖神天縱額於學七年奉
准仿皖章不分丁漕權辦抵徵十一年
恩詔送貢
今上皇帝光緒元年
恩詔送貢
恩廣學額七名一次
蠲賫一切如咸豐元年例
恩准減則一年第二年准減一半第三年照舊全徵元年起科
應徵銀米
御書斯文在茲額於學三年七月十五日奉

旨永免額徵漕糧十之三以紓民力五年

恩詔送貢

附載新府志載六年民賦項下恤孤米陸拾陸石肆斗玖升柒合伍勺

七年正月奉

准

頒藏經於寶華山

附載總管內務府謹奏爲請　恩旨事據僧錄司掌印僧人員瑞呈報江南江甯府句容縣寶華山慧居寺僧人聖性呈稱本寺係十方常住缺少藏經情願請領龍藏經一分永遠供奉等因前來查慧居寺係屬古刹請領藏經崇隆佛法等因加結具保前來查光緒二年浙江仁和縣慈孝禪院僧人慧機請領藏經因龍藏經無存其龍藏經版係在栢林寺收存經臣衙門奏請令該僧人慧機自備工料赴栢林寺刷印會經辦理在案今慧居寺僧人聖性自備工料請赴栢林寺刷印　龍藏經一分永遠供奉與成案相符如蒙　恩俞允臣等傳知僧錄司轉飭僧人聖性自備工料赴栢林寺刷印　龍藏經一分永遠供奉以光佛法爲此謹　奏請除　奉旨等因光緒七年正月二十六日具奏奉　聖旨依

議欽此

又十五年

恩詔送貢十六年

恩詔送貢二十年

皇太后六旬萬壽

恩廣學額七名一次

蠲賚一切如嘉慶十五年例二十二年

旌表孝子朱克峻蘇局飭知二十三年

旌表孝子劉本韶蘇局飭知

附記武志康熙十年　詔除明季運快交混之

弊以總督馬公國柱上船政疏也

舊邑志十一年　題請解元朱朝幹更名獻酯　又

云海寇犯鎮江時邑人在籍免罪之笪重光與某某
張曉湘城守蒙　敕賜重光功宣屏翰額
金陵詩徵三十八年　南巡進士工部侍郎邑
人李柟侍從至宿遷蒙　賜　御書蟒袍
恭按柟以康熙壬子進士三十五年奉　命禮南嶽
江都縣志四十二年　御製南巡下長江舟中
詩云一鷺蘆中起雙鷗沙上鳴翠烟含碧嶂瑞靄覆
瓊英洲轉牙檣亂江流大塊橫智山仁水德動靜也
移情恭按是詩李志載爲是年武志載爲三十八年未審孰是
金陵詩徵及舊邑志進士知縣邑人張廷超年六十
六擢刑曹蒙　恩賜恭按超爲康熙癸未進士蒙　賜之年志未詳
載

舊邑志雍正十一年巡撫　題每歲加祭笪重光張曉湘一次

容山校事錄十三年邑教諭沈虹赴　召試博學鴻詞

雍正　御製詩碑卽心卽佛是非是非佛非心非是非試把是非皆坐斷管他心佛作何依恭按碑在寶華山未署作二字不載年月舊

謹據邑耆尚德明迎　恩記補輯未備遂成此卷不敢掠美也光緒庚子十月邑人張瀛恭纂并識

續纂句容縣志卷一終

續纂句容縣志卷二上

邑人張餘堂分纂

建置

城垣　祠廟　公署　驛站　倉廒　書院　善堂
附橋梁　道路

往者粵寇之難荆棘滿地城郭破殘凡祠廟公署橋梁之屬無不燬夷殆盡盜賊凶虓至此極矣同治甲子東南奠定穢腥既滌匠作旋興三十餘年來縣境之廢墜者稍稍補葺而其中待舉者尚多非不爲也財力之所限有未可以急就耳今條舉其大者著於篇俾知凋殘之餘元氣難復廢興之故令人感慨係之矣續建置

城垣

前明嘉靖三十三年知縣樊垣始築磚城備倭患也周七里一千三百十一丈有奇高二丈有六雉堞二千有奇警舍二十有四敵樓四外浚池蓄水設關六門四小南門一一修於　國朝康熙十三年縣令林最再修於乾隆五年時縣丞湯廷鳳署縣篆以上見前志乾

隆六十年修葺一次城磚猶有存者陽文乾隆乙卯自遭粵逆之亂缺口處多光緒五年知縣袁照捐廉重建東門宜春樓西門朝陽樓其四圍城垣於十八年經知縣張沆清捐廉修補今又多損壞邑令黃公履任後已諭董與修矣

祠廟

文廟同治十二年因原址重建光緒六年落成大成殿戟門櫺星門泮池宮牆牌樓俱還舊制已　名宦祠在學左　鄉賢祠在學右均同治十二年建知縣袁照有碑詳學校

文昌廟光緒十六年建屋一間於學宮

龍神廟在華山者光緒六年知縣袁照建

城隍廟光緒十七年建大殿頭門二十二年兩廊十殿始一律落成

厲壇同治間建屋數間社稷神祇先農三壇均未建

貞孝節烈祠光緒二十六年新建互詳祠祀

重建句容貞孝節烈祠記

間嘗覽郡邑圖經凡貞節建祠咸附膠序所以維風教重祀典也春秋上丁釋菜禮畢展謁斯祠冠纓峩峩衿佩濟濟以享以祀猗歟盛矣吾容舊祠燬於兵火三紀以來未能建復權藉昭忠別室以薦馨香烈魄貞魂得無踧踖不甯乎況殉節捐軀衆幾盈萬靈祠既渺月夜安歸頹垣荒草間不欲嗚嗚作泣耶然非闢廣廈葺長廊安能容千百版位而物力奇窘經費難籌偶過舊址搔首徒嗟矣今年春駱別駕文鳳建倉工畢慨然以爲已任拓基購址飭材庀工經營伊始而釁起海波虐遭旱魃風鶴頻驚幾乎中輟別駕乃苦心戮力堅

忍不搖自夏徂秋大工告蕆爲堂爲門有簷有廡規模閎壯頓改舊觀從此春禴秋嘗豐潔肥腯冥漠有知庶幾含笑來饗乎憶昔丙子秋夜梁溪秦君復培忽見是處楮屋數楹燭光輝映人影幢幢是工將成圬者夜聞衆來蹀躞窸窣有聲拓地時獲一駱氏坊額砌諸壁上嗚呼別駕鼎力辦此甯無所感通也乎既竣別駕囑余記其顛末余忝節屬不敢以不文辭謹識數語俾勒貞珉以詔來者捐資倡建者邑令張公紹棠相助勸募者錢幕客崑業監造督事者上元王翁元瑞襄監者曹參軍方璋例得附書光緒二十六年歲次庚子良月候選訓導邑人歲貢生張瀛撰并書

公署

縣署在治北舊址已圮權藉鮮魚巷口民房爲公廨別賃馬槽

巷口民房爲監獄　縣丞署舊址在白土鎮道光十八年改駐郭莊廟已圮權賃廟屋　教諭署在學宮未建　訓導署光緒中重建　巡檢署舊在龍潭鎮已圮權藉民房　典史署未建　城守把總署在縣治東北隅未建

驛站

雲亭驛在縣治右

水馬驛在龍潭鎮

查甯屬各邑驛站自同治三年克復後驛站支銷暫設三成由善後局支報迨七年辦理抵徵加給句容驛馬二成嗣於光緒元年開辦丁漕酌設句容驛馬六成光緒五年後以六成報銷

雲亭龍潭二驛額設各項

原額應徵銀肆千柒百陸拾柒兩玖錢叁分陸釐遇閏加徵銀叁百玖拾貳兩捌錢伍分陸釐無閏之年按照臬司衙門開來報銷冊列數目計有不敷銀拾叁兩捌錢貳分肆釐共該支銀肆千柒百捌拾壹兩柒錢陸分

額設雲亭驛馬肆拾伍匹每匹日支銀陸分歲支銀玖伯柒拾貳兩閏月加銀捌拾壹兩

額設馬夫貳拾捌名每名日支銀肆分歲支銀肆伯叁兩貳錢閏月加銀叁拾叁兩陸錢

額設修理棚廠銀陸拾叁兩玖錢

額設買補肆成馬價銀貳百伍拾壹兩肆錢陸分

額設旱夫陸拾名每名日支銀肆分歲支銀捌百陸拾肆兩閏月加銀柒拾貳兩

以上雲亭驛歲支銀貳千伍百伍拾肆兩伍錢陸分閏月加銀壹百捌拾陸兩陸錢

額設龍潭驛馬貳拾伍匹每匹日支銀陸分歲支銀伍百肆拾兩閏月加銀肆拾五兩

額設馬夫拾伍名每名日支銀肆分歲支銀貳百拾陸兩閏月加銀拾捌兩

額設修理棚廠銀叁拾伍兩伍錢

額設買補肆成馬價銀壹百叁拾玖兩柒錢

額設水旱夫玖拾名每名日支銀肆分歲支銀壹千貳百玖拾陸兩閏月加銀壹百捌兩

以上龍潭驛歲支銀貳千貳百貳拾柒兩貳錢閏月加銀壹百柒拾壹兩

酌給雲龍二驛馬肆拾貳匹每匹日支銀陸分

酌給馬夫叁拾伍名每名日支銀肆分

酌給修理棚廠銀伍拾玖兩陸錢肆分遇閏不加

酌給買補肆成馬價銀貳百叁拾肆兩陸錢玖分陸釐遇閏不加

酌給水旱夫玖拾名每名日支銀肆分

以上無閏之年共實支銀叁千零壹兩伍錢叁分陸釐按照原額計暫減銀壹千柒百捌拾兩貳錢貳分肆釐

鋪遞附

原額鋪遞拾玖處鋪司兵伍拾捌名額撥俸工銀內歲支工食銀伍百玖兩玖錢貳分閏月加銀肆拾貳兩肆錢玖分叁釐叁毫

現設自光緒元年招募六成鋪司兵叁拾伍名減設鋪遞拾壹處歲支鋪兵工食銀叁百伍兩玖錢伍分貳釐遇閏加銀貳拾伍兩肆錢玖分陸釐

一縣前鋪專遞東西南北四路文報東至十里鋪十里西至新鋪十里南至新坊鋪十里北至澗西鋪二十

五里現設鋪司兵伍名一十里鋪遞東路文報至謝培鋪十里現設鋪司兵叄名一謝培鋪東至行香鋪十里現設鋪司兵叄名一行香鋪東至上蘭鋪十里現設鋪司兵叄名一上蘭鋪東至丹徒縣界陶家鋪二十里現設鋪司兵叄名一新鋪接遞西路文報西至土橋鋪十里現設鋪司兵叄名一土橋鋪西至上元索墅鋪十五里現設鋪司兵叄名一新坊鋪接遞南路文報南至時清鋪十里現設鋪司兵叄名一時清鋪南至趙鄉鋪十里現設鋪司兵叄名一趙鄉鋪南至溧水界望湖岡鋪二十里現設鋪司兵叄名一澗西鋪遞北路文報北至丹徒縣界炭渚鋪現設鋪司兵叄名以上

鋪遞拾壹處鋪司兵叄拾五名

倉厫

積穀倉光緒四年興辦城內一所借設華陽書院四鄉凡二十所共建屋六十八間儲穀二萬五千餘石四年起捐至六年止

永豐倉在華陽書院東新建倉厫十六間臨街平房三間地基房價及工料錢三千八百九十六千三百五十七文於光緒二十六年四月告成倉後曬場

一方（由南至北計長十一丈寬四丈地基及工料錢一百八十六千四百文）十一月告竣監造城董駱文鳳督工上元王元瑞

豐備義倉在縣治東北隅舊華陽書院後進道光閒建今圮

書院

華陽書院舊在縣治察院東已圮今移西門大街同治四年購民房改建光緒二十三年知縣鄧炬重加修葺有碑記立講堂中（附載金石下卷）自撰楹聯云陶通明舊隱處數當年息馬投戈六代雲山留勝蹟宋開府致良知願諸生橫經鼓篋一編風雨繼名儒

募捐振興句曲華陽書院啟

緬維樂游講藝訪太傅於石渠元日談經坐侍中於重席嗣後紫陽講舍白鹿精廬敎原於經言本於古莫不範為士則

學有師承吾邑華陽書院者明撫軍陽山宋公之所建也當中丞駐節於容山薰蒸髦士學使移棚於曲水獎掖英流於是李文定孫曾繼美孔文忠兄弟聯芳曹冢宰三百年簪纓勿替王司徒十二世閥閱猶存元宰則衣鉢相傳科名則泥金屢報皆竭研窮之力遂邀黼黻之榮降及嘉道文運寖衰遞值咸同烽煙歷劫絃管之聲闃寂講會之地摧殘安得廣厦千閒藉以下帷三載今邑侯鄧公丹臺懸鏡青睞爲衡視民如傷過丁公之廉惠愛才若命勝徐令之慈祥勤月旦於品評慨風流之歇絕遂捐千金之款以爲一邑之倡講堂頹廢亟飭衆材經席虛懸特延名宿由是十室之邑一孔之生莫不飫道腴執醋聽剛日柔日枕葄於前修今人古人居稽於成矩譬繁弱鉅黍有賴榜檠猶墨陽莫邪咸資鼓鑄計社

長之膳羞及館生之膏火經費未敷借籌宜亟伏願碩德巨紳多金良賈或沛廉泉或頒仁粟體宰官教育之心爲子孫藏修之地彼琳宮梵宇猶樂佈施羽客緇流不難供養況齋室經營庇我寒士圭璋追琢蔚爲通儒乎合萬鐙之火諸君子其解囊而來集千腋之裘賢父母猶持襚而待謹啟

光緒丙申九月邑人張瀛敬撰

茅山華陽書院光緒六年改茅山道士下宮爲之知縣袁照題今額尚未設課

竹里文社在東陽鎮盧君觀東同治五年公建事關文教因附記之

善堂

育嬰堂舊在縣治南乾隆十三年知縣孫循徽重建已圮光緒間就市房修葺設局榜曰接嬰在西門大街

養濟院舊在青元觀西南乾隆十三年知縣孫循徽改建於崇明寺側今圮

施材局在青元觀東光緒十一年建屋二楹

橋梁附

東河橋在東門外數武光緒八年重修石欄按名橋朝宗見千佛閣碑記

太平橋距治東五里許三甕亂後建

凌雲橋在治東二里光緒三年重修

仙塘橋在治東二十里道光十八年重建

洛陽橋在治東二十五里洛陽觀前爲通京口要衝道光間圮今未建

西官橋在治東北三十里平橋十一甕乾隆五十七年建

鳳凰橋在蘆塘村前嘉慶八年重建

官塘橋在白土鎮里許嘉慶十六年施允正捐建光緒十二年重修

金堰橋在治東南四里許三甕光緒十一年重建

九畝橋在治東南五里許一甕寬八尺長三丈餘

西橋在治東南八里許劉亭岡村西寬六尺長二丈

斜橋在治東南十里許寬八尺長三丈金堰橋以下爲由寶堰通衢

信橋在治東五里許寬一丈長三丈

泗塘橋在治東八里許光緒三年建

永豐橋在治東十五里寬一丈長三丈

白鶴橋在治東二十五里道光三十年王廷蘭張亭宗武慶之等捐建光緒十四年知縣張沆清捐廉諭楊光昌等重修

靈蹕橋在行香鎮東道光十八年朱定周獨建光緒十四年與

白鶴橋同修
麋墅橋在治東三十五里乾隆閒麋美乾捐建永豐橋以下係通丹陽通衢
庵橋在治東四十五里寬六尺長丈餘
丁家大橋在治東滿莊南首嘉慶閒建
潘橋在茅莊東始爲潘姓獨建光緒三年筐廣銘廣成廣盛等重修
金絲橋在治東三十一里光緒十年朱達興等重修
平陽橋在治東東壚前光緒己卯重修
萬家橋在萬家村東已圮待建
太平橋在朱相村西一甕嘉慶十八年重建
仙水橋在白雲觀花溪閒側
仙八橋在白雲觀西通京口大道

節婦橋在句容鄉常城村東前明何用太妻朱氏夫故守節五十一年公姑遺産甚豐朱淡於自奉專行善舉橋其所獨建也邑人山東參政張紳撰有碑記徽人唐皋過節婦橋詩春風馬上華陽道綠柳橋邊何處村媚節歌傳高士句落成碑勒大參文春餘草意空芣色泉帶寒聲激石呑過客留題悲乏嗣觀風何日表喬門

何塘橋在石頭岡村北舊爲木橋前明知縣杜公始易以石

玉眞橋在潘莊北道光七年重建光緒三年朱兆成等修

平安橋在潘莊南道光十九年重修

澗東橋在澗灘村東乾隆五十九年重建嘉慶五年修

蒼龍橋在墓東村東一甕

光浦橋在曹莊西一甕

田沿橋在袁相村西道光十四年袁相呂坊二村公建

西橋在南塘村西乾隆五十八年重建光緒二十五年修

永盛橋在西村南
東淩橋在前陵村東
洗馬橋在縣東南二十三里
甪里橋在治東四十里與丹徒交界處
光里大橋在光里大村西通京口要衢
雙橋在後本湖西北
坳橋在治東南趙巷村西道光二十二年重建
勝石橋在鎖山村西道光間趙盛德戴萬茂高聖琇捐建
利涉橋在李村東道光八年重建
中橋在戴亭村北道光十一年尹德厚及族人名遠永林等捐建
南橋在登瀛門外二里許嘉慶八年重修

白陽橋在華陽門外里許光緒八年知縣張沇清捐廉重建

三步兩橋在登瀛門外光緒五年賀興仁郜盛旺等募建

太平橋接善橋均在歸善庵前道光間郜明泰張慶福等捐建

鈴塘橋在治南五里許光緒三年陳寶仁倡首重修

闞塘橋在陳家莊東爲由溧水通衢亂後建

增福橋在黃堰壩村前金陵至茅山大路曾忠襄公建

陳家大橋在陳家邊東北上元交界處光緒八年左文襄公重建詳赤山湖下

允盛橋在三岔鎮東街口毛樹屏捐建地舊爲華陽古渡

上容橋在允盛橋北橋西屬上元東屬句容以橋爲界故名

義成橋在治南二十里三甕嘉慶七年杜元錫等修圮於兵燹光緒十二年陳鴻春等重建重建義成橋碑記義成橋當縣境之巽隅東通天王寺西達土橋南

界三岔行旅商販往來必經起明代至今二百餘年行人便之光緒四年春山水暴漲隤東半址越一年傾圮殆盡邑侯張沆清以萊陽名進士來宰茲土過其處見道路阻塞不勝歎惋毅然有志於興修先捐廉權支木橋未幾謝篆去事遂寢木橋旋淪於水蹈險失足恒有其人跋涉艱難罔不怵惕丙戌春張侯奉檄回任前願待酬陳君鴻春者自其先蓉山由青陽貿易容城家廛中資好善若渴鴻春恪守庭訓一日偕其友某君詣余館言曰義成橋急須興建僕念之久矣但工程浩大一木難支奈何時葛太學懋泰在座慫恿其間翌日集城紳駱文鳳等合詞請於張侯侯慷慨捐廉爲倡由是樂輸者衆適金軍門防堵在容並慨允助工人心彌勵乃擇吉伐石取材各勤厥事經始於丙戌三月至次年九月告竣夫有志者事竟成張侯蓄志於前陳君奮志於後又得諸紳士從容助理斯橋之成可謂會逢其適矣是役也督率爲胡君令宣勾稽爲王君有才雖不及鴻春之始終其事亦有功斯橋者也例得附書光緒十三年孟春之吉邑人孔昭昇撰并書紳士公立

羊耳山橋在堰北村北道光中吳廣文趙旭明捐修

崇福橋在道士埠南光緒十年王兆麟周章坤等重建

樂善橋近杜家村周戴村嘉慶間創建

道士橋在崇福圩前赤山湖之西

廡培橋在三岔鎮西里許赤山湖側五甕寬一丈八尺長八丈有奇光緒中毛昌連王綱昌王傳暢等重修

謝橋一甕長三丈寬一丈二尺光緒二十五年陳文濤等捐建

王家橋在東岡頭村南光緒閒王禮瑜等重建

東甯橋在西釋村東亂後建寬一丈長二丈有奇

大橋在郭莊廟南寬一丈長三丈有奇

神巷橋在神巷村南寬八尺長二丈二尺

南平橋在郭莊廟鎮前乾隆二十一年徐覲周等捐建

西釋橋在西釋村西光緒十九年王正林正藩等捐建

玉仙橋在吳家村後光緒二十五年吳廣成獨修

蘆江橋在治南三十里通天王寺大路待建

厦莊橋在蘆江橋之西

淤鄉橋在治南二十里爲茅山大路
通京橋在天王寺西北
映月橋在天王寺光緒中趙燮堂等捐修
玉帶橋在老裴家大路待建
普濟橋在周岡村
東嶽廟橋在前柏墅
吉慶橋在朱巷
大橋在朱巷西南
五行橋在俞巷
太平橋在幹塘杆村東
蒲西橋在蒲里村西
蛋蛋橋在天王寺西名未詳

新壩橋在裴家前大路
下虞橋在天王寺東
澗北橋在天王寺東二里
紫玉橋在紫玉橋村
楊家橋在蔡巷西南
大橋在白陽里
張母橋在徐家邊
金壇橋在李塔里節婦李氏建
三星橋在李塔里
賀橋在賀窰
土橋在土橋村
牛橋在綠野村南

丁家橋在綠野村東

太平橋在中孔灣新修

北周橋在北周南大路

長塘橋在轂城村前

長安橋在白陽西

蒲西橋在天王寺東北

孔家大橋在孔家村後

南齊公橋在浮山之麓孫家邊西北承仙政仁二鄉交界處

高陽橋在治西南四十五里三甕乾隆二十一年重建重建高陽橋碑記乾隆之十九年高陽橋猝爾傾圮蓋因水道瀠洄潰沙洗岸激射久之□□議者譁然不知所主稍葺既非永固之方再建又虞功程之大而深謀者喟然嘆曰是橋之宜修宜建觀其所係之輕重而可知矣夫秦淮發源於廬□□十餘里至高陽橋而一匯句南靈秀之氣鍾於絳巖屏巒翠㟽雄峙一方火南□□盡折而入於高陽二水交瀠合成玉馬金階之局全賴此橋

以爲西流之鎖矧地當孔道北達金陵南通瀨水熙熙攘攘摩肩擊轂倘廢而不修修而不建無論汪洋人多病涉而澤國之內缺一口城又何以爲一方之保障乎余等深思利口口新既乞錢神於合鎮復募樂助於該鄉早興晏息督匠鳩材三易春秋乃落成水不旁瀉而秀氣聚人不褰裳而輿頌興億萬斯年休聲曷既乎嗟夫尋丈之長石鈞之重積自錙銖今者磊磊飛虹悉由寸功之積累磷磷白石無非衆德之口口爰命工人詳刻姓氏彰功德之不昧表樂善之無窮後之覽者其亦有感於斯乾隆二十三年歲次丙子孟冬吉日公立

後白橋在都包圩之南距城四十里邑人王祚遠有重建後白橋碑記

西溪橋在上葛村之西光緒六年知縣袁照修

清潭橋在蘆亭東半里近赤山湖南岸

龍源橋在龍源觀前嘉慶三年修

樂稼橋在五渚村旁

古萬安橋在成莊村後兩甕

南塘橋在周家邊村南
文章橋在後王莊村東道光十四年重建
大橋在前陳莊南光緒八年王義春獨建
大橋在楊巷村西道光二十九年戴建勳獨建
船橋在戴家邊村西道光二十年楊銘庸耿集成捐建
西橋在致遠門口
龍虎橋在西關外乾隆中重建
社公橋在胄寨村社公廟前乾隆四十八年重建
隆昌大橋在治西五里油榨村前嘉慶七年重建
懸蘽橋在治西十五里舊志周瑜嘗駐軍於此
兆文橋在兆文山北道光二十四年杜正功等重建今圮
周郎橋在治西爲驛路通衢同治十二年修

元吉橋在土橋鎮東北隅乾隆二十三年重修光緒二十三年朱文福許盛全重建

雙廟橋在治西近土橋鎮以地有雙廟故名

元鎮橋在土橋鎮北昔爲南八鄉運糧要道

北門橋在廣運門口一甕

史馬橋在北關之北乾隆閒建

東坂橋在治北五里許乾隆四十九年建今圮有碑記

楊塘橋在治北楊塘村東南嘉慶十五年建光緒戊戌年重修

太平橋在治北五里道光二十七年韓文茂姚應方等建

灣頭橋在治北姚家邊村北

華藏橋在治北姚家邊西南光緒閒邑人韓瑤齡等募建

道八橋在治北姚家邊西北里許亂後建

王門橋在治北十五里乾隆四十四年孫毛二縣令重建今圮

孝義橋在治北十八里大卓廟前以屬孝義鄉故名

紅絲橋在治北二十五里近陳巷村

古江橋在治北二十五里近張家邊

九郎橋在治北近南社村

帶子橋在治北十八里爲通龍潭要衝

袁家橋在治北新塘街西一甕長三丈有奇

鋪頭橋在治北三十里爲通江津要衢道光間經里人高姓捐建甫成而山水驟發旋圮今議建

大石橋在治北下蜀鎮南五里許

東門橋在下蜀鎮東數武

西橋在下蜀鎮北里許

龍尾橋在下蜀鎮西北戌山後

坎橋在橋頭鎮東道光間里人蔡永清捐建今圮

竹里橋在下蜀鎮西五里許地舊有竹里城故名

稻香橋在治北倉頭鎮東待建

萬善橋在倉頭鎮西光緒二十一年建重建萬善橋碑記倉頭鎮之西有橋名萬善爲金陵京口之通衢重建於康熙二十三年有碑臥於道旁風雨所剝蝕其捐建姓氏已不可辨識咸豐中粵寇之亂凡官道之橋皆燬斯橋與焉廓清後草草以亂石駕成蓋一時之權宜非可以持久遠也橋之右有支河一道左即佘塘寶華銅峯諸山之水匯集於此以達便民河每逢夏雨暴至山水衝突久之土鬆石隤履斯地者往往有失足之險鎮人羅君際明心竊憂之以其爲驛使所經迺稟於邑尊汪公樹堂請籌撥公款與鎮東之稻香橋一律興修汪頒之會升任通州而羅君又物故其堂兄會祥不忍其事之遂廢也集同志四方捐募不足復合詞請於張侯流清侯欣然捐廉以助其事乃濟經始於光緒二十一年越明年三月而告成首事者屬余爲文以記之並謂非張侯之力不及此余維侯之四蒞吾邑也減僕從嚴胥吏勤撫字緩催科其待容民也如子民之望侯也亦如慈父母宦績之卓著豈區區一橋而已哉然橋梁道路可以覘政侯可謂無慚厥職

矣是役也祥之從兄會明實周旋其間不辭勞瘁信乎斯橋之成羅氏始終以之矣故樂爲之記光緒二十二年季春之吉里人劉本鋭謹撰并書鎮人公立

八字橋在倉頭鎮西八里許驛路通衢待建

圓門橋在龍潭鎮中亂後鎮人重修

彭橋在治北東陽鎮北里許舊爲李彭年造故名光緒初年倪珩周紹先張餘範等捐建

永安橋在彭橋下道光十一年倪金元捐建光緒初年李樹芬金利賓等重修

大市橋在東陽鎮里許光緒十年夏肇生周紹先李樹芬金利賓等捐建按寶華山北麓之水由黃村上下鮑亭茅塘村觀塘頭入此橋至彭橋小龍潭渡分兩支一由三江口入江一由下蜀石街頭入江

大小南橋在治北瑯琊鄉光緒二十三年重修

張堰橋在治北上鮑亭村前

射烏橋在射烏廟旁道光二十三年重建

張橋距東陽鎮七里爲上句分界處前經鎮人夏肇生劉秋浦等稟請知縣張沇清興修因需欵甚鉅未果

道路附

縣治街道乾隆中王以楠王以樞王周南張祖善等募修

龍潭一帶運糧大路乾隆間郡民孫大農持畚往修

華陽門外茅山大路周憲舒等墁修時嘉慶中年

雍家編郡路雍雲旂墁

殷橋頭大路由郡東上泥凹至傳家榨道光三十年王安淮承父志墁

行香鎮大路由郡至靈蹕橋道光十八年朱定周墁

橋頭鎮街道朱賓興王萬高蘇秉興蔡清華同墁
東陽至龍潭驛路光緒初年李樹芬金利賓等同修
登瀛門外大道光緒十三年郤盛旺倡捐墁石計長百丈
起造路橋刻石見在眼香廟外面牆上
乾隆二十五年立碑載信士許雙壽洪壽起造路橋四十九條
以報父母深恩東至茅山下宮西至天王寺茶亭

續纂句容縣志卷二上終

續纂句容縣志卷二中

邑人張　瀛分纂

大事記

句容爲近畿古邑襟帶江海表裏鎮瓊漢元建藩前明開府遂稱雄鎮冠蓋所萃事蹟實繁迨洪楊煽禍莽爲荒墟風微人往今昔懸殊可勝慨哉撥討舊籍擇事實之要者起自中古迄於有明爲大事記聊備掌故若夫我　朝　南巡盛典恭載卷首有　聖澤記濆池跳梁有兵事表茲不復贅

夏禹王巡天下登茅山以朝羣臣曰會稽

殷周古公太子泰伯採藥於句曲山建國號曰勾吳

周吳王夫差築梧園宮於句曲

越翳王卒葬於句曲大橫山

秦始皇三十七年東遊會稽刻石頌德而還登句曲北垂山埋白璧一雙乃改北垂山曰良常

漢武帝封長沙定王子黨爲句容侯

元朔元年以句容隸丹陽郡

哀帝元壽二年天皇太帝授茅君九錫玉冊

光武帝建武七年遣使吳倫賫玉帛黄金獻三茅君瘞於絶頂以石壓之

靈帝詔採句曲之金以充武庫

吳大帝遣宿衛人採金屯伏龍之地

赤烏三年詔諸郡縣治城郭以防盜賊句容築子城周三百九十丈

開赤山湖塘以灌民田

八年陳勳鑿破岡作邸閣
東晉元帝太興三年立懷德縣以處瑯琊國人
成帝咸和三年戊子秋九月戊申陶侃溫嶠與蘇峻久相持不決嶠軍食盡侃分米五萬石以餉嶠軍毛寶燒峻句容湖熟積聚峻軍乏食
咸和八年始於覆舟山南北郊
咸康六年復瑯琊比漢豐沛
簡文帝命曲安遠爲句容令吏部尙書王彪之執不從曰句容近畿三品佳邑豈可任卜術之人無才用者耶
孝武帝甯康元年除丹陽竹格等四航稅
太元八年謝元破秦師於淮淝衛將軍謝安勞還師於金城
安帝隆安二年兗州刺史王恭反加會稽王道子黃鉞以世

子元顯等討之王恭使前鋒劉牢之次竹里元顯密以重利
啗牢之牢之歸降使子敬宣迎擊恭破之
王恭將伐南譙王尙之遣何澹之向句容桓修與輔國將軍
陶無忌拒之修至句容而恭敗
元興三年帝在潯陽劉裕起兵帥二州之眾千七百人軍於
竹里破桓元於江乘
宋孝武帝孝建六年置淩室於覆舟山
齊高帝建元六年幸瑯琊城講武
九年幸琅琊城講武觀者傾都普賜酒肉
武帝永明十年陶宏景挂冠歸隱於茅山自號華陽隱居
東昏侯永元元年淮水變赤如血都下大水死者甚眾
梁武帝天監元年壬午正月乙酉甘露降於茅山彌漫數里

十五年帝愍商旅渴乏作井及亭十五口於句容通衢
中大通元年都下疫帝於重雲殿爲百姓設救苦齋
二年都下地震生白毛長二尺
孝元帝承聖二年仁威將軍周宏讓城句容命曰仁威壘
敬帝太平元年五月丁未齊師至幕府山陳霸先遣錢明將
水軍出江乘邀擊齊人糧運盡獲其船米縱兵大戰齊師潰
陳宣帝大建十年立建興郡領建安同夏烏江江乘臨沂湖熟
六縣隷揚州
唐高祖武德三年以句容延陵二縣置茅州
五年李靖討輔公祏祏兵先至丹陽公祏大懼李世勣追之公
祏至句容兵能屬者纔五百人靖滅之作井以惠市人
六年以延陵句容復隷揚州

九年以延陵句容隸潤州

元宗開元十一年建儒學於縣署東

代宗大歷十三年縣令王昕復濬赤山湖塘周百里立二斗門以節旱暵開田萬頃

德宗建中四年太守樊必舉邑孝子張常洧旌表門閭

貞元二年詔顏頵顏碩護其父司徒文忠公顏眞卿喪歸葬句容後顏邨

文宗太和六年邑孝子張公珽廬墓被旌

武宗會昌四年陞句容爲望縣

僖宗光啟三年復以上元句容溧水溧陽四縣置昇州

廣明元年十二月黃巢入長安帝西狩邑人前同平章事左僕射劉鄴不屈死之

昭宗天祐六年縣令邵全邁移建縣署於城正北
八年邵全邁修築東西南北白羊上羊六門
南唐元宗宋建隆元年宋使諸軍習戰艦於迎鑾小臣杜著僞
作商人來歸宋斬著於下蜀市
宋眞宗大中祥符二年己酉八內供奉官鄭志誠自茅山使還
言昇州見黃雀飛蔽日往往從空而墜
是年五月二十八日召輔臣於崇政殿北廊觀茅山池中所
獲龍作觀龍歌復送於茅山池中
天禧元年置常甯鎭於句容
三年以句容爲次畿
四年改句容爲常甯縣尋復舊
仁宗天聖元年癸亥六月處士侯遺於茅山營書院教授生

徒積十餘年自營糧食江甯知府王隨奏欲於茅山齋糧莊
田內量給三頃充書院贍用從之
英宗治平元年僧明慶募修街石
神宗元豐二年知縣葉表以縣南驛改建學宮
哲宗元祐八年創建崇明寺大聖塔
紹聖四年丁丑九月朔日江甯府奉詔遣茅山道士劉混康
詣闕詔轉運司賜混康錢百緡爲路費
徽宗大觀元年丁亥有詔修句容茅山元符觀句曲眞人祠
加號大茅君盈太元妙道冲虛眞君中茅君固定籙至道冲
靜眞君小茅君衷三官保命微妙冲惠眞君元符萬甯宮神
祠封護聖侯廟萬甯宮二使者祠封靈佑靈護侯廟
高宗建炎四年十月三日建康府都總官司言乞於東陽鎮

添置巡檢一員權於本府差撥禁軍一百人前去捍禦卻一面招塡土軍從之

是年五月韓世忠與兀朮相持於黃天蕩兀朮窮蹙逃遁世忠尾擊敗之

紹興二年詔韓世忠措置江南北岸屯田沿江修守備

八年三月己巳車駕未入建康次下蜀驛有御座在焉

二十四年知縣龔濤重修學宮建大觀聖作之碑

三十年六月賜句容縣茅山天聖觀龍祠額曰廣濟

孝宗淳熙五年知縣趙善言重修學宮

八年辛丑端明殿學士中大夫范成大開府金陵適歲旱招徠商賈損閣夏稅請於上得軍儲二十萬碩振飢民苗額十七萬斛是年蠲三之二而五邑受粟總四萬五千四百餘戶

無流徙者句容與焉
十五年正月知縣黃敏德重立邑令題名碑於廳壁
甯宗嘉泰二年壬戌句容增科和買久爲民害邑令趙時侃白於府知府吳琚慨然動心即日露章乞捐郡計以寬民力詔從之自是府帑歲出萬三千緡爲之代輸凡免八戶和買絹二千十九疋縣一萬一千六十兩
開禧三年葉適創瓜步堡屏蔽東陽下蜀二鎭
嘉定八年江東旱蝗運使眞德秀開東門外新河因役以飽飢民置廣灣水軍
十一年祠明道伊川於句容學宮正禮堂
十四年併廣灣靖安水軍爲一軍
理宗紹定元年知縣張侶旌移風鄉孝子張孝友爲題其基

是年開放生池於青元觀側秀芝歧麥苞竹並蒂瓜蓮五瑞並見

五年知縣吴淇重修學宫

淳祐二年壬寅虜圍儀真勢甚岌岌且於北山治攻具陳公塘放濠水真揚聲援不通幾日朝廷諭知建康府杜杲勿秦越爲心杲聞命啟行蒐卒練兵於龍灣伐木治礮於東陽不三日中外嚴辦鼓行西上越宿至城下即命子庶及總管聶斌提鋭卒八千入城中父老大喜虜望見名旗曰此安豐廬州杜制置耶比曉悉遁去杲遣將追之虜大敗

五年知縣張渠築城門建樓

知縣張渠建顏魯公祠於來蘇鄉後顏邨

六年興教寺僧覺先師皎募砌街石二百四十二丈

寶慶二年知縣王通重修學宮易民地添築牆垣左右疏池

寶慶三年建濂溪明道伊川三先生祠宇於句容學宮

景定二年十一月倚閣句容溧水溧陽三縣苗稅

三年三月倚閣句容上元溧水三縣苗稅

度宗咸淳元年留守馬光祖代納五縣人戸景定五年夏稅

爲錢一萬一千有奇糯計三百六十五石有奇布六十一疋

有奇折豆錢三百四十八貫有奇錢闕中半秋苗粳計七千

八百九石有奇糯計三百六十五石有奇布六十一疋有奇

折豆錢三千九百四十八貫有奇錢闕中半句容與焉

四年四月留守馬光祖代輸五縣下五等戸夏稅錢闕一十

七萬一千三百六十六貫有奇計一十三萬八千四十戸九

月代輸下戸秋苗句容與焉

端宗德祐元年二月元兵入饒州邑人太傅益國文忠公江萬里死之闔門俱殉

是年元兵陷建康招諭句容知縣周秉不屈兵敗繫獄死之

元世祖至元二十九年旌表邑孝廉樊淵之門

武宗至大二年封綽和爾為句容郡王

三年立加封大成至聖文宣王孔子碑於學宮

泰定帝泰定二年縣尹程恭聘新安胡炳文主講道一書院育材最盛

三年縣尹程恭建鄉賢祠於學宮講堂之西祀唐孝子張常洧忠臣劉鄴

文宗至順二年立加封顏曾思孟暨二程子碑立加封啟聖王夫人及文宣王夫人碑

順帝至正八年通德鄉民杜伯諒墁郭西大路以石長十里

十五年滁州將取太平遂以兵收句容

十六年吳公至朱家莊與同族序長幼之節

是年張士誠攻鎮江吳徐達與戰於龍潭敗之

十八年吳公追贈祖考立石句容自題曰朱氏世德之碑

明太祖洪武元年命邑人儒臣孔克仁授太子諸王經

處州苗軍作亂邑人總制孫炎被執不屈死之

八年知縣柴恭建申明旌善二亭於縣治前

九年知縣夏常建邑厲壇於治東北興教寺東並建鄉厲壇

一十六所於句容等各鄉

十二年知縣韓思孝修聖廟殿廡置齋室

十五年知縣韓宗器修明德堂立臥碑

惠帝建文四年六月乙卯燕兵自瓜州渡江庚申至龍潭帝令清野民多自焚其屋

成祖永樂元年旣克京師分命諸將守城還駐龍江

十五年知縣周庸節教諭趙學拙重建學宫戟門

英宗正統二年巡撫工部侍郎周忱建句曲書院在縣治西

六年望仙鄉民笪均祥賑粟一千石縣請旌門

八年邑行人張諫母歿廬墓三載羣烏來集芝生墓側

九年句容鄉民孫友忠來蘇鄉民朱演各出穀二千五十石賑飢民奏聞同受冠帶

是年來蘇鄉民朱儁出穀二千五十石以助賑濟當事聞於朝特勅旌義民勞以羊酒仍免本戸差役五年

十三年立進士題名碑於縣學講堂之内

景泰帝景泰四年府丞陳宜增置學西民地建立校官廨宇
六年臨泉鄉民戴谷安出粟二千石助賑旌爲義民
七年邑監察御史張諫丁父艱復廬墓三年
憲宗成化二年御史戴仁父睿七世同居旌爲義門
十四年知縣徐廣重建大成殿兩廡戟門規模宏大視昔有
加
武宗正德十五年受江西俘畢旋蹕發龍江漁於江口
世宗嘉靖五年御製敬一箴並御註視聽言動心五箴等碑
立於學宮
十一年邑人都御史王暐上疏乞加崇封句容朱家巷祖陵
上命重臣勘其地事不果行
十七年知縣周仕創建三友書院在察院西

二十四年應天府通判署縣事移名宦鄉賢祠於戟門左右
二十五年知縣徐九思於縣前建石倂畫蔠菜鐫之復題其上曰爲民父母不可不知此味爲吾赤子不可令有此色榜曰方丈石牆爲戶屏一蔠畫菜輔官箴
二十六年賜邑人李春芳一甲第一名及第
三十一年倭寇侵邑南鄙知縣樊垣邑紳陳詔等督勇禦之斬獲甚眾
三十三年知縣樊垣因倭警築城周七里一千三百一十丈有奇高二丈有六雉堞二千有奇警舍二十有四敵樓四城外浚池蓄水設關六門四小南門一
神宗萬歷三年都御史應天巡撫宋儀望移鎮開府句容建察院署於治東北立察院題名碑

四年巡撫宋儀望建華陽書院聚諸生講艮知之學
是年巡撫宋儀望視南門形勢不利堪輿家言移之稍左建飛樓於上復於門內建廳三間列禦倭戎器
是年知縣丁賓增修西闕三友書院爲官廳二所共二十一間又裁省管馬主簿廢宅墾園種蔬扁曰味長
知縣丁賓建奉律亭於茅山刻大明律禁止婦女燒香
五年巡道駐劄句容以句曲書院及雲亭舊址改建察院署
二十等年巡撫都御史朱鴻謨陳□□曹邦輔各捐買民田四百二十三畝助邑諸生膏火
二十一年巡撫朱鴻謨知縣陳于王重建儒學文昌閣
二十二年提學御史陳子貞移考棚於句容立學院題名碑
二十六年都御史巡撫曹邦輔建東新閘以資蓄洩士民翕

咸名曹公閘
三十等年巡按御史宋□□陳□□各捐置民田二十四畝
三分賑士之貧乏者
三十二年李太后忽夢一山皆蓮因下部遍搜名山有蓮花
者禮部以寶華山對即敕建銅殿一座奉大士高二十尺縱
横並十尺極工麗光彩耀目
三十四年督學御史楊□□置田一百五十九畝二分充學田
賑士
四十七年賜邑人孔貞運一甲第二名及第
莊烈帝崇禎十二年督學金蘭創建三台閣於邑西郊之鳴
鶴山又移置西關於龍虎橋
十七年三月京師陷莊烈帝殉國邑人前東閣大學士文忠

公孔貞運聞哀詔至不食死

補錄

吳大帝赤烏二年爲葛元立洞元觀於方山

晉元帝太興五年王敦舉兵反以誅劉隗刁協爲名帝使鎮北將軍劉隗軍於金城四月敦破石頭王導暨刁協劉隗等三道出戰六師敗績尚書令刁協劉並出奔協至江乘爲其下所殺隗奔僞趙

成帝咸和三年太尉郗鑒築大業壘於句容縣北以拒蘇峻東入之兵

咸康七年瑯玡內史桓温出鎮江乘之金城

孝武帝太元八年淝水之捷冬十一月庚申詔衛將軍謝安勞旋師於金城

安帝大亨二年桓元篡帝位移太廟神主於瑯琊國
三年二月建威將軍劉裕等起義兵於丹徒前鋒檀憑之陷
於羅落橋劉裕聞之急馳進大破賊將吴甫之於江乘而過
皇甫敷於羅落橋憑之既死裕獨倚大樹敷縱兵圍之裕怒
叱敷人馬皆仆遂斬以徇
宋文帝元嘉三十年冬十月瑯琊獻白鹿
孝武帝大明四年夏四月癸卯以南瑯琊郡隸南畿五年春
三月幸江乘使使祭太保華容公王弘甯文侯王曇首於墓
八月幸瑯琊郡訊獄
後廢帝元徽五年豫州刺史阮佃夫以帝猖狂無度與申伯
宗朱幼等謀因帝出江乘射雉執廢之事泄伏誅
梁敬帝紹泰二年齊人內犯都督陳霸先遣長明水軍出江乘

斷齊糧道齊人大飢殺馬以食霸先軍食盡會陳蒨自東陽送米二千石鳴千頭以犒之縱兵大戰齊師潰追奔至江乘攝山齊人死者不知幾極流尸至京口翳水彌岸

元順帝至正七年八月有巨盜由淮甸歷朱方登茅阜涉土橋問津龍潭欲走江以逸鎮南王令司馬會省臺帥臣督十餘路戎士圍於東華山抗萬夫江寗監邑死之彌月有半始克殄滅

十二年據賊實來劫據縣邑撤齋廬壞壇壝

明成祖永樂十六年帝幸茅山

神宗萬歷四十二年頒道藏經於茅山

續纂句容縣卷二中終

續纂句容縣志卷二下

修文姜　彬分纂

古蹟

句容爲縣最古自漢以來名蹟所留甚夥前志詳言之矣茲迺旁拾舊聞聊補其所未備其附會失實者概從缺如至二氏之寺觀苟有關乎廢興亦必詳其原委凡所以存其蹟也作補古蹟志

崇明寺在縣治東北晉咸甯閒名義和其額梁昭明太子書宋太平興國五年改今額自宋以迄　國朝屢廢屢興其中院宇甚夥詳前志咸豐中盡燬於賊後殿圓照寺同治初經寺僧淨明募建現大雄殿廊房客堂已漸次整齊矣　寺右大聖塔勢甚崇峻七級玲瓏爲一邑鉅觀建始原委詳前志大聖塔記　國初順治中許合中大修之邑人張明熙撰碑至道光閒駱懋官王相廷張朝

彬等復修之粵匪之亂塔幾傾圮光緒十七年滿慧竭歷募修至二十二年始告竣共用白金二萬兩有奇

德祐觀在三茅峯光緒十三年建觀北有龍池

白雲觀光緒十六年建玉皇殿三茅殿靈官殿各三間又經堂樓五間客堂三間皆曾忠襄公國荃捐貲又頂宮後殿亦忠襄公捐建

仁祐觀光緒十八年建

玉晨觀靈官殿光緒二十三年建

邑人張瀛募修玉宸觀疏句曲者江左之靈區也展上棲眞肇自高辛之代巴陵修道適當胡亥之時茆君飛昇於西漢杜尉遐舉於東吳山中宰相羨此而移家世外神仙隱茲而屏跡其所由來者遠矣况夫鳳阿燕洞勝蹟猶存楂谷桐源

遺蹤未泯九曲澗亦可流盃八卦臺原非布陣泉名撫掌自
有珠璣池號洗心了無塵垢松盤詰屈檜紐欹崎峯頭之韭
不萓崦裏之桃難落星氣混茫李生龍耳雲光掩映芝挺燕
胎蕙圃灌花而娛歲菌山採藥以延年則有玉宸觀者琳宮
壯麗玉宇清幽東位紫壇西排素塔閣尊太上直謂彌羅房
擬少微不嫌曲密簷牙高矗於層霄鋪首輝煌於朝日而乃
白鵠高飛遺仙蹤於千古黃羊小刧恨賊炬之一空曠如廣
漢之墟頹垣破瓦鬱矣元真之境蔓草寒煙地肺幾焦天心
太慘所幸雷平稍僻雲構猶留眞人之館未傾仙子之居無
恙銀題金額縱剝落於風煙玉刻瑤編尙綿延於歲月然而
魯宮造入宣榭災餘蕊珠穿漏空存高聳之靈光金碧飄零
難覩莊嚴於瑞相長史鍊丹之井不見泉流仙公瘞劒之墳

徒嗟草覆殿前鐙火不若星繁龕上香煙豈如霧繞太順鍊師煮石有能點金之術惘四千年之靈秀漸就銷沈悵二十載之承平未經補葺不得已而躡芒屨擔布囊告遍八閒自稱募者伏願大宰官身衆善男女憐其苦行結此勝緣造戴逵之宅尚費千緡贖魏徵之居猶需百萬矧茲名境捨爾義財匯八功之水終爲巨津成九仞之山始於一簣庶幾虛無寶樹碧落重新妙有瓊樓彤光再煥有屋而鼪鼯不穴無梁而燕雀何巢梁唐之斷碣不漬苔斑張趙之流風再聯蓮社

九霄宮大元寶殿光緒十六年胡裕堂沈厎生等捐建按茅山宮觀極多備載前志此第舉亂後興復者

慧居寺在治北寶華山前明萬歷間賜額聖化隆昌寺

聖祖仁皇帝巡幸　御書慧居寺額賜改今名

高宗純皇帝南巡　鑾輿六幸此山　宸翰高揮後

先照耀山林生色地脈增榮自是爲東南選佛一佳境矣按本寺殿宇及下院不下千間粤匪之亂燬拆殆盡光緒四年經住持僧聖性建戒壇五間五年知縣袁照建拜經臺龍王殿各一間八年聖性建藏經樓三間九年建楞嚴堂三間十四年建西板堂三間十五年建庫房五間十六年建韋馱殿五間十七年建大雄殿五間二十年住持浩淨克繼師志建如意堂三間二十一年建拜經臺正殿三間上客堂三間二十四年建上祖堂五間二十六年重建戒壇五間

青元觀在縣治西南隅康熙間邑人宣潁成南華經解於此地

極幽靜今葛仙公丹井猶存

葛仙庵在縣治西光緒初年道士施代銘募建

延壽庵在縣治東南隅光緒初建

圓覺庵在縣治東北光緒初建

地藏庵在邑廟照壁後光緒二十一年建

永新庵在青元觀右

集慶庵在小南門外烏翅岡

觀音堂城內凡四處亂後均建復

歸善庵在登瀛門外里許亂後建屋五楹庵前有澗窺塔影甚明故歸善斜陽爲八景之一光緒二十五年邵盛旺等重建

龍化庵在華陽門外半里許

古地藏庵在登瀛門外鈐塘邨同治六年陳寶仁等募建

翠微庵距登瀛門外二十里

東庵在青城埠東孔文忠貞運嘗讀書於此

華嚴堂在青城埠西北明崇禎閒孔貞運建

廣濟禪林距登瀛門外十八里放馬岡北明洪武時建　國朝乾隆中殿宇極盛今圮

接引庵在陳家莊東庵内有古磬一正德時物也

福緣庵在道士埠東

甘露庵在土橋鎮東亂後建復

古宏通庵在謝橋村前光緒十九年僧松月募建

仁壽庵在上蘭村南光緒六年重建

跨鶴庵在後北墅亂後建

積善庵在淤鄉之北乾隆五十一年建後改爲大王廟

南庵在閘頭村東相傳道光初有龍鬬於此殿宇盡壞庵遂廢

集賢庵距治北十八里竹木映帶地極幽靜

嘉蔭庵葆山方氏墳菴邑人張瀛有詩云方墳蓊鬱樹千章華表巍峩冷夕陽愁絶葆山菴裏過荒園花石總悽凉

福田庵在治北琅琊鄉

萬壽庵在白馬莊西庵燬於兵燹惟成化十八年所鑄鐘尙存

又吳墟村西亦有萬壽庵治北仁信鄉萬壽庵則胡氏家庵也

善慶庵在孔家村後劉昌達孔廣炳捐建

敬德庵在句容鄉朱巷村殷禮玉重修

太平庵在吳家村西華藏庵在姚家邊西南均在治北亂後建

任墳庵在孔村西南光緒十一年建

華嚴庵在戴村南光緒二年建

圓通庵在治東北二里許總兵陶茂森獨建

水月庵在蘆塘村西同治十二年建

廣惠庵在治東丁家巷前光緒二十四年建

松月庵在治東四十里江莊東南光緒元年姚世祥張登斌建

撥雲庵在茅莊東南撥雲山光緒初年重建

諸樂庵在行香鎮東道光十八年朱定周建

普濟庵在周岡
積德庵在治東謝培鋪道光二十七年建今圮
青蓮庵在治東三十五里下隍村南光緒二十六年周應達等捐建
淨土庵在治北鳳壇鄉南社村南　國初姜道三陳道一創建
法華庵在東陽鎮南里許
延壽庵在東陽鎮里許今圮
廣福庵在治北江城湖畔
石門庵在龍潭鎮東南八里許一名秦家庵
武聖庵在龍潭鎮南地居兩山之腰爲青龍黃龍過峽中多石刻惟環峯抱積山城毓秀八字筆勢挺秀相傳爲邑八笪重光書

定水庵在龍潭鎮西爲寶華山下院光緒中建復

夫子庵在龍潭鎮東五里許朱子後人遷於此者所建

金姑庵在東陽鎮東二里許清水漩畔前明金太守孝女名金貞父歿孝女廬於墓側終身不嫁後女卒居人即其廬爲庵以祀之號其神爲金姑

鄰華庵在下蜀鎮北

石馬庵在下蜀鎮之西六里許庵前有石馬故名

地藏庵在下蜀鎮西六里許

永濟庵在倉頭鎮之東

新庵在倉頭鎮西里許光緒二十三年胡觀察家楨開銅山礦於此處化銅尋以無效而罷

崇甯觀在治北琅琊鄉俗名道士觀

龍源觀在五渚坊之南唐天寶間建明宏治中重修有邑人張紳碑記

慶眞觀在東陽鎮亂後建

娘娘觀在龍潭鎮之東

七星觀在治北七星山下

天王寺在縣治正南五十里

古圓教寺在郭莊廟建於唐貞觀間一修於宋景定再修於元延祐前明正統時又修之　國朝乾隆四十八年知縣張尙懷詣寺宣講　聖諭捐廉重修規模較前宏敞亂後僅存下院一室

古般若寺在赤山東光緒十四年僧法忍重建

古絳巖寺今名天雲寺在赤山之巔同治七年僧松月募建計

四進二十餘閒後進觀音殿光緒八年武毅督標兩軍以濬湖餘力助成之
古同泰寺在絳巖寺南光緒二十三年寺僧雲山募建
奉聖寺在白土鎮東南亂後建
均慶寺在白土鎮東南亂後建
廣惠寺在蘆江村南光緒四年重修
慈恩寺在政仁鄉金山凹西南古樹紛披地極幽雅光緒初寺僧融通募建
高慶寺在駒驪山南
黃岡寺在治東北三十里趙莊西同治中重建
東林寺在治東四十里光緒二十三年重建大殿
昭聖寺在治東三十五里光緒八年重建

慶賀寺在上容鄉一名虬山寺中有寶誌公像鄉人於中元日合社往祭每逢大旱昇其像出以禱雨頗致靈驗寺名慶賀以此

小金山寺在上葛村之南三里許有元碑

東霞寺在治東三十五里呂防村前明魯鉞有碑記

北寺在下蜀鎮西北

戍山寺在下蜀鎮北亂後建

古南寺在下蜀鎮南里許

玉泉寺在下蜀鎮北

宋熙寺在東陽鎮

宏福寺在橋頭鎮北一名白衣庵

銅山寺在治北銅山之陽一名玉泉寺亂後建

華藏寺在倉頭鎮中有前明正統閒重修寺記文甚俚亂前寺極宏敞外則修竹環抱頗堪遊覽近已荒廢光緒四年鳳壇琅琊各圖借殿址建積穀倉四間

後光寺在鈐塘又有前光寺皆附於張廟碑記

甘露禪院在王莊東

天樂宮在後潘村西亂後建

廣惠宮在孔村西內有古柏一株高三丈餘千年物也

九華殿二一在胄山之陽一在治東北四十里竹絲岡東南

興福祠在治東五里許

修福祠在治東八里許同治九年建

玉皇廟在治東十里同治中重建大殿

太陽宮在天王寺東僧觀成重建又徐墓村西太陽宮光緒元

年薛長棟戴做成建
鼍龍廟在成墟村二里許乾隆四十五年建光緒中重修廟前有河影上通淤鄉下達寶堰左文襄公委員估勘卽其地也
總管廟在唐陵今改爲四十三村公所
永福禪林在徐家橋村北已圮
龍王廟在平地里其地產山桑極盛
普善禪院在通德鄉近土橋鎮今名靜堂又名一德壇光緒二十六年重建內有關帝殿規模宏壯道人朱文福等募建
射烏廟在東陽鎮南射烏山下光緒閒里人王元良馬建忠倪榮壽等募建
虎王廟在東陽鎮二里許
靈土地廟在龍潭鎮之西

都土地廟在龍潭鎮之東

大士閣在龍潭鎮東

竹里廟在下蜀鎮之西五里卽古竹里城地也

毘盧廟在前北墅

七萬廟距治南四十里洪武初建天順五年重修有碑記

唐巷廟在治北孝義鄉附有西大泉寺今改名唐巷寺

御碑亭在龍潭鎮之南武聖庵前

聖祖仁皇帝南巡時豁免康熙四十二年以前地丁銀糧萬民感戴遂建亭以誌不忘又治東郭里許有迎恩亭四角高丈餘中泐皇恩浩蕩四字碑現存

攬江亭在龍潭鎮之西黃龍山巔俯瞰大江如列几案道光十七年知縣錢兆麟刻石其上今存

多景亭崙山高東泉所築其友某題多景亭詩序云東泉先生宦遊京邸邀予寄題其故園之多景亭東泉文雅出塵宦況甚薄時有歸隱之意固知斯亭之繫心耳予與亭相隔一江他日願尋盟亭上指點諸山相與高吟故作詩以記之今廢

松風樓在鬱岡山陶貞白先生修眞地也築三層樓自處其上弟子居其中賓客在其下特愛松風庭院皆植松每聞其響欣然爲樂先生旣仙去後人建乾元觀附先生祠於側而建松風樓以伸景仰之意粵匪之亂寺觀多毀於火樓亦燬焉光緒十六年王觀察定安游茅山道士楊童孝募建斯樓觀察歸白於曾忠襄公請修之忠襄慨然捐白金二千兩二十年王觀察奉

欽命備兵皖北復捐千金以去斯樓遂復舊制

坐月樓在義臺側

文星樓在學宫左首今圮

味書樓舊在華陽書院後進前明徐鑑建今廢

涵碧樓在龍潭鎮秦殿撰大士詩序云香光書額並系以詩陳麋公亦有繼作額爲人竊去詩亦加堊里人魏某能誦之乃重書勒石今廢

登喜樓在南門邑人張芳築芳字鹿牀往還皆一時名流詩酒讌集無虛日

修竹樓在小南門邑人王周南延賓處今樓廢園池尚存

三臺閣在縣西郊前明金督學蘭建所以振一邑之文運國朝雍正十二年閣圮改建石塔其上嘉慶初年邑人重建閣壯麗巍煥高聳雲霄咸豐中燬於賊今未復

文昌閣在縣治東馬疲岡今圮

斗姥閣在葛仙庵
凝秀閣在華陽門外今廢
北極閣在東陽鎮孫守勛建
梧竹園在常城村東吴唐固築今爲何守一墓
倪家園在東陽鎮舊爲前明倪徵君花園今廢
墨池在洗馬橋村相傳爲王右軍遺蹟又有筆塚在崇德鄉水
北村今呼爲王家園
絳英橋在何莊村西跨秦淮舊流河雖湮塞山溜尙通昔六朝
河通時三吴游客泛舟入山之處兩岸多栽桃柳故題曰絳英
桃花館在何莊廟相傳唐孝子張常洧產於其村
張榜讀書處在治南西張巷亂前匾額猶存
赤岸村在赤山蘆廢亭右王右丞詩帆映丹陽郡楓攢赤岸村

柴溝市在倉頭鎮西五里景定志有柴溝驛程內翰珌金陵驛詩鐵甕高賫只半程柴溝曉發夕金陵今山口村卽其地

桂枝庵在西圩村明總兵謝登雲聞福王立率兵入衞道經龍潭鞭一卒卒逸去謂村人曰明日有總兵過將肆掠村人結眾設伏謝至不及辨支解於此孫守勛云

誌公塔在龍潭鎮東馬鞍山

金牛坑在治北梧桐山

鳳凰墩在梧桐山麓昔有鳳凰翔集於此故名

放馬岡在青城埠北明洪武中會放戰馬於此

行轅在龍潭鎮西北舊爲往來仕宦憩息之所今廢

接官廳在龍潭鎮北渡河口基址宏闊舊有吹鼓亭石門檻今廢叉橋頭鎮亦有接官廳舊址猶存

官倉基在龍潭鎮東南數武舊爲十六鄉兑糧之所

龍池茅山華山虎耳山銅山皆有又胄山龍湫二大如甕小如臼凡龍池蜥蜴四足五爪黑背丹腹龍頭鰍尾任人掬取但不可攜出攜出中途風雷迅發遁去歲旱請雨輒應

讀書泉在句容鄉常城村梧竹園南唐固嘗著書於此故名泉南崖石峭立泉自石罅流出齊梁時紫芝生於石中又名紫芝泉前明知縣徐九思詩云唐固讀書處人亡泉尚存我來一弔古梧竹盡寒雲

稻香泉在句容鄉何莊村東南半里許每稻花開時泉卽湧出灌田名則唐固所題也又名淸白泉

石肺泉在華姥山下泉流甚長足資灌漑上有華姥洞

松鶴泉在天王寺前松鶴潭之泉也味甚甘

瀉岡泉在治北二十五里觀音庵東

戞玉泉在赤山頂穿雲觸石嚮出石腹如戞玉然味亦芳洌有道光閒邑人石泉題額篆書甚工

甲山泉在縣南山有磐石大小十六泉味甚甘石泉紀以詩有中冷第一毘陵二忘却家山十六泉之句

張山泉即楊柳泉前志第載其灌漑之廣而不言其美按金鼇待徵錄云野泉一泓旁植楊柳而味甘且輕勝宮氏泉遠矣予飲而拜之曰泉乎泉乎爾不能出珍珠媚客遂淪棄於田閒乎

仙宕泉在治北梧桐山泉長流不竭味亦佳

白石泉出治北亭山

飲馬泉在龍潭鎮西北二里許

高宗純皇帝南巡時飲馬於此故名一名温泉

天竺瑪瑙石在治東東嶽廟內赤色見竹葉紋
張一鵬妻徐氏節孝坊在縣治東馬槽巷
徐尚學聘妻趙氏貞女坊在徐家村
周憲鉅妻王氏坊在五渚坊
李昌燠妻戴氏坊在甲山
張爲律妻章氏坊在張巷村
王知黻妻衞氏坊在王家邊
張道啟聘妻蔣氏貞女坊在湯巷村
王善騶妻曹氏坊在王家邊
許尚慤妻尚氏貞節坊在戴巷村
趙明觀妻丁氏坊在趙巷
趙國枚妻尚氏坊在趙巷

許尙恕妻傅氏坊在戴巷村
俞茂俊妻陳氏坊在俞巷村
張秀璋妻鄒氏坊在孝義鄉
樊一仁妻朱氏坊在李墟村
沈應祥妻王氏節孝坊在縣治北街
劉朝翰妻黃氏坊在縣治南
李英妻陳氏坊在甲山
高建常妻朱氏坊在鎖山巷
嚴孔鏸妻何氏坊在前陵村
周岳峯妻佘氏坊在東陽鎮
王石登妻周氏坊在上葛村
鄭孔嘉妻仇氏坊在龍潭鎮

張洪明妻趙氏熙徹妻許氏貞節坊在西村村中
宣球妻王氏坊在潘遜村
萬學曉妻王氏坊在萬家村
王純掞妻裴氏坊在後北墅
王梅之妻趙氏坊在後北墅
周文極妻淩氏坊在閘頭村
潘趙鳳妻欒氏坊在長嶺村
巫啟悅妻解氏坊在仇家邊
劉大興妻魯氏坊在楊塘村
尚昌道妻唐氏坊在西地村
尚祚奎妻王氏坊在西地村
尚節母周氏坊在下山地

王肇岐妻孔氏肇岱妻趙氏一門雙節坊在夏家邊
湯子韜妻陳氏坊在湯巷村
戴世祊妻孫氏九齡妻張氏雙節坊在縣治南東巷
朱棖繼妻歐陽氏坊在彩帛巷
張祖留妻黃氏節孝坊在學宮東首
庠生王鳳輝妻張氏坊在治東南集仙里
宋尙質妻金氏坊在縣治東北馬疲岡側
王璟妻黃氏坊在縣治前四牌樓
貞女譚桂英坊在仁信鄉土祥村
尙徵遠妻王氏坊在西地村
尙徵仕妻張氏坊在西地村
周恆立妻尙氏坊在劉巷村

吳榮博妻王氏坊在張墟村

戴臣善妻朱氏坊在袖巷村

趙懿模妻劉氏坊在圩塘頭村

駱正紱妻王氏坊額光緒二十六年從節孝祠基掘出現嵌祠壁

望仙橋節孝坊　蔡巷貞節坊以上二坊姓氏無考

貞孝節烈總坊在西門外二里許官道傍共一千二百五十三名詳列女志

許煌妻趙氏百壽坊在戴巷

吳葛元墓在治西南一里光緒二十六年邑人駱支鳳張瀛曹方瑋同立石

唐兵部尚書王璧墓在漳泗村東

後周禮部尚書戴宏墓在唐陵北二里

宋兵部尚書周仲武墓在後黃村左原籍山東自公始遷句之五渚坊

祭酒戴九成墓在唐陵山

鳳翔府僉事戴昌墓在大松園

江甯府察推孔端隱墓在青城埠西北

右丞相高實墓在高家邊北

大理寺評事戴常墓在大松園

元福王府記室戴袞然墓在轂城村東五里

建甯蒙古教授戴君實墓在黃林岡

忠顯校尉戴玉墓在黃林岡

都指揮使戴應龍墓在黃林岡

同知戴一桂墓在黃林岡

明泗州州判戴崟墓在陸莊村南

周王府教授戴思順墓在陽巷村前
仁和縣縣丞戴孟申墓在唐陵
東平州州判戴玭墓在陽巷村前
和州學正戴文錦墓在藏眞觀
丁都堂沂墓在虬山寺旁沂溧水人
廣東參將陳南塘墓在土橋鎮北有一代人豪石坊
文學張充吾墓在岡下郡銘碣已斷
倪徵君思學墓在治北嚴山
汪文烈公偉墓在治北張家岡公寄籍上元王安節詩淸曉入
華山荒墳拜文烈同伴慕禪規余心重臣節
詹事府正詹夏少葵墓在治北奈花山
國朝太子少保刑部尚書王宏祚墓在茅山鄉朱巷村西公雲

南人
封奉政大夫吏部郎中張君表墓在艮常山西
湖廣道巡按江西監察御史吳贊元墓在上蘭村西丹陽人
袁州昭磨署新建縣戴元科墓在黃林岡
駱中翰墓在治東大山
御史嚴賓甫墓在治北戌山
贈奉直大夫駱雲坡墓在集賢庵右
太子太保直隸總督方觀承墓在治北葆山桐城人
太子少保浙閩總督方維甸墓在治北年山觀承子
護督糧道戴宏度墓在陽巷村靈台岡
按察使江寅墓在墓東村丹徒人
江西贛州府知府馬兆增墓在西斛村

廣西桂林營守備李廷揚墓在治西鶴鳴山
雲南曲靖府知府陳立墓在孫塘村西南
延綏鎮總兵陶茂森墓在鄒巷村西

續纂句容縣志卷二下終

續纂句容縣志卷三上　　邑人張餘堂分纂

祠祀

古者先成民而後致力於神民瘼未甦罔敢輕用其力溯自粵寇發難中興三十餘年民氣熙洽繫神之貺故廟祀以次鼎新所以重典禮也至若僧廬道觀緇黃所萃僅有資於流覽固靡涉於典訓別綴古蹟兹不闌入志祠祀

凡邑皆有壇壝以禮神示故東曰先農壇（在治東東橋下）壇陛五級繚以垣樹以木有齋宮以持敬耕耤之所也西曰社稷壇（在治西一里許宋元豐間令葉表以縣多盜改置社稷壇於青元觀西南而盜止今養濟院舊址即其地也見前志）南曰神祇壇（在治東南二里許舊名山川風雲雷雨壇嘉慶十六年奉部文改今名）北曰厲壇（在治東北與敎寺之右首）除地周垣植木齋宮皆同先農祀以仲春亥日社稷神祇祀以二仲上戊（會典）北郊則否每歲清明中元十月朔祭無祀鬼神以

城隍神主之按江西南昌府志厲壇記云攷祭法天子爲羣姓立七祀五曰泰厲諸侯爲國立五祀五曰公厲大夫立三祀一曰族厲族也者衆也爲夫鬼無後而衆多則將爲民作禍故時以祀之凡以爲吾民也勝國初毀天下淫祀又欲鬼之毀而無歸者皆得與享於是國厲而外又有府縣之郡邑厲有里社之鄉厲我　朝因之立壇北郊有司歲二舉焉此厲壇之制所由昉也

城隍廟在城南　文廟東首咸豐間盡燬於賊光緒十七年知縣汪樹堂捐廉五百千復籌集民捐貳千餘千庀材興辦大殿頭門共用錢三千餘千又裝修墁垩用錢四百餘千嗣經知縣張沆清諭紳富興修兩廊十殿用錢壹千數百餘千俱如舊制惟行宮寢宮戲樓尙未建復古城隍廟在臨泉鄉六七圖交界處亂後建殿宇二十四閒居民祀之水旱必禱

武廟舊在大南門近城東首亂後未建同知三年知縣依勒通阿修理葛仙庵南偏祠宇兩閒寓祭　又西郭舊有武廟碑殘

僅成半段邑人陳詔撰文舊爲邑人華達創建至嘉靖丙辰縣令樊垣縣丞劉克己主簿曹鎧余意典史袁鈜各捐廉再建久圮乾隆閒廟左孔氏重建毀於兵燹今道士符心誠與孔氏同募建頭門謹案咸豐三年升　帝於中祀樂用六成舞用六佾春秋諏日致祭五月十三神誕日告祭並頒　御書萬世人極匾額於廟六年奉文改稱關聖帝君

武廟祝文咸豐三年頒定惟神星日英靈乾坤正氣允文允武紹聖學於千秋至大至剛顯神威於六合仰聲靈之赫濯崇典禮於馨香茲當仲春秋用昭時享惟祈昭格克鑒精虔尙饗五月十三日告祭祝文惟神九宇承庥兩儀合撰崧生嶽降溯誕聖之靈辰日午天中屆恢台之令序聰明正直壹者也千秋徵肸蠁之隆盛德大業至矣哉六幕肅馨香之薦爰循懋典式展明禋苾芬

時陳精誠鑒格尙饗

樂章咸豐三年頒定迎神奏格平之章曰懿鑠兮焜煌神威靈兮赫八方偉烈昭兮累禩祀事明兮永光達精誠兮黍稷馨香儼如在兮洋洋初獻奏翊平之章曰英風颯兮神格思紛綺蓋兮龍旂斛桂醑兮盈巵香始升兮明粢惟降鑒兮在茲流景祚兮翊昌時亞獻奏恢平之章曰觴再酌兮告虔舞干戚兮合宮懸歆苾芬兮潔蠲扇巍顯翼兮神功宣終獻奏靖平之章曰鬱鬯兮三申羅籩簋兮畢陳儀卒度兮肅明禋神降福兮宜民宜人徹饌奏彝平之章曰物惟備兮咸有明德惟馨兮神其受告徹兮禮終罔告佑我家邦兮孔厚送神望燎奏康平之章曰幢葆威蕤兮神聿歸馭鳳軫兮驂虬騑降烟熅兮餘馥馡願回靈盼兮德洽明威其一焄蒿烈兮燎有煇神光遙燭兮祥雲霏祭受福兮茂

典無違庶揚駿烈兮永奠畺畿其二

武廟後殿祀帝曾祖光昭王祖裕昌王父成忠王咸豐五年太常寺奏准帝已升入中祀其先代應照文廟崇聖祠禮加封三世王爵並頒春秋及五月十三日祭文

春秋祝文咸豐五年頒定惟王世澤覃庥令儀裕後靈鍾河嶽篤生神武之姿誠溯淵源宜切尊崇之報班爵超躬桓而上升香肅俎豆之陳茲際仲春秋爰修祀事尚祈昭鑒式此苾芬五月十三日告祭祝文惟王迪德承家累仁昌後崧生嶽降識毓聖之有基木本水源宜推恩之及遠封爵特超於五等馨香永薦於千秋際仲夏之屆時命禮官而將事惟祈昭格鑒此精虔

文昌閣舊在馬疲岡道光間敎諭張履另建於學宮崇聖祠西偏亂後圮同治間寓祭華陽書院光緒十六年知縣趙受璋撥

款仍建於學宮舊址黄堰壩雍家邊兩處皆有文昌閣居民所建謹案嘉慶六年列

帝於羣祀春祭二月初三日秋祭仲月諏吉咸豐六年升入中

祀樂奏六成文舞六佾儀節悉如武廟之例改二月初三神誕

日爲告祭春祭亦用諏日正殿及爲文昌帝君先代殿春秋二

仲及告祭日一體致祭亦如武廟後殿之例並頒春秋及告祭

祝文

文昌帝君殿祝文咸豐六年頒定惟神道闡苞符性敦孝友竝行竝育

德侔天地以同流乃聖乃神教炳日星而大顯仰鑒觀之有赫

示明德之惟馨茲當仲春秋用昭時享惟祈歆格克鑒精虔尚饗

二月初三日告祭祝文惟神功參橐籥撰合乾坤溯誕降之靈

辰三台紀瑞慶中和之令節九宇承暉若日月之有光明闡大

文於孝友如天地無不覆載感至治於馨香爰舉上儀敬陳芳

薦精禋罔斁神鑒式臨尙饗

樂章咸豐六年頒定迎神奏丕平之章曰秉氣兮靈蹕翊文運兮赫中天蜺旌兮戾止雕俎兮告虔迓神庥兮於萬斯年初獻奏俶平之章曰神之來兮籩簋式陳神之格兮几筵式親極昭彰兮靈貺致蠲潔兮明禋升香兮伊始居歆兮佑我人民亞獻奏煥平之章曰再酌兮瑤觴燦爛兮庭燎之光申虔禱兮神座儼陟降兮帝旁粢醴潔兮齊遨將綏景運兮靈長終獻奏煜平之章曰禮成三獻兮樂奏三終覃敷元化兮縈神功馨香達兮肸蠁通歆明德兮昭察寅衷徹饌奏懿平之章曰備物兮惟時告徹兮終禮儀神悅懌兮鑒在茲垂鴻佑兮累洽重熙送神望燎奏蔚平之章曰雲駢駕兮風旗招神之歸兮天路遙瞻翠葆兮企丹霄願回靈眷兮福我朝其一煙熅降兮元氣和神光燭兮梓潼之

阿化成耆定兮櫜弓戢戈文治光兮受福則那（其二）

文昌後殿春秋祝文（咸豐六年頒定）惟文昌帝君先代祭引先河之義禮崇反本之思矧夫世德彌光延賞斯及祥鍾累代炯列宿之精靈化被千秋爲人文之主宰是尊後殿用答前庥茲值仲（春秋）肅將祀事用申告潔神其格歆二月初三日告祭祝文惟文昌帝君先代道備中和神超亭毒稟詒謀而克紹欽毓聖之有基雲漢昭回際嶽降崧生之會馨香感格與水源木本之思式肇明禋用光彝典尚祈神鑒享此清芬（以上每歲均頒祭日）

倉聖廟未建寓祭葛仙庵（謹案同治中升列羣祀春秋上丁官祭句容舊無此廟邑人士私祭者報始制文字之功也）

八蜡廟舊在西門外未建（八蜡之有廟者報本返始一日之澤其由來者遠也）

劉猛將軍廟在西門外官路旁光緒二十一年建復（上海縣志云案禮部

則例載神劉姓名承宗元時官指揮能驅蝗元亡自沈於河世
稱劉猛將軍　國朝雍正二年　詔各直省府州縣均立廟致
祭　大清會典通禮皆同他志
或作劉鋭或作劉錡者皆誤

火神廟在縣治南粵匪之亂諸祠皆燬此廟獨存上江兩縣志曰火神之有
廟者昭明光顯離德位南報燧人之
功也民間別祀熒惑火星非祀典

龍神廟在城東玉蘭巷内亂後未建光緒六年知縣袁照另於
北門外寶華山捐廉建大殿三間山舊有龍池五年六月旱禱
雨有應酬神貺也於十八年春奏　旨加封曰靈異龍神茅
山元符宮龍神光緒十四年歲旱禱雨有驗知縣舒霖詳請督
撫奏　聞奉　旨加封曰廣濟龍神治東北虎耳山有龍神
廟舊有俞希魯重建虎耳
山龍神廟碑記見金石光緒十一年知縣陳玉斌往禱有應
立碑記之邑人潘同撰文曰句邑多奇山秀嶺大率能出雲爲
風雨見怪物而最著者惟治南之句曲治北之寶華
上有龍潭廟數楹供奉龍神歲旱祈雨則往致祭請龍龍大致
似壁虎先達云即蜥蜴按蜥蜴一名龍子漢書禮志有咒蜥蜴

法云蜥蜴蜥蜴興雲吐霧雨令滂沱令汝歸去近世請龍之說其遺意也句曲寶華山以外閒有潭若廟祈禳者以非名山也未遑問東北虎耳山爲顏魯公歸骨處正氣式憑山之鍾其靈異也已久藉非我陳侯之誠又烏乎知祈禳之應驗奇也侯於甲申夏攝篆吾邑軫恤民艱百廢具舉始則苦霪雨侯齋沐祈晴翌日大霽低窪之鄉漸以補插者半繼復苦亢旱自夏徂秋不聞淅瀝聲幾匝兩月侯急仿設壇請龍故事朝夕率僚屬跣步詣壇逾句不倦都人士見侯勤勞偶以虎耳山之龍神爲侯言適廟之住持僧悟全以有雨奔告於侯奇矣請謁神禱之侯欣然戒旦往旋得雨寸許越數日再往集僧頂禮日未晡大雨明日又雨由是涸者潤槁者興龜坼之壤忽慶有秋人皆德侯之誠而侯德神之靈是役也侯竭其職山顯其奇又何需乎蜥蜴而尤多侯之能採芻言以急爲民請命悟全之眞能祀神累得雨效並足爲諸山愧過此以往神當長此福吾邑用作霖雨侯更當長此福天下同不揣譾陋敬敘顛末後之來官斯土者尙知山不在高毋徒問道於句曲諸奇蹟也陳侯名玉斌字雲郁楚南湘鄉世家也以二品蔭出宰百里剛中柔外見義必爲下車伊始即以積穀爲備荒要政百計清釐一除累年積弊今夏圩適被災得藉倉穀以賑侯之實心爲民此大端也夏秋旱有事於龍子幾廢寢食專驛京口購虎頭骨投於北鄉之龍潭得雨僅飽寸土因再詣茲山祈神乃得滂沱四沛侯歸撿有前陳侯禱雨碑誌以示同因敬讀之始識此山之奇驗非自今始前亦陳侯何神之靈獨洽於有嬀之裔歟誠足輝映後先矣與斯役者訓導季公榮恩署城守把總狄公懷慶代理典史胡公

榮昌又治北銅冶村亭子山亦有龍神廟距治北七十里廟前有龍池中有蜥蜴四圍皆懸崖峭壁水深不可測雖大旱不涸土人云與潮汐應亦奇境也

土穀祠一在學宮未建一在孔夫子巷光緒初年邑人重建

馬王廟今改建雲亭驛中

護聖廟祀句曲山神詳前志按大觀元年元符萬甯宮神祠封護聖侯廟

天妃宮在治北橋頭鎮西北數武祀禮詳前志康熙間重建天妃宮碑蓋聞享祀豐盛所以昭報德之意而招提巍煥亦以表神聖之靈若使珠纓寶絡風雨飄搖繡闥雕甍鼯鼪上下牽牲薦幣周旋於荒烟蔓草之間暮鼓晨鐘戛擊於瓦礫榛荆之地亦非妥神明而將忠信也本郡西鄉橋頭舊有天妃宮不知締造何時亦無碑碣可攷而福庇江湖頗多靈應舟人賈客咸賴其休南陌東阡亦蒙呵護惟是歲月深久不無榱桷崩頹因而臺榭荒涼以致旛幢閒寂雕題金碧荒迷於古木寒烟畫壁龍蛇剝落於蒼苔苦雨灰爐香臺之寶鼎塵侵玉座之金容此瞻仰心傷往來神愴者也已卯春余奉　命出鎮京口每當船汛之期江干流覽其宮去官署十餘里往謁之下慨然肅然矢心重建恭逢　皇

上南巡　龍舟所至浪息波平而大小臣工往來迎送舟楫咸安未必非神靈默佑況橫海樓船雲屯切近防江塢壁烟戍相望端藉神功欽覩靈旗之庇護維揚我武儼憑絳節之聲靈是又軍容民命兩荷休嘉保障祝　釐悉惟景貺矣於是鳩工庀材委員監造思千金之裘非一狐之腋須博資廣集始克有成爰具疏文力爲廣募閱四寒暑而廟始成殿陛輝煌非復舊時之氣象簷楹璀璨實出此日之規模神靈有所憑依瞻拜不憂茂草百年香火一旦鼎新雖余之願克酬抑衆襄之力所致不可不誌貞珉以垂久遠更思天下之物不能有盛而無衰有成而無敗昔日之楽施粉飾豈不如今今日之畫棟雕梁焉保於後若後之人嗣而葺之不特巍巍廟宇千古常新抑且余與諸君子之願亦將藉以不朽矣謹誌數言以望後之同志者康熙四十六年歲次丁亥孟冬月吉立鎮守江南駐防京口沿江沿海等處地方副都統軍功加二級北平蔡毓茂撰並書

名宦鄉賢祠皆建復

劉府君祠祀東晉劉超明天順間附祀賢令劉義在鹽巷今名府君巷　乾隆間邑人駱壽山重建今未復

樊公祠祀明縣令樊垣在邑廟東偏有碑今圮

四賢祠在三思橋道光十八年教諭張履重修舊屋未燬咸豐

七年重加修葺祀明督學金蘭過庭訓知縣丁賓陳于王後又

附祀　國朝宋楚望林光照范廷杰（張履修四賢祠記四賢祠當邑之中祀明工部尚書諡清惠前邑令嘉善丁公四川布政司使前邑令嘉善陳公學使成山過公會稽金公惟四公治民教士卓有可紀民各為祠以祀日久隤廢獨丁公祠存於是邑令宋侯楚望學博徐君堂等始則合陳於丁繼又合過金於丁陳遂牓以四賢祠焉丁陳二公故有祀田為頑民侵占宋侯清出之歸學徵租為歲修費每春秋丁祭畢學博率諸生詣祠薦以為常蓋四公祀之分合及斯祠附學之由詳邑人高作梅所為碑記者如此迄今祀田無可考又不知何時始為縣中農書輩所據遂變為茶肆甚至神像之側婦女雜處棲宿邑之人惡其褻而無如之何道光十四年秋余司鐸於茲斥逐而局鑰之咸以為快至十八年夏修學宮將竣特重葺斯祠擬於其中創設義學力猶未逮適有劉生者請假以授徒許之以喧呶穢雜之地忽聞絃誦聲四公有靈其亦顧而樂之也耶四公神像之前有宋侯及林侯光照范侯廷杰長生祿位又某之位亦在焉余考諸志乘驗之輿論如宋林范三侯並有遺惠在民於祠中別為室置之以勸善也至某者獨為胥役所私事非眾志所孚逕黜而去之以治濫也烏乎德之不建民之莫懷微特崇祀如四公者不可幸得即僅僅一木主之附於此且靡所容焉然則官斯土者何去何從亦可以知所自決矣爰並記之以為之鑒）

又茅山有徐九思丁兩公遺愛祠今未復（南鄉謝橋）

村有丁公祠後念保圩之功附祀宋公楚望今存

三賢祠舊爲姜公祠後附祀張耿兩公改今名在縣治西街光緒二十六年重修

邑人李少司馬喬姜公祠碑記句容在先朝爲畿輔第一邑在興朝爲南省第一邑爲畿輔邑則地重而令與之俱重爲南省則地不必重而令固當自以其人重人果能自重而地亦與之俱重矣爲畿輔邑則所臨制者自京兆尹而外有監司有操台有撫軍有兩台使者臨制者寡而承事者亦簡而易爲力爲南省邑則所臨制者有藩司有臬司有督台而其爲監司操台撫軍兩台使者仍爲臨制者名位繁權勢分耳目衆而承事者亦力分而難以周又在昔平定之日句容當七省孔道即今鼎革之餘且兼爲兵馬孔道爲七省孔道則驛騷僅在驛傳稍有才力者可指顧而驅遣之爲兵馬孔道則驛騷不止在驛傳甚且波及閭閻非才德俱優文武兼備者莫或排難而釋患也余邑侯桂峯姜公渭水裔也以經文緯武之才運理繁治劇之略持躬以儉撫衆以寬宜愛克威者愛之宜威克愛者威之其爲治也大約拊小民崇士類禮縉紳和僚友省里甲緩征輸清郵傳嚴胥吏敦風教簡刑罰勤敏慎重一切舉動罔不使千百世垂永利焉乃其中猶耿耿而未敢即安也邇者侯三年報政邑民史學義孫謙輩踵余援簡而請曰侯奏最有期　聖天子將嘉乃丕績廷召而尊顯之吾儕小民即欲攀轅臥轍請借寇焉而未必愜衆志也思復朝夕依依侯之宇下豈可得哉茲業卜地建祠當邑之中肖公像

而尸祝之翁於侯亦誼在子民之例幸善爲我辭焉余曰唯余天性椎魯愧弗能文然以子弟而稱述父母責固無容謝也夫祠必有記記者識其人也識其政也公美政多端悉數之不終其物今請識其大者公之初莅吾容也適有上台某者於除夕統重兵取道城市民閧中外洶洶聲交鬨也公從容談笑力請於主者悉收閉察院中有一兵丁取民間一臠肉公請立置之法民乃得驩然爲屠蘇飲至元旦市肆不易邑若不知有兵者運弁之横也自昔不馴而 清朝法制未定之初甚至倉米每石議加貼一錢二分公初莅兌所力主三分毫不准增益乃狡弁又復鑽取上台懸示定爲八分公復力偕觀察何公嚴督以法究之僅許五分而糧里已受數千金之惠矣公每莅兌所則運弁肅然旗甲懍然淋尖踢斛之弊一洗較他邑所省者實多諸生月試公捐俸自爲辦饌鼓舞作興一出眞愫以故多士登賢書者科名日益盛朔望攝衣冠謁 文廟立聖門或諸生有訟事者務明晰指陳詳勉慰諭亹亹不倦偕兩學博公公議而情處焉以故士民咸服退無後言卽所云載色載笑匪怒伊敎者何以加焉兩造質成公實片言可折乃公不欲居善聽之名必悉事悉情周詳剖別令兩造心服而神明之譽隆隆起矣古所謂小大之獄必以情者此乎列城垣者二十四鋪舊有守宿壯丁近奉裁革列鋪遂虛無人而雉堞鋪房亦漸次頹廢公爲設處召募俾柝聲四合而邑幾無夜吠之犬鋪房驛站等取充修葺改觀未嘗泒及民間也而城市居民得安枕矣語曰禁罰嚴威則簡慢之人整齊公之治實有得焉妖道張姓者以術煽眾居邑南鄉男女溷聚幾致千餘人此關風化匪細公借田獵

一行不動聲色而縛之立詳道臬示而民俗一正又屢擒賊首郭四萬天榜等一十六人先後置之法而南鄉之民無意外之虞矣催科止用紙皁以是閭里不驚而朝夕納輸者如鶩編審丁口一按田畝多寡公泒無私而從來葛藤一朝斬焉旱魃爲虐公每勤步禱禱必立應益見公精誠昭格㒚有素爾時際鼎革一切公廨俱頽圮弗堪而黌宮爲甚公於櫺星門啟聖祠尊經閣次第修飾乃得漸爾復舊邇日文星樓三台閣所關容邑風氣尤急公毅然出疏募寫而力以董成自任卽如邑治後堂實治所必需者前更數令俱成畫餅而公獨捐俸期必建退思有所民成之也不日矣夏作淫雨害於田禾飢民繹絡扶將老弱多蒙秩輯屨者公捐俸煮粥食之而老弱無復僵仆且經營糴糶令米價無踊卽壯而貧者兼賴以濟而歲不能爲菑焉倉夫之爲糧役害也實甚鈎同旗甲科外詐索而且私折漕糧近奉憲革其事雖出於直指而奉行惟謹則公有力云至若贏羨裁安輯謹保甲行倉庫清狐鼠屏百凡有裨邑治者纖悉罔遺亦惟力是覗總之以經文緯武之才運理繁治劇之略經權常變惟意所適競絿寬猛一準之平譬之龍泉太阿水斷蛟鼉陸裁犀象應機立斷恢恢乎其游刃有餘地矣茲者公三年報政尸祝之舉余實先容民願焉因思先是邑侯之有祠也昉於東山徐公改亭丁公公實堪爲繼軌乃二公之治容也值先朝康定之日公之治容也際今茲改革之秋其綱紀張弛以二公當其易而公獨當其難此容民之所以祀公也誠見容之不可一日無公不可一世無公尤不可世世無公也祠成而與徐公丁公之祠鼎峙而爲三世世瞻禮不啻三辰之麗藻焉信江南第

一邑得海內第一令矣因援筆而記之石原任兵部右侍郎前巡撫陝西等處地方都察院右副都御史陝西布政使司左布政河南布政使司右布政河南按察使司按察使山東布政使司左參政提督山東學政通家治生李喬頓首拜撰順治九年歲次壬辰仲春吉旦鄉紳張明熙孔尚莘王自新胡允楊元勳朱家楨楊一楝通學生員胡岳張大猷黃河深徐廸張明際李淇周之垣等耆民史學義周子貞高士進淩國器孫謙俞元美程隆等鋪戶吳程姚吳華張茂汪麟時賈應論等通縣知識孫恭等仝立奉祀道人

王恆上元王鳴鳳鐫

清惠祠祀前令陸鈞在治北龍潭鎮今圮

清惠祠碑記天下有死而死者有未死而死者有死而不死者人生類然居官者較著彼死而死者勿論若夫秉符握篆暴戾恣睢不畏王章罔恤民命是其心先死雖靦然視息不得爲生惟死而不死者生爲良吏歿爲明神歌哭在民口俎豆在民心其得正命爲可思其非正命尤可痛若吾容縣尹陸公誠不可泯滅者矣公以武林名宿藝苑仙班出宰吾邑養耆老興孝弟勸農桑息爭訟省刑罰刻刻以愛民爲心利民爲事愷悌之意浹人痦瘵有古循吏風噫嘻前公之至有宰吾邑者矣不爲父母而爲屠伯視學校如仇讐視赤子如草芥一紙飛則虺蜴滿途一差發則虎狼入室道路側目人人自危及公下車首重學校懲抑胥吏蒞任一載餘未嘗遣一役入民家士庶蒸蒸若栗烈之後欣遇陽和而不謂公之爲民捐生至速且至慘也初公之將蒞容也貧無貲盡鬻其居室室有未

克葬者六棺號泣而厝諸野以行既至則差使旁午多意外遭拮据奔走晝夜靡有寧晷又不忍以毫釐累民愁苦無聊遂以身殉檢其橐如懸磬然檢其身則布衣尚多補綴一時驚聞百姓如中路失慈母匍匐哀號塡衢溢巷而回視向之尋端肆毒者且靦然食息如故此民之所以不能不痛且憤也雖然公之心如揭公之德不泯吾容鑑公之心哀公之遇知公有官之勞無官之樂而食公之福不能襄公之事分公之憂代公之死凡爲悲公皆以自悲愈自悲愈悲公已公之父母吾者未久其設施未究古君子不忘君國死生一節公當必爲明神佑我婦子以盡其心所欲爲而未得也乃亟捐金建祠以時享祀而捐石刻碑者上元江甯句容溧水高淳六合青陽石工等五百九十人也然則公固死而不死者而以視彼之心先死亡而形幸存者則眞死矣嗚乎寃哉嗚乎痛哉公諱鈞字古修號秉齋浙之仁和人乾隆戊辰進士十七年冬由翰林院編修出知句容縣十九年正月八日縊於倉社享年四十乾隆十九年歲次甲戌季春闔治人民敬立諸報鐫

遺愛祠祀明知縣紀賁

廉惠祠祀明知縣魯應華

周公祠祀明知縣周美以上三祠見乾隆志名宦傳今均失攷

唐張孝子祠在南門大街舊例春秋二仲官詣祠致祭後建忠臣孝子祠於學宮此禮遂廢

顏魯公祠在虎耳山今未建

江公祠祀南宋江萬里萬里邑人在崙山下咸豐間燬遺像尚存土人移祀於高實祠實宋慶元中官右丞相祠其子姓所立也

昭忠祠在土巷內孀婦曹朱氏秉衡妻舍宅爲祠版位詳人物表

貞孝節烈祠舊名節孝祠知縣張紹棠倡首捐廉新建兩進四廂共用錢一千一百千有奇監造經董駱文鳳二十六年九月告成

諸廟附

夏禹王廟在臨泉鄉厤培橋畔亂後建屋三楹光緒九年鄉民於東一室肖左文襄像祀之報濬赤山湖之功也按秋千村亦有禹王廟今圮

文孝廟在縣東門內祀梁昭明太子今圮

沈襄王廟祀劉宋沈慶之在下蜀鎮北戍山世傳慶之屯戍於此之巔光

緒二十四年道士經明慧募建鎮人鍾啟佑是年募建高山廟啟金陵之東鐵甕之西有戍山
焉遠挹江漢俯視淮陽接茅峯之奇秀壯下蜀之觀瞻上有忠
武沈公之祠爲南朝四百八寺之冠溯夫功標銅柱漢建新息
之祠缺補金甌燕立欒公之社或留蔭於棠舍或報禋於桐鄉
維圮必修有舉莫廢况當金鈚耀野玉弩驚天卒能奮忠匡伏
義膽指拄偏安之局慨張薄伐之動豈可使風馬霓旌魂魄不
知所息黄神紫嶽英靈長此終湮者乎公諱慶之字宏光吳興
武康人家傳忠節之風少負俶儻之氣爲都督而邁仲達隨鄉
族而擊孫恩江上投鞭目無建業夢中伸腳踏破長安黑衣相
議論沸騰不如下官耳學蒼頭公威嚴震懾足令羣蠻膽驚固
已先聲奪人奇略蓋世矣當是時也江左之運厄元嘉之政衰
傖荒則南渡交譁鎖鑰則北門不啟雷池一步阻諸方鎮之援
白門三重撤小舟陽之戍而公統轄軍務標舉義旗爰屯茅州
之兵遂拒瓜步之寇何虞春燕巢木江南致退夫白丁能禁虜
馬飲江京口不搖夫鐵甕况乎劭書密奉魏衆横行六軍張皇
四方叛涣書生白面何濟北伐之謀小兒黄頭竟緩東移之機
而公身居要害志奉屏王内外勒兵旬日整辦檀道濟聲威共
憚倚作萬里長城王鎮惡號令素嚴能令百姓安堵論其績固
以其經營乎西北隆其報正因其保障乎東南也洪維我　朝
褒嘉忠藎致司金陵鐵甕一帶江口水務並令建祠於戍山每
年三月朔日駕一出行收災降福源源可溯隆隆未央昔則神
威莫測今則尸祝不忘迨至咸豐四年粤匪披猖高山盤踞火
其宮殿墟其廟堂峻宇雕甍猿鶴蟲沙之士孤譙廢壘鬼燐螢

火之場時則統憲忠武張公諱國樑督師至此突於二月二十五夜夢見公示以神駕出行之日即爲官軍大捷之期於是傳檄戒嚴屆時整隊張燈元夜狄青奪崑崙之關鳴鼓黎明韓信出井陘之口仗威靈之顯赫靖妖氛之猖狂星掃欃槍風馳甌脫方且集紳衿而面諭行將馳章疏而請封豈料殉難於尹公橋素願未陳奏草徒想屯營於下戍鎮遺愛不伐甘棠是豈王神之無靈要亦公遭時之不偶也今者地拓三弓厦支一木欲致奐輪之美因爲將伯之呼糾善信而廣募捐殫先勞而勤造作倘蒙不惜重貲襄成善舉則牆加登築殿腳齊勞礎定方中石頭亦點繪赤面蒼鬚之像閣等凌烟探枯樹活水之源泉同飲醴神旗高樹襟帶北固之山靈爽常來彷彿南岡之里

達奚將軍廟在南郭里許同治四年邑人重建後燬於火今未復事蹟詳前志又胄山下亦有達奚廟相傳將軍戰殁於此土人譌爲妲己以此

李衛國公廟在縣治東南隅孔夫子巷東首今圮事蹟詳前志

曹武惠廟在福祚鄉勾當江南神武不殺故邑人立廟祀之光緒初重建廟前有古柏二一勢極蓬勃前代物也

盧大王廟在治北東陽鎮下街祀南唐盧絳亂後重建

武烈廟在縣東門祀陳杲仁今圮

東嶽廟在縣治東門大街燬於兵燹同治十三年集民捐修建頭門權祀焉其大殿廊房尚未建復南鄉東嶽廟有二一在幹塘頭北建於明萬歷時修於道光八年一在前柏墅東南承仙政仁兩鄉公建

眞武廟在縣治東北隅後改陰陽學館今圮上江兩縣志云吳於後湖立元武觀疑非廟祀至宋始有眞武廟眞武即元武

都天廟在縣治南城隍廟前光緒十八年邑人興工修建因款絀尚未告竣

張王廟在福祚鄉鈐塘之南相傳神發蹟於此廟後張姓皆其苗裔至今繁衍見前志　明萬歷間工部尚書前知縣丁賓爲作迎神曲曰靈英英兮乘紫雲望渺渺兮廟貌新大帝顯赫兮萬載

存寫愚衷兮崇正神降神曲曰羞芳潔兮陳禋薦神之格兮鈴南甸洋洋懍懍兮如有見將肅雍兮登祼獻送神曲曰露湛湛兮灑張陵享成禮兮之玉京祠廟依依兮神永憑福蒼生兮監悃情案境內王廟最盛曰西廟在西郭光緒間新建曰祠山廟曰張大帝廟在崇德承仙兩鄉皆亂後建曰南宮殿在臨泉鄉唐貞觀時建相傳有千佛樓今僅存響水庵下院一室曰岐山廟在瑯琊鄉同治八年里人建復如舊曰南宮廟在治北倉頭鎮東南里許光緒五年重建舊有順治閒重修祠山廟記世人視身如金玉不旋踵爲土壤因以知一切法唯愛故壞唯捨故常在詎不然歟衆生種種福業亦由此一念之判遂雲泥若情纏六趣則造業多端思脫輪迴郎作福無盡況夫赫赫神靈其嚮卜又如桴鼓爲衆生資福消業永永咸賴者乎宜世之善男女滅愛喜捨爭圓宏誓願恐後也祠山大帝廟曰南宮迺句曲治北之勝地邑人歲享祀焉祈豐祝告無叩不通禱疫禳災有感必應每歲二月八日男女數萬輩扶老攜幼或酬願隨喜歡聚於斯竟日忘返誠盛事也其血食香火綿延弗絕所從來舊矣蓋始建於唐繼隆於宋復興於元盛而衰衰而盛改創補葺者不知凡幾迨至明季崇禎間殿宇傾頽廊廡圮敝振揚姚君等惕然念之協爲修舉易朽增華大完其所未備而古蹟亦既巍煥改觀已迄於茲　國運鼎新

十有三載歲次丙申巍煥者又漸非故上人本悟愾然更議所以光大之一旦肅容謂姚君曰居士雅報樂施廣結福果目擊斯廟風飄蝸瓦寶幢粘戶網之塵雨滴香龕瓶花駁蒼苔之色能無發菩提心重爲修舉乎姚君曰甚善但功德無量無邊須破除人相我相爰合衆募首擇日鳩工選材各捨厥貲各殫厥力亟相營治而上人亦復望門持鉢滿仗十方檀那共助成夫盛事也越明年午月中功德遂已告竣其殿堂門廡黝堊丹漆悉舉以法若夫雕繪壯麗裝塑森嚴莫不璀璨一新矣嗟嗟人心萃說廟貌重輝星櫓飛翠乍清鐘磬之音斗栱留霞常護雲山之氣嗣此莫爽昭格人物和甯滅愛者因敬以起悟喜捨者緣明以還誠行將信義互敦忠孝勃發孰非神靈之所祐啟也哉予固多本師之弗憚慮始而更多姚君之恪與圖終敬爲走筆紀其事俾傳不朽云順治十五年歲次戊戌孟春月吉旦翰林院宏文大學士何采撰邑人朱獻醑書丹緣首姚廷盛蘇夢鯉韓炳陽陳鴻達仝立石

曰雲塘廟在柳橋西北前志有碑見藝文

曰大廟一名積善庵在仁信鄉同治間蔡慶華等捐建

曰急流廟在孝義鄉同治間重建大殿順治十八年邑人江五岳急流廟碑記夫天地之大德曰生其發育庶類也有日月以照臨之雨露以潤澤之寒暑以節宣之又必藉陰陽不測之神以呵護之斯雨暘時若百穀用登是以國家常享樂利昇平之福而下民皆致報賽享祀之誠莫非賴神之靈赫濯罔間也句邑東南五里許高原膴膴野色蒼蒼急流村之前廟貌巍然中奉祠山大帝固與絳巖之秀淮流之曲城郭人民之雄麗紛披掩映焉考帝之勑祠著丕功於水土

昭稼穡於斯民久已相傳刱於唐貞觀歷年已遠屢修屢圮瘖歲已亥二月八日各社居民過廟享祀見而歎曰帝澤普生民威藉喧嘆忍令其風雨漂搖若此乎於是鳩工庀材撤而新之廊廡庖湢翼翼屹屹爰有峻宇以祀以享工竣而問記於余余謂神道設教要必養育斯民然後隆其美報且詩不云乎潔牛羊以肆將卜百福以幾式幽明感通介在呼吸今也網罟之所布耒耜之所收男服於耕女安於織章縫佩書童穉嬉野山川出雲時和年豐何一而非神功變化而默相之者哉余亦素沐膏庥敢舉帝之生育吾民者以告吾鄉之善士曰苟無忘帝之明賜亦無忘倡者之勤勞可矣

大卓廟距治北十八里官道傍亂後建復前進

社公廟在通德鄉冑寨村明萬歷閒重修

三聖廟在縣治東南隅明天順五年縣令劉義建有碑見金石今圮案崇定志三聖謂倉史王也此碑邑人相傳謂神爲兄弟三人惜碑文剝蝕不可考又宋時有羊頭三聖廟非正祀

插花廟在治東王圩村東首光緒初年重建內祀土神

五顯廟在縣治東巷光緒閒建復據明宋訥祠記五顯在宋已著明則廟貌更盛耳

秘書郎廟在縣治東里許同治閒里人重建神事蹟無考然其廟已古

續纂句容縣志卷三上終

續纂句容縣志卷三下

張餘堂分纂

學校 學宮 祀位 祀儀 祭器 祭品 樂器 樂懸 書籍 學額 學田 書院 賓興

學校者所以尊孔氏之正教爲範圍人才之地也自粵寇煽亂澤宮爲墟承平以來邑人士他務未遑首於此眷眷焉不數年煥然炳然悉復舊制亦云勤矣世傳吾邑爲眞仙棲隱之宅染其俗者多崇奉神仙浮屠之學豈其然歟志學校

學宮

學宮考舊志建於唐開元十一年在縣治東宋開寶中重建皇祐二年太常博士知縣事方峻陳開虞府志作俊再建元豐二年令葉表以縣南驛改造郎今地紹興二十三年令龔濤修葺之元至大二年尹趙靖重建至順四年達魯花赤那懷修建明德堂縣尹張士貴重建明洪武十二年知縣韓思孝陳志思孝作繼修殿廡置

齋室十五年知縣韓宗器修明德堂永樂十年知縣徐大安增修十五年知縣周庸教諭趙學拙建戟門正統八年知縣韓鼎建會饌堂立俸廩倉改文昌樓於學之東南景泰間知縣浦淇劉義相繼重修東廡廡齋房燬於火遂重新之成化十四年知縣徐廣重建大成殿兩廡戟門嘉靖十六年知縣周仕重建三十二年應天府通判汪宗之署縣事移名宦鄉賢祠於戟門左右四十年應天府通判閔宜邵署縣事重修四十五年應天府推官署縣事張夢斗知縣胡師移建前數十步隆慶三年知縣周美建文星樓後改名文昌閣萬歷元年知縣張道充復於學前開左右掖門引水注泮池四十年提學御史熊廷弼議加高文星樓頂第三層　國朝順治十年提學侍讀藍潤捐修正殿兩廡戟門文星樓康熙十四年知縣林最重修學宮創建櫺星門

石坊四十九年邑人重修文星樓雍正二年邑人重建明倫堂暨存誠主敬二齋三年重修大成殿四年重建崇聖祠以上均詳前志

乾隆六十年知縣任可舉訓導馮金伯成文燦暨邑人王周南裴于東駱長庚王本澄等重修並建尊經閣有重建尊經閣記知縣任可舉撰文詳藝文

道光十六年敎諭張履暨邑人裴鑑裴泰王德煥王以樞朱淮駱正慶駱懋官葛繼驊徐俊田志蓮朱鏞王炳王應鏐駱重蓮王成琮等重修學宮有重修句容縣學記蕭山湯文端公金釗嘉興錢給諫儀吉撰文詳藝文

附錄敎諭張履募修學宮文

昔漢文翁治蜀修起學官於成都市中原注師古注學官學之官舍也賈誼傳學者所學之官也宋胡安定在湖州爲經義治事二齋以造諸士誠以

型民善俗教化爲先而學校爲教化所從出故賢達之徒必於此盡心焉句容之有儒學昉於唐開元至宋元豐二年而改建於斯嗣後屢壞屢修具載志乘乾隆末曾加繕葺而歷年已久日就陊隤每大雨之後禮殿皆水其餘崇聖忠孝鄉賢名宦諸祠並屋瓦殘缺而明倫堂尤甚其東西齋舍椽露牆圮不蔽風日及今不修後必大壞此不獨校官之咎亦爾邑人士之憂也今願諸紳士勉力出貲亟圖集事卽有業不習乎詩書名未列於横舍要皆倫常中人而默被我夫子之教澤者於斯舉也宜有以助其成焉嗚乎今浮屠老子之宫巍峩閎麗士庶崇奉奔走恐後而聖賢妥靈之宅師生講道之區乃獨荒廢如此此亦異端熾而正術微之驗也然則謀鼎新之功免子衿之刺於以扶翊世教興起人心能無於爾

邑人士有厚望乎

咸豐閒學宫悉遭賊燬無存同治七年邑紳集民款倡議建復凡大成殿大成門月台東西廡僅成四閒名宦鄉賢祠僅成六閒訓導署七閒以次告成共用錢壹萬壹千有奇同治十二年繼修兩廡十二閒用錢貳千貳百餘千光緒五年知縣袁照籌墊經費諭董擇要修建於七月初十日稟報開工至六年四月杪一律落成撰有碑記

句邑自宋元豐年閒徙建學宫於城南得藉山勢之爽朗一吐文人英鋭之氣而儒風由是始振沿及元明以逮國朝修建不一每值廟貌重新而邑中之士習必醕樸人才必彙興民物亦必繁庶而豐殖山川靈秀所鍾常與士習民俗默相感應古稱人傑地靈艮非虚語予於光緒四年十月捧檄

權攝斯邑詢知邑中自克復以來文風不振實由於士習不醕每逢朔望恭謁
先師仰見大成殿規模麤具而四隅翘角已頹月台三面石欄杆未裝東西兩廡造成房屋十六間門格神龕未修磚地未墁先賢先儒神牌未設北首仍少房屋六間未造戟門內外磚地未墁名宦鄉賢兩祠神龕未裝其新修門格與新墁磚地均未全櫺星門僅存西首石柱二根新修之柱未竪泮池磚岸未砌石欄杆未裝自櫺星門以下東西圍牆暨前首照壁均未砌內外牌坊均未建碎磚斷石堆積四處頹廢之形不堪環覩推原其故由於董等前後經修遷延十二年共用錢一萬三千二百三十餘千糜費過多且歷年工程專歸城董經理其支用帳目非鄉董所能共見人心遲疑罔肯捐

助以致工竣無期竊念學宮爲甄育人材之地若不早將未竣各工力籌修竣上無以妥
先師之靈下無以伸士林之氣爰諭城董核估經費並諭鄉董會議章程旋據諸董約估工費大數稟請按鄉攤派共籌捐錢四千千文並懇轉請金陵工程總局委員下縣估修以期剋日竣工接經委員至縣親履學宮勘估已修工程尚不及三分之一其未修各工約需經費錢一萬二千三百餘千方能蕆事時值民力拮据萬難籌此鉅款爰遵憲飭復爲親加核估稟請由縣督董擇要修建卽諭派城鄉董事八人住局輪管收支督催各務由予先行籌墊經費於光緒五年七月初十日稟報開工至本年四月杪業將原估大成殿四隅應修整翹角並前後應添蓋脊瓦月台三面應裝石欄杆並

東西廳改砌石階沿兩廡北首應添造房屋六間並舊房十六間應裝門格門楣及兩廡應修砌神龕神座應墁磚地並應設先賢先儒神牌戟門內外應墁磚地應添門格暨各處門枋應擦桐油牆壁應粉石灰均一律修理完竣煥然並新由戟門而南至櫺星門所有應竪石柱石坊應裝木柵檻並東西應砌八字牆泮池周圍應砌磚案並池北一面應裝石欄杆自櫺星門以下東西兩面應砌圍牆並前面應砌照壁照壁西首應砌花牆東首應建大牌坊坊前應砌照壁並照壁外東西兩面應建牌坊以及續估櫺星門東首應砌儒學八字牆泮池之南應砌狀元橋紗帽溝暨各路應墁甬道應疏陰溝應平地面並各處門楣應擦桐油牆壁應粉石灰均一律修理完竣悉復舊制統共用錢四千八百九十餘千計

比前董某某等所用經費實省錢八千三百四十餘千較工程局委員所估經費亦省錢七千四百餘千艮由諸董聯合城鄉而爲一體本實心而行實事方能以此至少至細之經費完此至繁至難之要工其力任艱難不辭勞瘁惟城董□□鄉董□□□等六人爲最□□□二人因道遠多病住局日少不無曠工然卒能不執已見相與有成亦堪嘉賴合並誌於石監諸兩廡之南偏俾後學來觀者咸知所取法且令繼此而有聯掇巍科首捷南宮如江太史李相國其人者踵游斯地皆無忘諸董振作之力余實有厚望焉

卽補清軍府署理句容縣袁照撰文　邑人笪甄堯書丹

光緒六年歲次庚辰季夏穀旦教諭許桐訓導秦煥同立

崇聖祠在大成殿後光緒七年知縣張沇清興修凡牌位神龕

及窗格等件共用錢二百五十餘千十六年知縣趙受璋撥款重建道冠古今牌樓以外如明倫堂尊經閣忠義孝弟祠及教諭署尚未建復

孔夫子廟有二（舊有聖像）一在許巷尚存一在城內孔夫子巷道光間教諭張履移供聖像於尊經閣今燬

附錄張履移孔子像議

孔子廟之去像設主也議創於明之宋濂而行於世宗之朝惟時句容孔子廟像宜從毁而聖裔某者意懷不忍乃别營屋城東移像藏之而四配附焉歷年數百孔氏子姓日微藏像之室至爲匪類所竊踞邑人士既白有司逐之加以扃鐍矣顧室宇卑隘春秋祀事所不及以先聖肖貎之尊嚴乃幾等於無鄉之社風雨之與迫狐鼠之與居揆諸人心實蹙然

有大不安者於是邑人士以履之司教於茲也復舉是以告
履乃爲之議曰古者祭必有尸尸禮廢而像事興焉吳越春
秋言句踐命良工鑄金象范蠡之形而宋玉招魂亦云像設
君室蓋其事已見於周之季世非由西方象教始也孔子之
像旣毁於明世宗今太學因之而以履所聞見天下郡縣之
學猶自有像事者夫郡縣之學宜太學是遵太學無孔子像
而郡縣學獨有是爲違制然則今欲移像以歸廟固不可矣
且自明世宗除先聖先賢封爵迄今未改而孔子及四配像
並冕而袞亦不與主之稱號合履愚竊以爲古者有廟以藏
主有寢以藏衣冠今學中尊經閣去閣之牓而供文昌關帝
之像非令典也誠能移二像他所而改閣爲寢以妥聖像以
當古者衣冠之藏而於閣東隙地別建爲閣復尊經之名如

此則於古有所依於今無所戾而諸生游於學者時得於先聖之側徘徊瞻仰鄉道之心必油然而生雖謂像事之爲益愈於主尸可也昔人曰議禮之家紛如聚訟茲者事理重大履之識不足以與此姑著是議以俟邑人士之斟酌焉

又曰日知錄春秋以後不聞有尸之事宋玉招魂始有像設君室之文尸禮廢而像事興蓋在戰國之時矣

又云嘉靖九年詔革先師孔子封爵塑像有司依違多於殿內添砌一牆置像於中以塞明詔甚矣愚俗之難曉也

又云宋文恪訥國子監碑言夫子而下像不土繪祀以神主數百年陋習乃革是則太祖已先定制獨未通行天下耳

又董文友有卽墨縣孔子廟塑像記以爲當毀案禮緣情制尸廢而像興出於人情之不能已者若必謂非古則古時所

無後世所有者多矣未可概非也況象人而用之聖人惡其不仁今以儼然象聖賢之須而一旦毀之於心安乎世儒皆像事乃泥古之失甚至江慎修並以周之有尸爲俗沿太古近於夷而不能革其謬又不待辨矣又案杜君鄉已有此謬說見困學紀聞卷五

謹案乾隆三年以後學校鉅典紀要順治三年以後均見前志

高宗純皇帝乾隆十年

頒發禮器樂器存學二十三年

頒平定準噶爾碑文一道二十五年

頒平定回部碑文一道四十四年

頒平定金川

告成太學碑文一道勒石學宮又

頒釐正文體

上諭一道懸明倫堂

仁宗睿皇帝嘉慶四年頒

御書聖集大成匾額

宣宗成皇帝道光二年頒

御書聖協時中匾額

文宗顯皇帝咸豐二年頒

御書德齊幬載匾額

穆宗毅皇帝同治二年頒

御書聖神天縱匾額

今上光緒七年頒

御書斯文在兹匾額

祀位

大成殿正位

至聖先師孔子

東配以北爲上

復聖顏子述聖子思子

西配以北爲上

宗聖曾子亞聖孟子

東哲凡六位均以北爲上

先賢閔子冉子端木子仲子卜子有子

西哲凡六位均以北爲上

先賢冉子宰子冉子言子顓孫子朱子謹案朱子向列東廡國朝康熙五十一年升次東哲乾隆三年有子升列東哲乃移朱子於西哲

坿錄道光十四年教諭張履正十哲位次告神文

時維道光年月日句容縣學教諭張履謹告於先賢某子某子之神伏以神之爲位制有定序序之或易非所以明敬也茲特遵太學位次虔爲安設惟爾有神鑒之敢告

東廡四十位以北爲上

先賢公孫僑列國朝咸豐七年從祀位西廡之首同治二年移　林放唐開元二十七年從祀明嘉靖九年改祀於鄉國朝雍正二年復祀　原憲　南宮适　商瞿　漆雕開　司馬耕　梁鱣　冉孺　伯虔　冉季　漆雕徒父　漆雕哆　公西赤　任不齊　公良孺　公肩定　鄡單　罕父黑　榮旂　左人郢　鄭國　原亢　廉潔　叔仲會　公西輿如　邽巽　陳亢　琴張　步叔乘　秦非　顏噲以上唐開元二十七年從祀　顏何唐開元二十七年從祀明嘉靖九年罷國朝雍正二年復祀　縣亶　牧皮　樂正克　萬章以上國朝雍正二年從祀　周敦頤　程顥以上宋淳祐元年從

祀

邵雍宋咸淳三年從祀

西廡三十九位以北爲上

先賢蘧瑗唐開元二十七年從祀明嘉靖九年改祀於鄉、國朝雍正二年復祀　澹臺滅明

宓不齊　公冶長　公晳哀　高柴　樊須　商澤　巫馬

施　顔辛　曹卹　公孫龍　秦商　顔高　壤駟赤　石

作蜀　公夏首　后處　奚容蒧　顔祖　句井疆　秦祖

縣成　公祖句茲　燕伋　樂欬　狄黑　孔忠　公西

蒧　顔之僕　施之常　申棖以上唐開元二十七年從祀　左邱明唐貞觀二十一年以經師從祀　秦冉唐開元二十七年從祀明嘉靖九年罷國朝雍正二年復祀　公明儀　公

都子　公孫丑以上國朝雍正二年從祀　張載　程頤以上宋淳祐元年從祀

東廡三十五位以北爲上

先儒公羊高唐貞觀二十一年從祀　伏勝同上　毛亨國朝同治二年從祀　孔安國

唐貞觀二十一年從祀明嘉靖九年改祀於鄉國朝雍正二年復祀后蒼明嘉靖九年從祀許慎國朝光緒二年從祀鄭康成唐貞觀二十一年從祀明嘉靖九年改祀於鄉國朝雍正二年復祀范甯同上陸贄國朝道光六年從祀范仲淹國朝康熙五十四年從祀歐陽修明嘉靖九年從祀司馬光宋咸淳三年從祀謝良佐國朝道光二十八年從祀呂大臨國朝光緒二十年從祀羅從彥明萬歷四十二年從祀李綱國朝咸豐元年從祀張栻宋景定二年從祀陸九淵明嘉靖九年從祀陳淳國朝雍正二年從祀眞德秀明正統二年從祀何基國朝雍正二年從祀文天祥國朝道光二十三年從祀趙復國朝雍正二年從祀金履祥同上陳澔同上方孝孺國朝同治二年從祀薛瑄明隆慶五年從祀胡居仁明萬歷十二年從祀羅欽順國朝雍正二年從祀呂柟國朝同治二年從祀劉宗周國朝道光二年從祀孫奇逢國朝道光八年從祀張履祥國朝同治十一年從祀陸隴其國朝雍正二年從祀張伯行國朝光緒四年從祀

西廡三十五位以北爲上

先儒穀梁赤唐貞觀二十一年從祀　高堂生同上　董仲舒元至順元年從祀　劉德國朝光緒三年從祀　毛萇唐貞觀二十一年從祀　杜子春同上　諸葛亮國朝雍正二年從祀　王通明嘉靖九年從祀　韓愈宋元豐七年從祀　胡瑗明嘉靖九年從祀　韓琦國朝咸豐二年從祀　楊時明宏治八年從祀　游酢國朝光緒十七年從祀　尹焞國朝雍正二年從祀　胡安國明正統二年從祀　李侗明萬歷四十二年從祀　呂祖謙宋景定二年從祀　袁燮國朝同治七年從祀　黃榦國朝雍正二年從祀　輔廣國朝光緒六年從祀　蔡沈明正統二年從祀　魏了翁國朝雍正二年從祀　王柏同上　陸秀夫國朝咸豐九年從祀　許衡元皇慶二年從祀　吳澄明正統八年從祀嘉靖九年罷國朝乾隆二年復祀　許謙國朝雍正二年從祀　曹端國朝咸豐十年從祀　陳獻章明萬歷十二年從祀　蔡清國朝雍正二年從祀　王守仁明萬歷十二年從祀　呂坤國朝道光六年從祀　黃道周國朝道光五年從祀　陸世儀國朝光緒元年從祀　湯斌國朝道光三年從祀

附錄教諭張履正兩廡位次告神文

時維道光年月日句容縣學教諭張履謹告於諸先賢先儒之神伏以神必有位位必有次所以昭定序妥衆靈也見兩廡神主東西互易先後淩亂是奉職者之不謹神心何安焉今特遵太學位次虔爲安設惟爾有神鑒之敢告

謹案文廟祀位前志悉遵乾隆間部頒成式同治二年以給事中王憲成奏兩廡先賢先儒位次每多陵躐特頒禮部議定祀位圖說謹遵移奉及續增從祀位次詳注於下俾有所徵考云

崇聖殿祀位明嘉靖九年於大成殿後立啟聖祠祀叔梁公爲崇聖祠國朝雍正二年詔封孔子先世王爵合祀五代更啟聖祠

肇聖王木金父公中一位

裕聖王祈父公東一位

詒聖王防叔公西一位
昌聖王伯夏公又東一位
啟聖王叔梁公又西一位皆南向
東配三位以北爲上
先賢孔氏孟皮七年配位在東上國朝咸豐顏氏無繇孔氏鯉
西配二位以北爲上
先賢曾氏點孟孫氏蠍
東廡三位均以北爲上
先儒周輔成程珦蔡元定
西廡二位均以北爲上
先儒張迪元年增祀國朝雍正朱松
名宦祠在戟門東左一間

版位詳前志

鄉賢祠在戟門西右一間

版位詳前志道光閒增祀增廣生劉長森事蹟詳人物志

忠義孝弟祠

版位詳前志舊在尊經閣西今未建

節孝祠互詳祠祀建置

文昌閣在崇聖祠西偏詳祠祀

祀儀

歲春秋仲月上丁行釋奠禮正位及配位知縣正獻兩序及兩廡學官分獻視宰省盞以佐貳官司祝及香帛爵饌引贊通贊引班以弟子員嫺禮儀者在城各官咸與祭致齊二日祭前一日宰人豫鑿坎於宰牲亭西設香案於亭外眡割牲官詣香案

前上香眡宰宰人割牲以豆取毛血瘞於坎正獻官率執事人入學習儀教官率樂舞生入學習舞習吹祭之日丑前五刻四字據乾隆四年頒行儀注增陳設省齍官偕執事人咸入陳設如儀贊引承祭官即正獻官分獻官入門至東階盥手畢詣拜位前引陪祀官咸詣拜位贊樂舞生登歌執事官各供廼職文舞六佾進贊就位引承祭官分獻官就位贊迎神樂奏昭平之章凡樂以舉麾鼓柷作以偃麾戛敔止後同贊就上香位引承祭官升東階入殿左門詣先師香案前贊跪承祭官跪贊上香司香跪奉香承祭官三上香興以次詣配位上香儀同贊復位引承祭官降階復位初迎神時分引分獻官各一人升東西階入殿左右門詣哲位上香降階復位分引分獻官東西各一人分詣兩廡先賢先儒位前上香退復位均如前儀贊跪叩興各官均行三跪九叩禮樂止

贊奠帛爵行初獻禮奏宣平之章舞宣平之舞樂作引承祭官詣
先師位前贊跪承祭官跪司帛跪奉篚承祭官受篚拱舉授司帛興奠於案司爵跪奉爵承祭官受爵拱舉授司爵興獻於正中承祭官興贊就讀祝位引承祭官至殿中拜位樂暫止贊跪承祭官分獻陪祀官皆跪贊讀祝司祝跪讀祝司祝至祝案前跪三叩奉祝版跪讀畢興奉祝跪安先師位篚內三叩興退樂作各官均行三叩禮興引承祭官以次詣配位奠帛獻爵儀同退降階復位分引分獻官升階入門詣哲位奠帛獻爵降階復位分引分獻官分詣兩廡先賢先儒位奠帛獻爵復位均如前儀樂止亞獻奏秩平之章舞秩平之舞引承祭官升階詣先師暨四配位前獻爵於左如初獻儀兩序兩廡隨分獻畢均復位樂止終獻奏敘平之章舞敘平之舞

樂作贊引承祭官升階獻爵於右如亞獻儀兩序兩廡隨分獻畢均復位樂止文舞退贊飲福受胙引承祭官至殿中拜位贊跪承祭官跪贊飲福酒右一人跪進福酒承祭官受爵拱舉授於左次受胙如飲福儀贊叩興承祭官三叩興贊復位引承祭官降階復位贊跪叩興各官均行三跪九叩禮興贊徹饌奏懿平之章樂作徹畢樂止贊送神奏德平之章樂作贊跪叩興各官均行三跪九叩禮興樂暫止贊奉祝帛饌送燎有司各奉祝帛香饌恭送燎所承祭官避立拜位西旁俟過復位樂作引承祭官詣燎所眡燎畢仍引出門樂止各官皆退據會典通禮禮部則例新增

先師祝文乾隆九年頒定維某年月日某官某致祭於至聖先師孔子曰惟先師德隆千聖道冠百王揭日月以常行自生民所未有屬文教昌明之會正禮和樂節之時辟雍鐘鼓咸恪薦以馨香

泮水膠庠益致嚴於籩豆茲當春秋仲祇率彝章肅展微忱聿將祀典以復聖顏子宗聖曾子述聖子思子亞聖孟子配尚饗據通禮增

禮樂六章宮調分春秋祭春祭夾鐘爲宮倍應鐘起調秋祭南宮爲宮倍仲呂起調乾隆八年頒定直省府州縣學文廟樂章迎神奏昭平之章曰大哉孔子先覺先知與天地參萬世之師祥徵麟紱韻答金絲日月既揭乾坤清夷初獻宣平之章曰予懷明德玉振金聲生民未有展也大成俎豆千古春秋上丁清酒既載其香始升亞獻秩平之章曰式禮莫愆升堂再獻響協鼗鏞誠孚罍甗肅肅雍雍譽髦斯彥禮陶樂淑相觀而善終獻敘平之章曰自古在昔先民有作皮弁祭菜於論思樂維天牖民維聖時若彝倫攸敘至今木鐸徹饌懿平之章曰先師有言祭則受福四海黌宮疇

敢不肅禮成告徹毋疏毋瀆樂所自生中原有菽送神德平之
章曰覍繹莪莪洙泗洋洋景行行止流澤無疆聿昭祀事祀事
孔明化我蒸民育我膠庠據通禮增
崇聖祠同時致祭正獻官知縣主之分獻以教諭訓導執事以
弟子員祭時贊引承祭官分獻官入祠垣左門承祭官詣階下
盥手贊執事官各司其事贊引承祭官分獻官就位贊迎神升
階引承祭官升東階入殿左詣
肇聖王位前贊跪承祭官跪贊上香司香跪奉香承祭官三上
香興次詣
裕聖王詒聖王昌聖王啟聖王位前跪上香儀同降階復位引
分獻官升東西階入殿左右門分詣配位跪上香如儀降階復
位引兩廡分獻官分詣從位前跪上香復位如前儀贊跪叩興

均行三跪九叩禮興贊奠帛爵行初獻禮引承祭官升階詣中
案前贊跪承祭官跪司帛跪奉篚承祭官受篚拱舉授司帛興
奠於案司爵跪奉爵承祭官受爵拱舉授司爵興奠於正中神
位案前之中以次詣左右正案前奠帛獻爵儀同贊就讀祝位
引承祭官詣拜位司祝至祝案前三叩奉祝版跪案左贊跪各
官皆跪贊讀祝司祝讀祝畢興奉祝版跪安正中位前篚內三
叩興各官均行三叩禮興贊復位引承祭官降階復位引分獻
官升階入門詣配位前引分獻官分詣兩廡從位前奠帛獻爵
復位均如正獻儀亞獻各獻爵於左終獻各獻爵於右均如初
獻儀贊徹饌有司徹饌畢贊送神跪叩興各官均行三跪九叩
禮興贊奉祝帛饌送燎有司各奉祝帛香饌恭送燎位承祭官
避立西旁竢過復位引詣燎所眂燎贊禮畢由祠垣左門出據通

禮會典增

崇聖祠祝文乾隆九年頒定曰惟王奕葉鍾祥光開聖緒盛德之後積久彌昌凡聲教所覃敷率循源而溯本宜肅明禋之典用申守土之忱茲屆仲春秋聿修祀事配以孔氏顏氏曾氏孔氏孟孫氏尚饗據通禮增

忠義節孝名宦鄉賢四祠歲春秋釋奠禮畢清晨啟祠執事人入教官一人公服入祠引贊二人引詣案前三上香跪行三叩禮興奠帛獻爵於正中讀祝者取祝文跪主祭官跪讀祝畢退主祭官興酌酒獻於左又酌酒獻於右跪行三叩禮興執事者以祝帛送燎引主祭官出執事者徹皆退據通禮增

忠義孝弟祠祝文乾隆九年頒定曰惟靈稟賦貞純躬行篤實忠誠奮發貫金石而不渝義問宣昭表鄉閭而共式祇事懋彝倫之大

性摯莪蒿克恭念天顯之親情殷棣蕚模楷咸推夫懿德
綸恩特闡其幽光祠宇維隆歲時式祀用陳尊簋來格几筵尙
饗據通禮增

節孝祠祝文乾隆九年頒定曰惟靈純心皎潔令德柔嘉矢志完貞全
閨中之亮節竭誠致敬彰閫內之芳型茹冰蘖而彌堅淸操自
勵奉盤匜而匪懈篤孝傳徽絲綸特沛乎殊恩祠宇昭垂
於令典祇循歲祀式薦尊醪尙饗據通禮增

祭器謹仿定式今尙未備

爵五十四 登一 鉶二十二 簠五十一 簋五十一 籩二百四十六 豆二百四十六 俎二
牲盤十八 犧尊一 疏鼏一 象尊一 著尊一 壺尊八 太尊一 山尊一
雷尊一 龍勺八 彝一 斝一 龍冪二 罍八 洗八 帛篚十八 祝版二 供
案十四 尊案十四 香案十八 香鼎十八 香爐十八 燭鐙五十四 香盒十八 毛血盤

十八饌盤十八茅沙池二香盤一花瓶四福爵二胙盤二燔爐二庭燎爐八燎叉八高照鐙四十六盥洗盆二香帛案二祝案二龍幄二卓帷十八以上祭器春冠　秋冠　襴衫　鉤帶　披領　朝韡　拂塵　禮節版以上皆執事禮生用

祭品雍正三年定制乾隆間頒發陳設圖

大成殿正位　籩豆案上爵墊一爵三先設尊案上三獻奠於爵墊　次登一實以太羹薄牛肉汁　次鉶二實以和羹用豬脊膂肉薄切片沸湯淪過漉起醬醋等調勻置盌底用腰子切荔枝形蓋面臨祭用薄沸汁澆之　簠二在左鉶南實以黍稷　簋二在右鉶南實以稻粱　籩十在簠東實以形鹽淨鹽印以物象　薨魚大魚鹽醃過臨祭洗淨酒浸片時　鹿脯肉一塊酒醃炙無鹿處以麞麂羊代　棗或膠或乾或鮮取圓淨者　栗用大栗如無以荔枝龍眼代　榛揀肥實者如無以核桃荔枝代　菱或菱米或鮮菱　芡即雞頭實如無以蓮肉代　右八籩作兩行　黑餅蕎麥麵造內作沙餡爲餡印作團龍餅子　白

餅小麥麵造同黑餅法　右二籩在前八籩之東一行　豆十在簋西實
以韭菹揀過生韭切去本末取中三寸淡用如未發芽取根用　芹菹揀淨生芹長切淡用如未發芽亦取
根用　菁菹揀過蔓菁菜切長片略經沸湯加料調和　筍菹淨乾筍煮過洗淨切長片加料調和　醓
醢豬脊膂肉細切小方塊用鹽酒葱椒蒔蘿茴香和勻作鮓　鹿醢鹿肉切作小塊造法同上　兔醢兔肉
切小塊造法同上　魚醢鮮魚肉切小方塊造法同上　右八豆作兩行　脾析用羊
脾切細條沸湯瀹過鹽酒等和勻用　豚拍豬脊膊上肉若壇數多近膊者亦可切方大塊油醬等蒸熟用　右
二豆在前八豆之西一行　案前俎一中區爲三實牛一羊一
豕一　又前香案一　設鑪一　鐙二　制帛一用綾長一丈八尺　實
諸篚先設接卓上奠於籩豆案正中
配位四案　每案爵三　鉶三　簠二　簋二實同正位　籩
八豆八視正位籩減白餅黑餅豆減脾析豚拍　羊一　豕一
篚二東西各一實二帛用絹　香案四　各鑪一　鐙二

哲位東西各六案　每案爵各一謹案會典爵各三　鉶各一　簠各一　簋各一　分實黍稷減稻粱　籩各四　豆各四視配位籩減薧魚榛蔆芡豆減韭菹醓醢筍菹魚醢　東西各羊一　豕一　尊一　篚二東西各一各實六帛　總香案一　鑪一　鐙二

兩廡先賢先儒二位共一案　每位爵一　每案簠一　簋一　籩四　豆四實俱同哲位　先賢案前東西各羊二　豕二　香案一　鑪一　鐙二　先儒案前東西各羊一　豕一　香案一　鑪一　鐙二　篚二東西各一　制帛各一　酒尊三

崇聖殿正位與大成殿配位同

四配同哲位　酒尊一

兩廡先儒同哲位　酒尊一以上據會典及聖門禮誌新增

忠義節孝名宦鄉賢四祠 每祠案一 爵三 羊一 豕一

籩四 豆四 鑪一 鐙二據通禮增

樂器謹按定式今尚闕

麾幡二 晉鼓即大成門左鼉鼓一 鏞一 楹鼓一繖蓋一 鎛鐘一 編鐘十六同虡 特磬一 編磬十六同虡 應鼓一 足鼓一 壎二 篪四 鳳簫二 龍笛六 簫六 朱絃瑟四 朱絃琴六 匏笙六 鼗鼓二 搏拊二 柷一 敔一 象簡歌工所執六 歌案二 樂案十六 風鐙以上樂器 旌節二 籥三十六 翟三十六 舞氈三十六 舞棚以上舞器 春冠 秋冠 襴衫樂生用 舞袍舞生用 鉤帶 緞韡

遮塵 樂章版樂生用以上樂舞生用

樂懸乾隆十二年定制陳於露臺上

左鎛鐘 右特磬 編鐘十六同虡設鎛鐘右 編磬十六同虡設特磬左 應鼓一設鎛鐘左 其內左右並列壎各一篪

各二排簫各一爲一行　又內笛各三爲一行　又內簫各三爲一行　又內瑟各二爲一行　又內琴各三爲一行　司器樂生器各一人皆內嚮立　左右笙各三豎列爲一行　左柷一　右敔一　各摶拊一　樂生器各一人相嚮立　笏各三司章者執之立笙前左右嚮　左麾一掌麾一人嚮右立　左右樂舞生各十八人分列樂懸前　左右執節者各一人分立舞前引舞據會典增

按句容學宮前志所載祭器多唐天寶閒古製世所稱天寶大鳳環其極品也自遭兵燹非特古物盡失即新製之器亦蕩焉無存每逢　大典節奏猶虛謹詳列定制如右講求而嫻習之不能無望於後之復古者矣

光緒二十三年本邑紳富捐銀二百兩經督學龍批准撥入

句容學宮添辦樂器此銀現存兩學

書籍奉頒縣學書籍今已被燬無存書目詳前志

坿錄道光間教諭張履徵句容遺書啟

夫立言貴能不朽箸書各具苦心方其仰屋搆思懷槧記事莫不冀登諸天祿藏之名山而年遠世湮風徽日沫或罹水火或遘兵戎或棄擲於婦孺或齧蝕於蟲鼠遂致書鑿楹而莫守元覆瓿以徒聞泯沒沈淪何可勝道蓋不獨子山之集會經屢亡韓氏之文亦嗟久沒而已至如王隱撰史見盜於虞郭元注莊實本於向王士元之說託亢桑之名史孝山之文載子孝之集則掩襲僞亂之弊又復有焉是以自昔令主有見於斯爲之下詔徵求就家寫取貯以秘府校以名儒亦粵我　朝右文重道超越前王內則有詞垣四庫之藏外則

有文宗文瀾之閣煥乎炳乎與三代同風已然聚於上者不虞其逸而散在下者莫必其存況有使不值乎陳農書未校於子政倘或失之三篋卽難購以千金夫統海內之羣册固已總置於蘭臺而郎一方之遺文亦當分庋於橫舍博士守之弟子觀之新故之交按籍受代庶幾依孔壁之崇逾曹倉之固凡樂天藏寺之本劉蛻埋冢之文所南井底之編梅磵窖中之稾並可承以緗帙表以牙籤無庸自懼銷亡故爲緘密者矣蒙猥以菲材司鐸句曲見此地爲南都輔邑西漢舊封茅峯毓其英華山發其秀不特眞仙棲隱之宅實乃賢才著跡之區由吳晉及唐唐許則稽經嗜古殷樊則染翰飛文自是以來代有述作凡鴻篇鉅製小集短章或已版行或惟手稾苟其有裨理道不涉詖淫當華實兼收異同並錄嗚乎

長卿遺札得之其妻中郎亡書寫於其女況賢子名孫良朋誼友可不亟加編輯勉付胥鈔眞本自存不慮河閒之留取副墨是進何殊柱下之珍藏而蒙復將於養花之餘勤落葉之埽擇其精粹栞布於時既可爲先哲表彰亦以令後來興起惟我同志共鑒斯衷此啟

學額

儒學教諭訓導俸銀八十兩各四十兩　齋夫銀三十六兩各十八兩　膳夫銀四十兩每名二兩　廩膳生額設二十名應領廩糧銀八十兩句容大學廩生以二年貢一人曰歲貢又恭逢慶典曰恩貢皆廩生以次出貢者此外十二年一選每縣一名曰拔貢三年一選通省六名曰優貢副榜曰副貢　增廣生額設二十名　附學生每逢科歲兩試每案額進二十五名恭遇覃恩廣額七名　武生每逢歲試額進十五名

學田

南門外杜巷村西城彭山頭花岡等村田地共八十一畝　小南門外湯家邊田地共十八畝五分　北門内馬疲岡北門外北關小杅前中後村任家茱塘樊家劉家湯家蔡家西岡梅花莊等村田地共一百五十六畝六分二釐　東門外上陽算命岡太平莊土牆殿腳下上溪東山光里廟李巷口平望羅家岡下等村田地共一百零三畝一分　西門外華家邊杜家山黄堰壩等村田地共四十二畝四分　南門外新坊笪家邊槐道西岡張廟杜巷馬埸山等村田地共二百二十五畝九分

本學原額學租田地八頃七十畝零二釐

現查墾成熟田地六百二十七畝五分一釐

附從祀兩廡儀注並入祀名宦鄉賢例則

名宦鄉賢向以八月前咨部部中年終彙　奏其人不得以樂善好施隨同督練守禦爲詞在官必有實政可指在家必有經濟文章方准光緒五年正月禮部儀制司　奏准必待其人身故後三十年方准臚列其事實呈報必其人子孫不官三品以上者足見俎豆之難

崇祀兩廡向無儀注今爲酌增之查仿各地規式高卑作栗主供明倫堂地方諏吉與校官率諸生先示於學黎明以籩豆告先聖及入祀之主其文曰年月日某官等遵　旨以某人從祀　廟庭今肅奉栗版入廡敢告木主前即其人事蹟撰數言於首餘略同鼓樂彩亭舁主自□□門入升東階冠帶九頓首自西階降詣其位次然後於配哲先賢先儒總位前三叩首而退以上二條見續府志

書院

華陽書院舊在縣治東北隅督學試院之西兵燹後圮廢無存

同治四年知縣周光斗捐紳富購治西民房一所前後五進計三十餘閒改爲書院仍沿華陽舊名時雖有書院未設課也八年知縣龍寅綬履任始行開課九年李公寶始定每月一課超特上中各四名裘公輔又加超特上中各一名皆自捐廉給奬光緒六年知縣袁照稍稍清釐舊時院田並有積款亂後己無從查考矣諭院董黄軺等撙節辦理繼萊陽張公沇清至捐廉加奬又增設小課趙公受璋至加奬倍之迨武岡鄧公炬來權邑篆力爲整頓首捐俸銀壹千兩爲之倡復諭董駱文鳳張澍田進道張恩福等籌捐紳富集成鉅款除修治講堂購買書籍存院外餘款存典生息舊存款洋壹百圓錢七百四十千黄軺田進道經手新捐款洋壹千五百圓存源裕典生息駱文鳳經手作津貼諸生膏火之資並添設師課聘請山長其山長束修及官課膏奬師課加奬均係捐廉又舉在院之優於品學者爲齋長兼掌書籍一切章程詳後二十

五年皖桐張公紹棠來宰斯邑甫下車即留心文教除獎賞正課師課外復擇尤加獎其嘉惠士林至矣今黃侯傳祁踵行之

附錄各捐戶　楊世盛捐洋壹百二十圓　楊世沅捐洋壹百圓　楊寶書捐洋七十圓　楊雨霖捐洋五十圓　楊成齋捐洋四十圓　楊讓臣捐洋六十圓　朱佩紳捐洋五十圓　楊履謙捐洋二十六圓　俞秋浦捐洋二十圓　楊懋官捐洋二十圓　包炳南捐洋三十五圓　笪樂山捐洋二十五圓　吳中立捐洋二十圓　張信成捐洋二百圓　徐秋池捐洋一百圓　黃軺捐洋四十圓　孔昭炘捐洋二百圓　張浚泉捐洋二十圓　外龍潭官基　楊國華兩間每年租洋六圓　高炳泉一間每年租錢四千　戴鳳池四間每年租錢二千　陳志貴四間每年租錢四千　以上四戶係李前縣斷歸書院撥用其餘罰款不在此數

附書院章程　並後儲書規條皆光緒二十三年知縣鄧炬擬訂

書院自兵燹後壇坫久虛清風輟響官斯土者時亦捐廉開課而一日之閒發題呈卷四境人士鮮克與課是以文風歷年未振聲教莫訖有司過也茲即舊址捐廉修葺幣聘院長爲學者

律寄欲令諸生咸集横舍質疑問難有所依據爰訂章程若干
條列之於左

一經師人師古稱難得苟得其人乃足振士風而傳樸學書院
山長應由邑紳稟舉品學兼優者請縣訂關近日書院講席
縣官多持作情面至公舉景仰之人庶無斯弊

一院長必請到館諸生得以親炙面命耳提乃有裨益魯通父
云絶遥領旨哉言乎

一爲人必先立品爲學必先辨志儒先教條學規言之鑿鑿凡
在院肄業諸生務宜砥礪廉隅敦崇學業如踰閑蕩檢自暴
棄者院董稟知院長即行逐退以謹院規而端士習

一每年除正臘兩月不課外每月酌定三課初三官課四書文
一試帖詩一限當日繳卷十三日師課四書文一試帖一律

賦一限次日繳卷二十三日師課經解一史論一時務一鄉試之年或以經藝代經解亦限次日繳卷院長評定甲乙仍緘送縣再行榜示以昭慎重

一此邑文苑代有聞人近日科目罕有作者得毋應試之學有未至乎書院向有官課試時文試帖茲復仍之增師課於時藝之外添一律賦願諸生弋取科名爲他日蜚聲藝院張本惟作時文不根據經史不知古今世變烏能代聖賢立言以羽翼經傳即詩賦所以潤色鴻業漢志六略別立一家固非典贍淵微不爲能事而從容諷議陳古砭今尤宜博通經史故再增師課課經解史論以視諸生平日枕葄之功

一課士之法宜有序有物各就其性之所近使爲孤詣不可以浩博無涯之事求備一人故胡安定分經義治事因質教授

後世宗其成法然禮樂者道之體也兵刑者道之用也經傳者禮樂兵刑之籍也故漢儒以春秋決疑獄以禮定郊禘大典董仲舒公孫宏倪寬咸以經術潤飾吏事自經生徒守空文爲管商申韓之學者出持政柄而經與事遂分茲願諸生考證聖經端其根柢坐論起行乃爲有用之學故課以經解兼策時務

一經學史學各有專家欲取兼通談何容易然治經者必讀史治史者必通經觀其會通不可偏廢歷代因時爲治積事成史禮教雖有不同要皆直接聖經賢傳爲事準鑑古今事變之賾天人相與之微因革利病之端見之深者可以發攄義理有功載籍至史記兩漢儒先師說多出其中班書尤無俗字古人之假借通用可以考見崖略爲治經者識字之助茲

願諸生剛日柔日藴爲通儒故兼治經史

一學古所以通今也以古之道絜今之時得所折衷自不流於雜霸然荆公執拗亦有泥古之失故士人讀書當於古今事變之賾推究因革損益得失之由以爲康世之具近日洋務此非所謂古今之變耶史公曰世異變成功大又曰好學深思心知其意又稱因時爲業據爲資可知通變趨時存乎俊傑故時務之課尤亟亟焉

一時務之學所包者廣統中學西學而言之曰掌故學三通政典之學以及天文地輿兵家邊務律令測算考工方言格致農桑礦務爲學不一浩如烟海尤非憑空可以臆說必先購置各書殫力研求乃能得之於心宣之於口書院規模草創經費太絀未能多藏書籍甚望後任同志者俟籌款稍充陸

續購弆以書籍益人神智以人材爲國羽儀匪徒匡其陋劣
未逮已也

一近日鄂督南皮尚書視蜀學日述輶軒語分行學文三科乃
用保氏鄉三物教人之義又爲書目答問部居系分示人門
徑袁觀察申江講院章程謂宜人置一本令師其意庶茫茫
學海得其津梁

一每課名次本因文抑揚則每月膏奬亦隨課升降官課則由
縣捐廉師課則以存款之息院田之租按時支用俟續有捐
款再隨時酌加

一應課生童名數以每年二月初三甄别有名爲定如因事未
與甄别者准次月隨課補考爲案送錄惟鈔錄陳文者除不
取外並扣除其名不准續考以示愧勵

一凡書院正附課名數皆有定額茲特不著爲例蓋恐佳卷太多因額降屈或一課佳卷偶少因額敷數反失激揚敦勸之意至膏獎多寡仍以每月所入之款爲度不以一次取數偶少致留有餘
一院長每歲修金洋一百六十元火食洋八十元齋長每歲薪資洋三十六元一併由縣按季捐廉致送其閒如前後任交接按日分攤以昭公允
一捐有成數分存本邑源裕源記兩典生息按月由縣取給諸生膏獎又舊存洋一百元錢七百四十千文由董暫存各舖按月取息併給膏獎
一院田清查墾熟田一百一十三畝一分地十九畝伍分已縣署存案書院泐碑冀垂久遠每年院董收租除完課外並同

存款之息取給諸生膏奬酌提三成存作歲修書院之用如一歲無修葺工程卽以此款爲增購書籍每年用數院董造册報銷以昭核實

一官課點名給卷諸生先期報名禮房備卷由本官給發卷資至報名造册書辦本應從公不得藉爲索費師課則由院董備卷卷資取諸公注以免賠累

儲院書目

十三經注疏壹百陸拾本 石印正續皇清經解陸拾肆本 石印資治通鑑正續編明紀附肆拾捌本 二十四史貳伯本 石印漢魏叢書拾陸本 正續皇朝經世文編叁拾貳本 古文淵鑑叁拾貳本 五子近思錄肆本 石印文獻通考貳拾本 郡國利病方輿紀要二種壹百貳拾本 困學紀聞陸本 日知錄陸本 石印康熙字典陸本 石印佩文韻府貳拾肆本 石印段氏說文捌本

正續古文辭類纂貳拾肆本古文雅正捌本昭明文選拾本楚辭肆本唐宋詩醕伍本賦鈔箋略捌本五詩別裁肆拾本石印四書文捌本小題傳薪拾本策學纂要貳本石印瀛環志略肆本各國時事統編肆本欽定數理精蘊肆拾本則古昔齋重學幾何算學三種貳拾本石印九章算術肆本

以上各書最為切要其餘應涉獵旁覽者無慮數百種茲因諸事草創域於經費未能多儲以期陸續添補焉所有規條開列於後

一諸生看書不准徑將全部攜出祇准先取一二本俟看完再向鄴架調取若此則一部書可備數人看矣

一院內之書祇准諸生在院翻閱不准借給他人幷不准自行帶出以防遺失齋長有管理之責應認眞稽查毋徇情面

一諸生翻閲書籍要格外愛惜固不可有沾污穢即書角板口閲時留心以備藏之久遠

一各種書籍每年於盛夏伏中曬三天屆時管書應督率謹慎將事毋許稍有損傷陣雨亦宜預防之

書院田畝

田十六畝五分地六畝二分又地六畝以上坐落夾城村　田二田四畝坐落城內龍王廟　田四畝坐落油榨村　十五畝八分地五分坐落西社村　田十一畝五分地九畝七分坐落西佴墅村　田二十一畝三分地七分又田二十四畝三分坐落句溧交界處

附舊書院

句曲三友江左三書院皆久廢道光中惟天王寺之道一書院

甚盛兵火後茅山下之華陽書院知縣袁照一修之未設課也互詳建置

南軒書院在縣治北知縣周仕嘉靖間任改接待寺爲之正心書院在崇明寺東萬歷三年建並見陳開虞府志按此二書院前志所無攷舊址疑南軒即三友正心即華陽名有互異因並記之

文舍附

古有社學五城四鄉皆有見前志陳開虞府志述洪武時社學制云每坊廂建社學一區以學行耆舊爲之師敎一坊子弟悉令通孝經小學諸書其俊秀者選入郡學鄉飲酒禮旣舉於學每坊即社學爲會飲之區以禮一坊高年行禮讀法如儀自社學廢而文舍興蓋以其地離城較遠不及與試書院有志者剏立文舍互相氏礪亦振興文敎之一助也東鄉白土鎮則有同文書舍咸豐中舉辦南鄉天王寺則有鵝塘書舍孫恩朧等立又有華陽書舍道光中王錫蕃等倡辦捐款甚鉅置書舍田四百餘畝北鄉東陽鎮則有竹

里文舍亂前附法華庵同治五年倪金元周鎬周之幹張餘範等力爲整頓建文舍三間於盧君觀東南北廠

則有靖安文舍光緒二年王模石藍田李唐王愛堂王榮浩等醵資倡興旋以同學捐款於上元之姚莊置買田三十二畝二分五釐本莊基地通前徹後四進草佃房八間又續置蔣姓田八畝五分又續置王姓田四畝又續置宦姓田十四畝基地姚莊西一方溝邊爲界通前徹後又草佃房三間先後共杜置課田五十八畝七分四釐

坿靖安文舍章程

一文舍初興按月四課延品學俱優者校定甲乙其列優等者獎以筆墨公款稍足再議重獎　一舍中立司事一人司帳一人凡印契及一切票據帳目均歸司事收管出入登記帳目則責成司帳　一逢春秋兩季收租時歸司事先期約同人到莊所收租穀不得擅行變賣以杜侵漁而昭公允　一文舍餘款凡在事諸人槩不准挪借留存殷實舖戶生息以貼優獎之用　一每年秋季舉行丁祭一次同人各具衣冠詣 舍一兼於是日會講經史不得雜以詼諧亦不得閒談官長得失　一同人各給湯文正志學會約一本平時塡注功過逢內課時出以互證庶不至偏重文藝　一除 丁祭外會食以兩簋爲度不得任意奢侈庶公款不至支絀　一寒士苦無書可讀前司事王模會購有四書匯參一部宋板胡注通鑑拾本朱子語類六本以上二書不全係購於舊書堆中尊經課藝二十本嗣後公款若足當陸續添補存司事處有借讀者旋將卷數登簿殘毀者議賠　一每年正月初司事訂期約同人算揭帳目一次如有不公允處卽著將印契及一切帳目等件交出另換公正者接

管　一文舍爲會課而設若非荒歉之年小友會課不得藉故停止　一舍中如有食餼及中鄉榜者酌量津貼以示鼓勵

賓興

句邑賓興自道光二十九年駱重蓮王錫蕃等捐辦後設卷費局城鄉分立無議及之者光緒二十六年知縣張紹棠創辦由縣每月捐錢拾千諭邑紳張瀛到月赴署領取旋存本城源裕典並通詳大憲立案後任仿章踵行附章程　一地方官捐廉給發賓興經費係爲體卹寒士起見積至三年之久連閏計有大錢三百七十千文正凡遇本邑一切要公官紳均不得擅爲移挪　一此項經費須諭公正紳董按月支取交典當月淸月款免致前後任互相推諉至按月按日亦須攤派分明以昭公允　一自本年正月起由該管紳董送摺至縣署帳房支領隨存儲本城之源裕典不得私相挪借　一經費存典因其殷實較寄放錢鋪更爲妥愼毋須起利倘遇　恩科年分或存儲尚不及一年不敷開銷應請該典暫挪百數十千俟下月由縣發出陸續扣還　一遇有　恩科年分卽將該款給發一半其餘一半歸入正科給發該士子等不得爭多較少　一賓興有費則正案與遺才人數必多其有志觀光者自應照人攤派其中或有備卷不到之人且有借試來遊者並不入闈若憑册給發虛糜實多經管者易滋弊竇茲定於二場點名

時憑卷給發其考過頭場雖有犯貼染恙不到者一併分派以
昭體䘏 一支領存儲發給均歸一律通足制錢並不折成洋
銀以免出入低昂之弊屆期先飭源裕典匯寄省典協隆兌付
錢票以便給散且省解運勞費 一每次給散後開列清單粘
貼本邑學宮牆外並繕清册到署歸案報銷 一賓興
爲至重善舉特仿本郡公車費例勒石儒學以垂久遠

句容創立賓興費記句曲科名之盛肇於宋而極於明雍乾
後亦稍稍衰落矣然猶躓而能起也至咸豐丙庚閒老師宿
儒摧殘殆盡書林藝圃掃蕩一空雖幸復我邦家而徑沒逢
蒿戶無絃誦良可慨巳第念前朝開府有造於斯先哲憐才
無微不至大比有資計偕有費繩樞甕牖之士莫不一鼓作
氣一鳴驚人非若今之腷膊無聲璟瑾不舞也然而山樞雖
賤於梓楠使倕般度之皆中繩墨趙士雖弱於秦楚使頗牧
驅之卽勝疆場不又在提唱而鼓厲之乎己亥春皖桐星五
張公來宰吾邑衆善畢舉而尤兢兢於養士作人之要厚加

膏獎而外創立賓興助寒微橐筆之資壯英俊上書之膽借此扶揺定須奮振他時仙桂能攀敢忘遺惠今日甘棠載詠謹誌去思云爾光緒二十六年歲次庚子三月吉日合邑紳士公立邑歲貢張瀛敬撰并書

續纂句容縣志卷三下終

續纂句容縣志卷四

邑人張　瀛分纂

實政

下邑弦歌尼父聞而色喜吾邑爲漢封縣鱗萃十萬户待奏牛刀丙庚遘難淪爲賊窟勘定而後招集流亡十無二三湘鄉賢相撫綏噢咻澤流下邑一二良吏奉令布化瘡痍之衆稍稍紓矣康乂小民歲歷三紀棠陰黍雨何可忘也爰舉規畫以志實政

善後局同治三年立總督曾文正公籌款飭縣諭董遵辦凡事涉撫綏安集者皆隸焉逾年裁撤

官粥廠同治三年立知縣依勒通阿捐廉並諭董募款以振飢民四年春截止兵後飢民人相食因立粥廠以振之

㓜幼局同治三年立知縣依勒通阿諭董籌款經理城復後㓜

童甚衆年十五以上籍隸外郡者資遣之土著及稚齒留養局中待族屬領歸後裁撤

振荒乾隆三年旱知縣周應宿諭紳籌款設官廠二（虎耳山何莊廟）私廠七（城東祝廟唐陵王莊趙巷淤鄉葛邨）分上中下貧戶凡振九萬餘口（詳前志藝文）十二年又旱知縣孫循徽發倉平糶勸紳富捐資購穀設廠佐之（東陽湯巷甲山唐陵均立廠）並以餘資建養濟院育嬰堂（見前志藝文今廢）嘉慶十九年大旱知縣于稽山糶官米平價詳上憲蠲振逐戶驗名以銀易錢吏不敢欺民沾實惠

光緒十四年旱知縣趙受璋稟請撫卹至十八年又大旱署縣事舒霖將貧民異常困苦情形一再稟請上憲撥款撫卹沐奉布政使瑞璋批飭將某鄉某莊待卹極貧戶口若干遴選公正紳董分段清查造册議章稟辦又經援照光緒十四年分辦過

撫卹成案就田問戶就戶計田由各鄉董造册彚詳復查相符隨即刊印照票填給俟撥款到日驗票散放如十四年被旱山鄉極貧戶口十六鄉共計一萬五千四百八十四戶男女大口三萬六千五百七十口小口一萬六千五百二十口每大口發給足制錢三百文每小口發給足制錢一百五十文計口授食實共放足制錢一萬三千四百四十九文該年奉發撫卹銀一萬兩除放計仍餘剩錢合銀九百五十兩四錢一分八釐隨交委員解繳本年較十四年歉分尤重請發撫卹銀二萬五千兩以資散放開册稟奉藩司行知委員候補知府羅守章會辦江甯撫卹事宜嗣准上江二縣鈔摺移知

附光十八年督撫　奏稿

兩江總督臣劉坤一江蘇巡撫臣奎俊會　奏爲江甯揚州各

屬被歉亟重籌辦賑撫以全民命謹將大概情形恭摺馳陳伏
乞
聖鑒事竊照江甯各屬自兵燹後民間元氣未復全賴
米穀豐登藉資生計邇來適遭歉歲小民絕少蓋藏本年入夏
後雨澤愆期禾稻未能及時栽插補植雜糧又以交秋後日久
亢晴長發不茂其濱臨江河湖蕩處所農民晝夜車戽竭力灌
溉雖倍費人功尚須設法補救藉獲收成惟徐州蕭縣宿遷等
處閒有因夏閒驟雨河南山東諸水下注一時宣洩不及不無
被淹之處此外各屬高阜田禾人力難施率皆因旱受傷秋成
減色甚至有黃萎枯槁顆粒無收現就各該州縣稟報情形詳
加查核以揚州府屬之甘泉縣被災爲最重其餘如句容儀徵
六合江浦等縣山田居多收成亦歉迭據各該地方紳耆以民
情困苦待哺孔殷紛紛呈請賑撫業經江甯藩司飭府親詣履

勘荒歉輕重分別應蠲應緩另行彙案辦理一面請撥款項俾
得早日籌辦賑撫以免流亡等情據江甯布政使瑞璋詳請具
奏前來臣等查本年鎮江府屬丹徒丹陽二縣被旱較重業
經會奏仰蒙恩旨截留江淮河運漕米五萬石並水腳運
費等款為鎮江各災區賑濟之用皇恩浩蕩薄海同欽今
甯揚二府所屬甘泉等縣災歉情形與丹徒丹陽大略相同而
地方較廣賑濟撫卹需款不貲仰維我皇上如天之仁凡
水旱偏災一經臣下奏陳無不恩施立沛臣等奉職無狀
未能感召休和清夜自思難安寢饋惟有督率藩司實心實力
設法籌款分別災區輕重酌量撥濟俾貧民不致失所藉以上
副聖主子惠元元之至意惟察看目前被災之處小民困
苦顛連已有岌岌不可終日之勢轉瞬青黄不接更屬不堪設

想約計冬賑春賑爲日甚長需用浩繁款無所出當此司局各庫異常支絀苦無鉅款可籌擬於鎮江各屬一體勸辦賑捐俾資補苴而全民命除將籌辦賑捐事宜另行附片具　奏外所有江甯揚州各屬被旱較重亟待賑撫緣由謹合詞恭摺馳陳伏乞　皇上聖鑒訓示謹　奏

是年十月十六日奉府憲李札飭恭錄　上諭一道光緒十八年九月初五日內閣奉　上諭本年江蘇鎮江府屬因亢晴日久田禾未能及時栽插丹徒丹陽二縣被旱尤重荒歉情形殊堪憫惻瞬交冬令小民衣食無資亟應預籌賑濟加恩賞給江北河運漕米五萬石所有水腳運費等款一併截留爲鎮屬各災區賑濟之用卽著劉坤一奎俊督同司道勘明被災處所嚴飭印委各員確查戶口核實散放並將賑撫事宜查照成

案妥籌辦理總期實惠及民毋得稍有弊混用副　朝廷軫念
災黎至意該部知道欽此又奉委候補知縣朱公純到句會辦
撫卹蒙督憲劉批准句容縣共撥銀二萬五千兩飭將開塘壩
挖蝻子二事兼籌並顧由府給領於十二月十一日起至十九
日止按鄉按圖散放核定每大口給錢四百文每小口給錢二
百文以二萬兩儘數易錢發給其餘五千兩留備收買蝻子及
挖挑河工之用共放出二萬二千五百四十一戶男女大五萬
八千一百五十四口小二萬四千九百四十七口統共合放足
制錢二萬八千四百千七百六十八文又續放零星散戶連同
委員薪水刷印照票紙張辛工正雜各項共用錢一千五百四
十千七百六十文以及收買蝻子並雜支等項總共動用錢三
萬三千七百七十六千三百六十八文計餘剩錢四千一百四

十二千一百三十二文歸入挑河建閘等項工程之用另案報
銷辦理

按舊志云句容荒政較他邑爲最善　國朝以來意美法良
層見疊出惜無門類可載第於藝文中甄錄平糶碑救荒記
數篇而已今援續府志例增實政一門斷自同治初年始閒
有追溯從前者聊誌緣起云爾

保甲局光緒十八年立二十三年至二十六年城鄉分設四十
二處城局練勇四十名以兵弁領之夜出巡警扞掫縣署招募
小隊數十名（歷任三四十名不等）分屯四鄉險隘初年未設保甲以前稟
請派撥督標一營駐紮縣城及四鄉防堵

光緒二十三年保甲章程四條

一戶口宜編查也府屬除金陵城內外有保甲委員巡防地方

外餘擬通飭各縣慎選老成諳練廉潔自持之人諭充董事酌分地段責成督率甲長挨戶清查凡男丁姓名籍貫年歲生業逐一查填牌册婦女及年未十歲幼孩免予查填客民較多之處酌充客董幫辦除衙門公局外餘概編查戶帖門牌候補官公寓等類酌用某公寓查訖字樣不查人丁不用門牌以防阻滯查竣之後千戶或千餘戶合爲一甲村小者附入大村無大村者則合數村爲一甲每甲擇適中地覓房設立公所在於公所門首以五六百戶列一牌分爲兩牌終朝懸掛牌內但填戶長之名各立底册三分册內每張六戶每五六百戶裝訂一本每甲分立兩本一分送府一分送縣一分存於公所遇有遷移甲長於牌册隨時登記仍於月終由董事開單呈縣由縣報府各於底册塗改俾免歧異各縣令俟底册送到不時親詣抽查

如有不符將甲長革究倘各縣令虛應故事卑府查出亦酌請示懲以儆懈玩

一巡夜宜定章也每甲立一甲長立兩地保僱巡丁十八名均擇士民素無嗜好年在二十歲以上四十歲以下者充之年至五十者革換甲長尤宜誠實原有地甲社長董長等類名目均行裁革少一官役卽少一民蠹現充甲長地保不堪用者革換地保巡丁分爲兩班輪流值夜俾得閒夜睡歇白晝仍可謀生每夜以一地保督率巡丁九名自二更起至日出止以兩人在公所坐守管理更鼓茶水油燭等事餘以四人爲一班在於甲內分投梭巡責成董事督率甲長認眞稽查惰者革換該巡丁等無事擊梆有警鳴鑼合甲之人聞有鑼聲齊出幫捕拏獲賊犯送營送縣聽民自便如有盜匪持械拒捕准其格殺照例勿

論仍於街巷設立栅欄湖河要隘之處横設木檔均晨啟夜閉派妥人看管非盤詰實有急事夜晚不准放行甲長地甲人等各衙門因公傳喚務於隨時釋回倘因有犯不釋亦必立時諭知董事選人稟驗接充以免曠誤

一經費宜勸捐也歷辦保甲不成良由經費無出自來甲長地保不辦保甲未嘗不藉抽豐節費等名目需索民錢擬責成董事親督甲長挨戸妥為勸捐典當月捐錢一千文餘則上戸月捐錢一百文中戸月捐錢六十文下戸月捐錢三十文先儘大戸中戸不足再捐及下戸極貧者免捐每甲合捐錢六十千以八千為公所房租及油燭茶水等用以八千為甲長薪水以八千分為兩地保工食餘錢三十六千分給巡丁每巡丁一名月給工食錢二千但居民有貧富不同如捐數不足即捐至四十

八千爲止一切開支照前八折設捐數仍不足卽多至一千二三百戶爲一甲亦可所捐錢數隨於牌册註明捐戶各立經摺一扣月初由甲長地保憑摺分投收取俟捐數定後先捐一月錢以爲置備梆鑼器具等用仍於開支後將出入錢文逐一用端楷開明榜示公所門首終朝懸掛勿任風雨摧殘按月倒換旣使甲民共見且便官爲稽查再於下月初五日以前由甲長開具收支清摺交由董事於初十日以前彙報該縣查考似此捐有限之錢享安枕之樂諒民皆樂從各甲長人等再藉抽豐節費等名目額外需索或有侵吞情弊一經發覺除革懲外照所得錢數酌加五倍或十倍重罰以昭儆戒

一賞罰宜分明也窩藏盜賊之家難瞞左右貼鄰耳目向章十家一牌九家連坐未免株連太廣今責成左右兩貼鄰稽查如

有匪徒隨時密報董事甲長送官究辦倘敢知情隱匿刖經獲
覺左右兩貼鄰連坐如有形跡可疑不能確指爲匪之户暫於
牌册内加待查二字紅戳俟貼鄰情願出結具保則將待查字
樣銷除以昭勸化候補各官及現官幕友與曾經出仕之鄉紳
本少與鄰舍居民往來應查照昔奉前護撫憲譚定章令將本
宅自行稽查鄰人有犯不與相干其捐辦團防仍同齊民辦理
至客店煙館茶寮酒肆以及窑廠鐵廠木廠與各項作坊廟宇
等類人數既襍聚散無定應責成店主等不准容留匪人如有
犯者即惟該店主是問至搭蓋草棚尤爲宵小藏身之所更應
責成甲長人等不時查察如有形跡可疑客民即認眞盤詰果
屬來歷不明務必勒令出境倘係盜賊連同窩家隨時稟辦俟
辦三年著有成效該董事由縣稟請酌予獎勵甲長請給功牌

地保則由縣選給花紅銀牌俾資鼓厲
按以上四條係江甯府擬飭縣遵辦規畫詳盡意美法良所
難得人而已董保得人認眞抽查不辭勞瘁姦宄何由生乎
二十六年知縣黃傳祁保甲章程六條
一辦團須按戶抽丁也除五十以上十六以下及鰥寡孤獨外
每戶應出一壯丁由董事管領每月齊集二次認眞操演
一團練宜選派教習也鄉民不知武事必有熟諳操練者訓教
指揮方不至有名無實
一器械號衣宜備也團練以防盜賊非軍械不爲功除洋鎗子
藥無從購買應俟稟請發給外其刀矛旗鼓等物應由各鄉自
備其號衣可作背心註明某鄉練勇庶可一覽了然
一巡查宜輪派駐局也各鄉無論正副圖每圖每月派壯丁一

人輪班駐局或一月一换或半月一换由各董酌量辦理

一各家宜備置梆鑼也無論村鎮每家置鑼一面或置梆一具蓋團練原期守望相助遇有盜警一家鳴鑼各家除各鳴鑼梆外其壯丁均須持械齊集共相堵禦追捕

一練丁追捕盜賊賞罰宜分明也如有被匪竊刼之家隨時鳴鑼鄰人應即一聞鑼聲衆往追捕果能上緊捕獲賊匪送案究明本縣定當從優給賞倘竟賊匪無獲則是追捕不力輕則訊斥重則提案照律從嚴治罪

招墾局同治三年立以紳士治其事鄉别以圖圖别以甲句容縣十六鄉共二百一十一里圖勘田之荒熟圖之籍之嚴隱冒之罰勘實以聯照授之墾熟田地五千五百餘頃官借牛本籽種銀五千兩以䘏貧戶蠲其息以時斂之牛本籽種民間繳還後即留爲地方公款後改爲勸農局五

年李公鴻章加給牛本銀三千兩光緒二十年原續墾田地共六千三百餘頃

積穀局光緒四年奉飭勸辦共購穀二萬五千四百餘石分儲二十一倉以備荒政十八年散放二千四五兩年奉飭再積按四年例每畝捐錢二十文分别建厫采穀之用詳見義舉

典牛局光緒十八年藩憲許公振禕俯念農困籌款委員設局收當耕牛札發章程並委卽補州汪在三岔地方示諭於九月二十一日開局收當分列四等價值每壯牛十千文次牛八千文又次牛六千文老牛四千文牝牛帶有子牛者子牛加錢二千文以次年二月爲止按月加息一分原主備價取贖每牛一頭定章另給喂養錢三千文與溧邑同時開辦本境計收當貼養耕牛三千九百餘頭牛資計有一萬二千餘串統計撫卹當

牛兩事實惠及民者約共三萬串

附章程

一總局收牛至十頭由中營牧養續收者歸左營城守各營牧養周而復始其票塡注中左等字

一所典牛隻由總局先於票內塡寫毛色齒數再於牛角漆書當戶姓名及號數

一本日給票次日發錢以防盜牛質當來路不明之弊

一典價分三等壯牛十千文次牛八千文又次牛六千文老牛四千文牝牛帶有子牛者加給二千文在局孳生之牛取贖時仍給牛主收領

一每牛一隻日給稻草三十斤由總局購買動放

一於票上注明牛隻有病無病如病牛倒斃卽傳牛主驗明調

銷原票免其取贖其牛隻到局後倒斃者亦照此辦理牛主貧者給當本之半倒斃之牛不準剝賣擇淨土掩埋

一贖牛在兩月以內暫不取息兩月以外加息一分典期以來年二月底爲限逾限不贖由官變賣其價照當本月息科計如有嬴餘仍傳牛主給領

捕蝗局道光十七年知縣劉佳設城中一東北鄉各一教諭張履分任其事有記載藝文中光緒三年冬天氣亢旱江北蝗生飛渡向南撒子徧地布政使孫衣言檄縣捕之知縣涂嘉驥分局設四鄉恐民搜捕不力更使防堵營兵助捕十八年大旱蝗飛蔽天知縣舒霖奉檄城鄉設局諭董分捕事竣請敘給獎有差

附稟稿

光緒二十年知縣孫廷驄稟敬稟者句邑於光緒十八九年外來飛蝗經過停落蝻孽萌生經前署縣舒霖督飭各圖董保並移行縣丞巡典暨武營汛並多派兵役厚集人夫不分畛域實力兜捕計有驗埋大小蝗蝻五十七萬觔之多迨奉飭挖除蝻子定價收買每觔五十文遵卽在城設局寶塔寺並分局郭莊廟三岔等處分鄉諭催共先後收繳蝻子七萬五千觔有奇均已隨時解驗總共收買蝻子正價連褋支等項錢三千八百餘千文業經舒前縣開册報銷稟明各憲當開局之際鄉民擁集不免滋擾稽察巡防固屬緊要其監秤記籍又恐丁役弊混不得不專委駐守事務紛繁閱兩月方克就緒則典史丁壽祺與城董駱文鳳等最爲出力伏思捕蝗功令森嚴乃有司分所應爲惟蝗孽初起　國計民生兩相維繫若不從速撲滅豈堪設

想各該員董衝寒冒暑奔馳於山巔水涯之閒爲民除害洵屬艱苦經前舒故縣本擬存記請奬或慮搜查不遍重貽後患未及稟請核辦因病出缺卑職抵任後飭查各鄉董保委無蝻孽復發情事仰叩福庇欣感殊深而追溯前勞奚忍沒其藎績不爲上陳查甘泉縣因捕蝗出力稟請奬勵員董奉准有案句邑捕蝗情事相同似可援照稟辦茲將尤爲出力之員董查明請奬開摺稟懇合無籲乞憲恩逾格成全准照所請給奬以資鼓勵督憲劉批據稟已悉摺開各員董既係十八九年捕蝗尤爲出力之人應准照案給奬仰卽將發去五品功牌兩張六七品功牌各三張分給收領是年城守汛把總李明洲協力捕蝗奬調優缺見檔冊

飛蝗以尾錐土撒子入土僅三五寸土面有小孔俗呼爲蝻子掘而出之漸長如蠅如蟻五更露濕多潛於草底俗呼爲蝗蝻

掃而聚之翅成能飛俗呼爲飛蝗則須撲打矣故治蝗以早捕蝻子爲上各營掘送蝻子每觔給錢四十文鄉民掘送蝻子每觔給錢六十文蝗蝻飛蝗以此遞減治蝻以沸湯治蝗蝻飛蝗以石灰均下土掩埋

南北兩圩瀕河臨江夏水暴漲圩埂衝決秋成失望同治八年光緒初年被災尤重至十二年知縣陳玉斌據紳董稟請給發椿木藩憲梁肇煌撥給銀二千九百五十三兩五錢三分以備修堤之用

附稟稿

署句容縣陳玉斌稟敬稟者竊據卑縣南鄉董事文生王兆麟北鄉董事監生周敦五等稟稱竊句邑南北兩鄉圩堤被水沖缺處所前經職等詣勘估計共需修費銀五千九百四十兩四

錢二分五釐災後窮民無力修築當即繪圖造册或撥或借稟蒙親詣勘估轉稟各憲籌款在案惟日久未奉憲批民心實深翹盼兼以鄰邑之上元高溧等縣接壤相連圩堤紛紛興工因辦理急須乘時不得已赴省稟求探悉此案已奉憲檄行府委員會縣督董擇要籌修令於存府備發各縣修圩公款銀一萬兩內酌借斷難分縣籌給等因職等聞命之餘僉謂府署存銀倘各鄰邑分撥無幾得能如數以償庶不負大憲軫念民生之至意奈聞奉撥之萬兩已經各鄰邑領用過半現餘不過三千兩之數伏念句邑本年慘遭水患𣿬澙遍野籽種無出之家刻正擬請撥款籌濟其困苦流離初非各鄰邑可比此等圩工職等當勘之初稔知庫款艱難卽已擇要請修一切計工科料諸從撙節今存府祇有此數無論未奉准撥卽蒙儘數議給亦屬

無濟於事但經費縱有不敷而工程實有不容緩之勢倘不及時趕辦一旦過此冬令農隙春水陡發雖蒙給項無可施工行見墾熟田地復荒耕耘坐悞其何以全　國課而恤民生職等忝居圩董一再籌思鄰邑高溧等縣均蒙照估全數給款領辦句容同屬帡幪同此工作在大憲一視同仁原不致令抱向隅之憾第憫此無告窮黎不得不急爲請命用特瀝情公呈伏乞轉詳賞准如數撥款俾得早日興工以免坐悞等情據此伏查此案前因　卑縣圩鄉被水沖缺堤埂貧民無力修築當經　卑職稟奉本府轉奉憲台批飭卽經諭飭各董將稍有坍塌之埂仍照向章劃歸民捐民辦外其實在民力難修之缺口坍埂查明共計大小缺口七十七處坍埂一百六十餘段共核實估計需銀五千九百四十兩四錢二分五釐開具清摺稟請憲台俯賜

或撥或借給領轉發以便乘時修築在案迄今未奉批示據稟前情卑職復查此項缺口所請椿木經費委係民力難籌若不乘時修築轉瞬耕作方興不免有悞農功難保田疇惟稱有存儲備撥之款究竟未見公牘或該董等傳聞譌悞第工程緊要情形實難再緩查合據稟具陳伏乞大人逾格鴻慈俯賜查照前稟或撥或借批示給領俾得早日興工以衛田疇深爲公便前藩憲梁於光緒十二年正月十一日據前稟行府核議二月二十九日據前江甯府孫守申復借給句容縣圩工椿木銀二千九百五十三兩五錢三分此款係由司發銀一萬兩飭府分撥上元溧水高湻句容等縣修圩之用

蠶桑之利吾容未溥道光間知縣劉佳與教諭張履議行未果同治十年省城大吏設局勸民願植桑者戶給三十五株分別

自種佃種書於册佃種者蠶時官收其息自種謂民地佃種謂官地令雖下
吾民猶覯望至光緒八年左文襄公移節兩江飭委胡道光鏞
購辦桑秧六十五萬株内派吾邑領種八萬株分散各鄉栽種
而免其息至今閉閉泄泄其利無窮矣九年知縣張沇清繕册
呈報各鄉所領數目如左

句容鄉領八千七百株　移風鄉領五千八百株
孝義鄉領一萬四千株　鳳壇鄉領八千二百株
仁信鄉領二千九百株　來蘇鄉領八百株
崇德鄉領一千四百株　茅山鄉領七百株
承仙鄉領一千三百株　福祚鄉領一千六百株
上容鄉領五千一百株　臨泉鄉領一千一百株
通德鄉領一萬二千五百株　瑯琊鄉領一萬三千株

靖安廠領二千九百株

光緒六年修濬水利湖塘知縣張沇清奉撫憲吳札照得田土之肥磽視乎水利之興廢蘇省低區較多農田灌溉較易若江甯府屬之句容溧水鎮江府屬之丹徒丹陽等縣地勢旣居高阜境內絕少河渠瀦蓄之所偶遇缺雨之時不特田疇龜坼車戽無由卽民間汲飲所需有取之數十里之外者地方官苟念民瘼可不於此加之意乎北省言水利者都以開溝鑿井爲亟務南北風土雖有不同而利益所存倣行何害札司轉飭該縣確查所屬境內共有湖塘若干處何圖可滋灌溉何鄉何圖取水較遠先行履勘繪圖條議通送查察一面就地籌設公款並勸諭有力之家或趁農隙計里穿井或防照古法開挖溝渠分別相度地勢體察情形繪圖條議通詳察辦毋稍違延切切

光緒九年挑濬大套口等口岸水道知縣張沇清奉督憲左公
批據職員龔乃鈞等稟請挑濬大套口等口岸水道一案奉批
仰金陵水利局核飭遵照此批稟鈔發等因並鈔發原稟到局
奉此查此案前准江藩司巡道衙門咨據上元縣郝令炳綸詳
請委勘青龍山凹堰塘工程並另文申請勘辦大套口等處淤
塞處所情形移局委勘等因當經本總局飭委朱令之幹勘估
青龍山凹堰塘工程並飭順道前往大套口等處口岸淤塞處
所周歷履勘稟復察辦在案迄今尚未據復該職龔乃鈞等所
請挑濬各口岸核與上元縣郝令申請勘辦大套口之案相同
除再飭該委員併案履勘並會同所轄各縣妥議稟復到局另
飭遵照外合行札飭札到該縣立即遵照辦理毋違
按是年左文襄公特委候補府許公總其事設局龍潭鎮分

派委員督辦挑濬大套等口水道修築青龍山凹堰塘工程民夫營勇各半用之

光緒九年挑濬城內溝渠知縣廖佐卿據董事潘同等稟爲遵諭稟復事竊治城源裕典每月應照城典章程捐錢二十千文現蒙大憲體恤商情姑於三年恩准減半職等查此項錢文向撥郵釐支銷旋因中和典閉蒙袁前縣捐廉籌款生息經費尚屬可敷職等本擬該典捐集有成數擇善後要舉稟請撥用現查街道擁塞溝渠不通流毒入井時行疫癘尤爲善後之急務前日曾經職等會同教職王嘉貞附貢黃輅監生張灝等竭力籌捐並查照上年水龍局章程酌辦房捐一有頭緒自當繪圖估工稟請核辦惜經費仍舊不敷惟該典之捐已集有百千成數計自上年十月二十六日起扣至來年六月二十六日止計

二十個月該捐錢二百千文擬請撥入通溝經費以後按月核計一俟集有二百千文之數或添作卹釐經費存本或存留另作善舉職等隨時再爲稟請似此零捐可作舊用要款不致虛縻是否伏乞電核施行

赤山湖光緒八年上江句溧四邑紳士稟請挑濬左文襄公委員勘估奏准派撥標兵五千八開河築堤建閘修壩自道士壩至陳家邊計長三千九百餘丈挑土十七萬五千八百餘方用銀二萬八千四百餘兩旱潦有備年穀順成至今賴之詳水利

光緒十二年總督曾忠襄公飭統領葉少林監築北鄉圩堤缺口又飭水利局委員羅樹勛修王家閘石硱因邑人王德懷稟縣詳請也

光緒十三年修築圩堤知縣張沇清奉督辦甯屬圩堤之補用直隸州唐奉江甯府孫爲通飭事照得甯屬各縣上年被水沖缺各圩堤埂當經本府詳奉各憲借撥修圩銀兩飭委會縣督董妥爲修築並示諭各圩董將積土栽柳事宜妥辦在案現交春令江潮漸漲其已修未修各圩應如何加築均宜預爲綢繆有備無患合亟飛飭札到該縣立即遵照速即諭督董保農佃人等將境内大小各圩堤埂低者加高窄者培闊缺者補築完固圩埂之上多積土牛以備急需以上指示各節務令按田出夫從速集事不准藉端收費轉至擾民一面各因土所宜或植柳或種葦以固堤根庶幾圩堤堅整永無沖缺之虞此事所關國課民生甚大而民間往往事前漠視懶於工作及至水漲圩沖悔已無及故本府不憚煩言先爲告誡該縣奉文後務即趕

爲督修事先能盡一分心日後卽獲無窮之益統限二月底一律辦竣據實稟復毋違

養濟孤貧由縣署每名月給錢七百數十文以六十二人爲定額皆年老鰥孀之無告者每人給發印牌當堂親領年終縣署製衣給錢振䘏貧民捐無定數

恤嫠局光緒元年定額四十名十一年增額二十名每名月給三百文而士族婦女之嫠者尤可哀矜同治十二年教諭彭福保訓導秦煥捐俸月給六百文光緒閒訓導晏振祜猶遵行之

徐海振捐局光緒二十五年淮揚道謝元福勸辦知縣張紹棠諭董捐助亦救災䘏鄰之美意也餘詳義舉

采訪忠義局同治三年立紳士主之甄錄咸豐閒死事之人人數詳載續纂府志彙案上制府分別奏請　旌䘏其目有六曰全家殉難

曰請卹官紳曰請卹團丁曰請旌官紳曰請旌士民曰請旌婦女有事實可書者則立傳後奉裁撤光緒間由蘇省請旌忠孝節烈六百餘戶彙案辦

接嬰局設姜公祠南光緒間奉諭勸辦詳義舉

牛痘局光緒五年知縣袁照設在葛仙庵

施醫局設四賢祠光緒間諭董籌辦

義塾同治間知縣李寶設於華陽書院光緒間增設於學宮每塾月支修金三千文由縣捐廉

講約朔望於邑廟宣講　聖諭講生月給三千文鄉講月給千文

惜字局縣署捐廉月給薪工民捐詳義舉

書院同治五年知縣周光斗籌款改建光緒二十三年知縣鄧炬捐廉重修延院長購書籍立規條增經史時務二課並詳學

校
小說九百本自虞初支裔所流褻淫是尙坊賈射利傳刻風俗之憂也同治七年江蘇巡撫丁公日昌示諭永禁

同治七年三月初十日奉　上諭丁日昌奏設局刊刻牧令各書一摺州縣爲親民之官地方之安危繫之丁日昌現擬編刊牧令各書頒發所屬卽著實力舉行俾各州縣得所效法其小學經史等編有裨學校者並著陸續刊刻廣爲流布至邪說傳奇爲風俗人心之害自應嚴行禁止著各省督撫飭屬一體查禁焚燬不准坊肆售賣以端士習而正民心欽此

道光十六年教諭張履諭止演淫盜諸戲

爲諭止演淫盜諸戲以正人心以消亂萌事蓋聞聖王治人性情必以禮樂禮起教於微眇而樂之感人尤深優戲亦樂類也

演忠孝節義之事則愚夫愚婦亦感激奮興或歎息泣下是有司教化之所不及施者優戲能動之也雖謂勝於古樂可也演天冶褻狎之狀則靜女良士亦蕩魂搖魄不能自主私奔苟合之醜往往繇此而成是有司刑禁之所力爲防者優戲能敗之也是甚於鄭聲之亂雅也且演戲以樂神也神聰明正直豈視邪色聽淫聲也哉非直不視不聽而已必致反干神怒凡水旱癘疫之不時祈禱之無應安知非淫戲瀆神之所致哉或者謂有元黃之正色不廢紅紫有松柏之貞姿不廢桃柳凡忠孝節義與夫男女之悲歡離合須相雜而成文豈其事涉風流在所必絕然如折柳一曲夫婦依依戀別能增人伉儷之重僕婢相窺不及於亂此所謂發乎情止乎禮義者也何不可娛心意悅耳目而乃必跳牆廟會賣臙脂備諸穢態乎古者淫聲凶聲有

禁而當今功令水滸一書亦在禁限蓋觀水滸者至戕官篡四輒以爲快不知上下有定分乃天經地義父雖不慈子不可忤官雖失德民不可犯宋江等三十六人橫行天下一夕盡爲張叔夜所殺載在正史凡爲不軌者可以鑒戒今登場演水滸但見盜賊之縱橫得志而不見盜賊之駢首受戮豈不長凶悍之氣而開賊殺之機乎案優伶爲本學所統管凡有黠淫盜諸戲者仰班頭卽請更換爾士民亦宜愼擇之以助本學正人心消亂萌而迓神貺是所厚望乙未諭止婦女觀優又諭觀優婦女詳明剴切屢告諄諄見容山教事錄

坤輿博厚所以載物凡煤井上只方丈其內曲直委折有一綫交通至百餘里外者地面殊不覺也開鑿旣久空處下陷其上城郭宮室以及田園墳墓無不傾圮以故諸礦多在邊徼大山人迹不到之區江甯素不產五金同治七年奸商何致華在丹

徒地方假託葬地議開挖山穴鄉人逐之而止八年上海奸民魏鏞等誘串洋人指言上元句容有煤復經常鎮道沈公嚴駁而止後有江甯奸民王浩生煽議上欺使相李公欲在兩縣祠山土山英山等處開井郡人大駭籲於總督李公並上書使相二公心念遺黎窮困不忍再傷其意亟諭罷其役此同治十三年事也光緒五年又有人以利賄鎮江李殿撰承霖使不言者李公嚴斥之遂稟請總督沈公禁止明年復請總督劉公立碑永禁郡人聞之援案以請亦蒙准立碑永禁

光緒六年八月江甯紳士溫葆深等稟請禁止開礦一案奉總督劉批查禁開挖煤礦一事昨據鎮江李紳士承霖等具稟竊以採煤以給民用開礦以興利源祇可於幽深荒僻之處爲之若人烟輻輳之區且爲墳墓所在豈可傷地脈拂輿情啟亂召

侮顧小失大批飭鎮江府遵照勒石永禁在案茲閱該紳等稟呈各情核與鎮紳所言大略相同自應照案准其勒石永禁並飭立府縣學門外俾衆咸知仰江甯府遵照辦理仍移該紳等知照

煤礦利源之巨者也然東南之山向不產煤與西北異請以近事言之光緒三年有請以官本制錢三十萬在湖北廣濟興國等州縣勘定煤山招工開挖獲煤甚劣賈用不售糜費已過半矣嗣由洋礦師勘得荆門州屬煤山產煤甚旺因請招商承辦未聞報得煤也光緒間署布政使某公籌貲開採句容銅山銅礦旋以鍊銅無多貲本耗竭而止

勒石永禁事光緒八年十二月十二日奉爵閣督憲左批本府詳復查句容縣青龍山未便遽行開挖煤礦由奉批查前據商人魏振元等以句容青龍山舊有煤蹟不在禁內一再稟請集

股試辦當經總督批府查明稟復察奪去後茲據該府以溫紳
等呈詞節略錄詳並據句容縣查詳前來察該縣習聞節略甚
爲詳明江甯自鍾山起歷句容與鎮江諸山接壤前因累有妄
請開挖經江甯鎮江兩處紳士聯名稟准各於府學門前勒碑
永禁不特青龍一帶先代墳墓甚多久在例禁且據稱咸豐年
間向營曾經開挖所採之煤不能鎔鑄鍛鍊卽以炊爨代薪亦
不合用豈容奸商藉開礦爲騙局妄圖漁利擾害地方自應不
准開挖仰卽督同句容縣先行出示諭禁仍移會鎮江府再將
此次申禁各節一體於府縣學門勒碑永禁覬覦將碑摹通送
立案此繳摺存句容縣詳一件粘發等因到府奉此查此案前
奉督憲批發商人魏振元等請在句容青龍山試辦挖煤等情
具稟飭府行縣查明稟復等因奉經飭句邑查明商人所稟之

青龍山現據龍潭東陽紳董王汝南等禀復查墳墓樹木未便
遽行開挖致多窒礙等情具詳並先准金陵衆紳士開具節略
呈請永禁當經本府核議彚詳在案奉批前由除行縣示禁並
移會鎮江府再行碑禁外亟及出示嚴禁爲此示仰軍民商賈
人等知悉爾等須知江甯自鍾山起歷句容壤諸山均在永禁
之列不准開挖煤鐵等礦倘再有圖利開挖或私行挖取一經
訪聞或被告發定卽提案究辦該山主容隱不報並究不貸各
宜凜遵毋違特示光緒九年二月日告示立石
按舊志謂尖桃山等處乃縣治來龍切近要區前明曁　國
初民物殷阜科名繁盛自康熙四十年遭射利奸民燒造缸
罈築窑取土赤類丹砂黏同膏血蓋窑器非此不能成胚胎
而來龍遂由是爲坑塹日掘日深不絕如綫以致民物凋敝

科名淪落康熙六十一年勒石永禁碑載前志入公署後培護二十餘年元氣漸復地方日有起色科目館選一人云云今橋頭鎮南缸窑林立而龍脉蜿蜒連接五基天王覆舟諸山實爲句曲之要害弗禁則凋敝淪落至於此極禁止則窯戶數百無以爲生是在賢有司別籌良法俾兩利焉斯造一邑之福矣

補錄禁革各項人夫把持碑記

禁革新河口稅務碑江甯府句容縣正堂加五級孟爲恩垂久遠等事乾隆五十一年八月十二日奉江甯藩憲袁批據句邑生監丁楷陳德和等呈稱切照新開河道原屬便民龍東兩鎮鄉鋪販買貨物向在鎮江置辦由大江直達龍潭起卸例無稅課不料新河一設而關差私立口岸盤阻需索以致前赴督撫二憲衙門控告奉縣議詳不准設立口岸稽查批准永行禁止第

縣示難垂久遠誠恐日久廢弛伏乞飭縣勒石等情由奉批旣
經前司查明該地毋庸設立口岸詳奉院憲咨明關部禁止仰
句容縣卽查照原案准其勒石永禁等因下縣奉此合准勒石
永禁爲此示仰該地店鋪人等知悉遵照憲批照舊行旅免立
口岸倘再有地棍人等藉端需索滋擾許卽稟縣以憑拿究各
宜凜遵毋違特示須至碑者乾隆五十一年十一月日句容縣
知縣孟芮龍東兩鎮士民丁楷陳德和公立
禁革鄉民畜養驢騾當差碑記江甯府句容縣正堂加十級紀
錄十次方爲藉差詐擾等事嘉慶四年四月二十一日案奉江
甯府正堂許批發本縣民人尹東升陳從喜石加厚詞控前事
內稱句邑山鄉各有山柴靠養驢隻馱運龍東兩鎮變賣向遭
驢頭藉差强拉民驢奉前梁縣主示禁豈至去年驢頭譚加榮

等勒去錢文本年更換驢頭楊欲又行勒錢謊稱應差硬牽驢隻駝客貨物是以稟縣奉飭差保查覆痛思驢頭差保皆屬一局聞身稟縣反觸凶怒加倍橫拉至今驢藏不敢出去切思民柴一日不賣一日無炊刻難緩待况勒詐於前今又擾害於後爲此迫叩電鑒鄉民受害賞提究追息安民生上稟等情奉府憲批開查鄉民畜養驢騾駝運柴薪以資生理應聽自便不許勒差強拉曾經前縣梁令出示禁約在案驢頭譚加榮等何得復蹈前轍疊次赴鄉勒詐錢文甚至在路藉稱應差將鄉驢隻強行牽去自行駝運客貨經旬不還滋擾閭閻實屬可惡仰句容縣嚴查究追具報仍候出示嚴行申禁等因并奉發詞又奉扎發告示嚴禁藉差強拉驢隻在案茲本縣莅任飭差傳齊原被人等庭訊之下驢頭譚加榮並楊欲等先後婪索陳從喜錢

文復拉驢隻屬實既經議擬枷杖發落追繳錢文給還衆驢戸收領具文詳覆續有徐廷超等稟稱鄉民養驢自駝酒米柴薪等物公叩勒石嚴禁強拉鄉驢等情到縣據經批示外合亟出示曉諭爲此示仰縣屬居民併驢頭人等知悉嗣後鄉民畜養驢隻如係並不駝載客商貨物者僅自已駝運柴薪酒米變賣及買用什物者應聽民便毋許強拉應差其充當驢頭代客駝運人貨之驢遇有差使仍卽給價雇用自示之後各安生業倘敢混拉鄉驢復蹈前轍定行嚴拿究處決不寬恕均各凜遵毋違特示

江甯府正堂許諭句容縣鄉民尹東升陳從喜石加厚知悉據句邑擬送毋許強拉鄉驢應差示稿到府茲已核正合行抄粘諭給該鄉民自行勒石搨摹同此諭稟呈核銷毋得藉端擾延

致干察究切切特諭嘉慶四年歲次己未十一月初十日示東陽鎮士民行鋪人等公立

革除民夫應差扛送碑

各大憲經過扛夫不派民夫應差著夫頭僱民夫每伺候一天給飯食錢四十文龍潭送京口發力錢壹百文送省城發力錢八十文句邑送丹陽及送省城俱發力錢壹百守候一天給飯錢四十文

特調江甯府句容縣正堂加五級紀錄五次方爲公叩憲恩等事奉特調江南江甯府正堂加四級隨帶一級紀錄四次許牌開嘉慶四年十一月十七日奉兵部尚書兼都察院右都御史總督江南江西部堂費批本府具詳該縣民張明亮等上控縣境每遇差臨勒派民夫卽飭該縣查議詳覆嗣後遇差經過先

令長養額夫承應即用夫稍多亦宜僱抬扛人夫如有不敷再行覓僱鄉夫毋許兵房路快藉端勒索詳請核示緣由奉批如詳飭遵繳等因到府奉此合就鈔詳飭遵爲此仰該縣官吏文到即便遵照嗣後該縣境內如遇差臨先令長養額夫六十名常川承應倘用夫稍多亦即著令夫頭就近僱募挑抬人夫如有不敷再行覓僱鄉夫責令親信家人給發夫價不得任聽兵房路快出票差擾等弊許被害之鄉保農民指名赴道具稟官則詳參役則按律問擬決不稍爲寬貸特示須至勒石者嘉慶七年玖月日知縣方菁闔邑士民公立

革除科場中謄錄批首大差俱不派民辦碑特調江甯府句容縣正堂加五級紀錄五次方鈔奉　欽命江南通省鹽法分巡江甯兼管水利道加四級紀錄五次王爲應否派民等事嘉慶

七年六月二十一日奉蘇撫部院岳批本道詳覆句容縣民人周日三控縣差趙全勒貼謄錄批首費錢一案批道通飭兩江各州縣查覆鄉試之年應解謄錄對讀以及批首等項均於書役僉選惟溧水溧陽二縣相沿陋習亦係派民承辦所有句容溧水溧陽三縣凡值鄉試應解謄錄對讀並批首等項請飭令於嘉慶九年甲子科爲始遵照部文詳案在於書役中僉選承辦不許再派鄉民致滋擾累並請勒石該縣署前以垂永久相應詳候核示等緣由奉批如詳即飭句容溧水溧陽三縣一體勒石永遵刷取碑摹送核毋違繳摺存等因到道奉此合行示禁爲此示仰官吏人等知悉嗣後鄉試以嘉慶九年甲子科爲始所應解謄錄對讀並批首等項遵照部文詳案均於該縣書役中分別僉選承充不許再派鄉保農民認充致滋擾累倘敢

陽奉陰違仍有需索滋擾等啟訟端仍隨時留心稽察並將遵辦緣由具文申詳毋違等因行縣又於嘉慶五年四月初八日張明亮等復赴督轅具呈奉批已據鈔呈府行縣牌便是案據毋庸再行飭縣立案也等因奉批特此勒石各圖永遠遵守嘉慶五年閏四月念六日闔邑士民公立

禁路斃牽連地主碑江甯府正堂清爲公籲普施等事蒙總督部堂陳批據上元句容二縣士民巫載揚等稟稱竊前臬憲並鎮江府通行各屬水陸斃尸或因飢寒疾病沈醉瘋狂昏夜失足窮途無告投繯赴水自戕等項於山林祠墓溝池田地街坊井厠與各地主無干而差胥務在牽連地主遂其詐慾以致無辜受害無窮嗣後只許地保具報一切尸場使費永行禁革如敢再藉尸需索票傳地主指稟拏究在案惟生等句邑每圖畫

爲十甲一甲輪流爲鄉保管催九甲遞送錢糧是鄉保實糧戶非比外府充役陋習相沿人命盜案責成鄉保具報生等住居上句交界處所上元之坊快小甲句容之路捕罡頭原屬專司稽查命盜之役迨弊詐日深牽累輪催糧戶鄉保與各地主一切尸場使費受累無窮叩請飭禁等情蒙批上元之坊快小甲句容之路捕罡頭據呈即係地保凡有命盜等案自應專司查報何得牽累鄉保地主仰江甯府分晰出示飭遵具報鈔粘碑摹並發等因到府並據巫載揚復赴督憲稟求自願捐貲勒碑永禁等情到府即經本府查明稟復等批據稟已悉仰即轉飭勒石禁革仍取碑摹申送查核繳原詞存案各等因到府查該縣糧戶鄉保既係輪流辦丁漕遇有命盜案件自應責令原設坊快小甲路捕罡頭具報以專責成至一切登場使費久奉禁

革在案玆蒙前因除行上元句容二縣遵照勒石永禁並取碑摹申送督憲查核外並照出示曉諭爲此示仰府屬居民糧戸鄉保坊快小甲路捕罡頭人等知悉嗣後遇有前項一切水陸斃尸命盜案件無論有無傷痕俱責成該處坊快小甲路捕罡頭稟縣相驗不許推諉鄉保藉累地主倘敢陽奉陰違仍牽累各糧戸鄉保及票傳地主藉尸索詐許被累之人指名赴府具稟以憑究辦決不寬貸毋違特示嘉慶八年十一月二十三日給上元句容兩邑士民勒石

革除糧戸免報一切命盜等案永禁屍場靡費不許牽連地主碑記嘉慶九年三月初七日給示勒石署理江南江甯府正堂松江川沙分府加十級紀錄十次卓異加一級張爲除累仍累等事案蒙總督部堂陳批據句容縣士民王步蒼等呈稱句容

有田產者輪爲糧戶鄉保催辦丁漕日久弊生命盜案件責成具報屍場用費路捕嚇詐蕩產傾家受害者不可勝紀歷經張鳴皐李荆山王遂亭巫載揚等控稟各大憲准示勒碑禁革奈句邑刑書路捕聳縣藉稱路捕八名耳目難周務在選舉地保齊全方免糧戶具報希圖架宕等情蒙批前據該縣稟請應設地保已批另募在案自應官爲召募何得擾累鄉民其未募以前應仍照劉凌氏命案辦理仰江甯府即飭遵照等因當經轉行遵照在案茲據王步蒼等以今蒙督憲批示未募地保以前照劉凌氏命案辦理但劉凌氏之案鄉愚難以周知叩賞給示等情前來合亟出示曉諭爲此示仰闔邑居民鄉保人等知悉嗣後遇有一切命盜等案未募地保以前著令各路捕稟報相驗毋許再行擾累鄉保牽連地主倘敢陽奉陰違藉詞牽累准

許被害之人指名禀府以憑嚴拿究辦決不姑貸切切特示
禁自盡圖賴碑署理句容縣正堂龍鈔奉兩江總督部堂曾江
蘇巡撫部院丁爲嚴禁自盡圖賴以重民命事照得自盡人命
律無償法而小民無知每因細故動輒輕生其親屬聽人主唆
無不砌詞混控牽涉多人意在求財兼圖洩忿經年累月蔓衍
株連被告深受其害夫父子兄弟夫婦皆人道之大經乃死而
因以爲利是雖覥然人面實則禽獸不如尤人心風俗之憂也
本部堂部院現已通飭各屬隨時整頓力除頹波凡自盡命案
均限一個月內審結倘有自盡誣告詐賴等情則嚴究主使棍
徒一併從重治罪此後爾等卽或自拚一死總不能貽害於人
其親屬雖欲逞刁一經審出實情不過自取罪戾亦無人肯與
賄和是不但死者枉送性命不值一錢卽生者因此又犯刑章

更屬無益有損本欲害人適以害已徒爲讐人所快復何利之可圖何忿之可洩哉合行剴切示禁爲此示仰闔屬軍民耆老婦女人等知悉爾等須知身命爲重旣死不可復生公論難誣千虛焉逃一實訟師羅織伎倆今日不能復行嗣後務各自愛其身毋得逞忿輕生希圖詐害其親屬亦不許唆誣主告枉費譸張所有律例罪名逐條開示於後

一子孫將祖父祖母屍身圖賴人者杖一百徒一年期親尊長杖八十徒二年妻將夫屍圖賴人者罪同功緦麻減一等告官者以誣告反坐杖一百流三千里加徒役三年因而詐取財物者計贜竊盜論搶去財物者准刼奪論

一詞狀止許實告實證若陸續投詞牽連婦女原狀內無名之人一概不准仍從重治罪

一赴各衙門投狀首告一經批准原告若至兩月不到案卽將被告證佐俱行釋放所告之事不與審理專拏原告治以誣告之罪

一控告人命如有誣告情弊照律治罪不得聽其攔息或有誤聽人言情急妄告於未經驗屍之先盡吐實情自願認罪遞詞求息者果無賄和等情不照應重律杖八十如有主唆仍將教唆之人照律治罪以上均係律例明文何等嚴切本部堂院力除積弊務挽澆風惟有執法從事爾等各宜猛省愼毋自貽伊戚徒悔噬臍凛遵特示同治七年六月十九日告示勒石

禁傳詞勒索碑署句容縣正堂周抄奉兩江總督部堂兼江蘇巡撫部院李爲通飭嚴禁事照得州縣爲親民之官凡遇民間詞訟除三八告期外原准隨時投遞呈詞以便究訊乃聞各州

縣衙門每有傳詞由積慣訟棍寫呈勾串不肖書差傳進每詞一張必勒索規費若干此項名目各處不同無非書差朋比瓜分實爲惡習亟應勒石嚴禁永遠革除合行出示曉諭爲此示仰在官人等知悉凡民閒詞訟除三八放告外果有寃枉即准隨時控告所有傳詞規費名目一概永遠禁革倘有不肖書差仍敢復蹈故轍變易名目藉端索詐錢文一經覺察或被告發定卽提轅懲辦其各凜遵毋違特示同治五年六月日立石告示

永禁待質需索碑署句容縣正堂袁抄奉江蘇巡撫部院譚爲出示曉諭勒石永禁事照得蘇省京控上控各案其中緊要人證被各州縣均經簽差解省發省首縣管押此外尋常人證多有在籍取具的保結文自行投案所以示體恤也乃本護院訪

聞省城有等奸書蠹役凡遇抱文投到之人若輩即冒充上司衙門書役藉辦理取保爲名問供到寓議明花費百餘元不等名曰取保錢稍不遂慾百般恐嚇任意勒索甚有潛赴該役到人寓所包攬一切妄稱承審委員非親即友藉端誆騙無所不爲或有情虛畏罪鄉愚無知之徒往往墮其術中不惜重貲囑託佈置迨至堂訊見問官執法森嚴並無私曲始知賄不通情追悔莫及欲待供訴又恐自累與受同科有値案未訊結而資斧罄淨餓斃省垣者有案經訊結而告貸無門乞食還鄉者種種苦情實堪憫惻若不設法整頓何以肅法紀而杜奸謀查蘇省建立待質公所房屋潔淨茶飯無缺本爲恤民省累而設今令委員置備木柜一具大書投到收文四字懸掛頭門每日午刻委員啟柜收文一次凡遇前項人證一經到省無論有無功

名著於午前赴所投文入柜靜候委員查明按名暫行發入公所居住該委員將來文呈繳臬署聽候示期審訊並不花費分文其有應行取保不願住所者俟三日內發審局員提訊仍准當堂取保住店候傳如此明定章程庶奸弊無從滋生平民可以免累除通行遵辦並飭府州廳縣將前項奸書蠹吏密訪查拏外合行出示勒石曉諭爲此示仰闔屬軍民人等知悉自示之後爾等如赴省自行投到務當遵照新章赴待質公所投文不得妄聽該奸書等取保浮言自貽後悔倘公所書役人等敢有阻攔情事許卽赴轅稟訴本護院立卽嚴辦決不姑寬稟遵毋違特示光緒六年四月日立石告示

禁夫頭把持碑特授句容縣正堂張爲出示諭禁事據紳士王嘉貞黃輅孔廣生孔昭昇駱家駒田進道駱敏郭雲衢葛家良

張灝等稟稱竊職等恭讀示諭並鈔奉爵閣督部堂左札飭舉辦義阡並禁夫頭把持一案查句邑城內荒地最多每有赤貧之戶或幼孩夭殤及外來流民希圖便易就地內掩埋請示嚴禁庶無知頑民不致再蹈前轍再職等公議擡夫定價凡受僱之人自一里至五里每名給錢一百文夫頭照擡夫一律外給夫頭繩槓錢一百四十文至五里以外每里每名給錢一十六文計里核算由此遞加至棺柩一項上等用夫十二名中等用夫八名下等用夫四名倘有夫頭需索把持並惡丐擁擠滋事許卽指名稟究等情到縣據此除批外合行出示諭禁爲此示仰闔邑軍民人等知悉爾等須知句城兵燹以後荒地雖多二十年來生聚行見次第興復自不庸以市廛爲幽谷便圖掩埋自示之後凡有喪之家有力者於城外擇地安葬不得遷延久

停無力者一體擡埋義阡不准在城内圖便掩埋有干查究至
擡夫私分地段把持最爲惡習該紳士等所議計里給價尚屬
公平該夫頭等務各遵照倘敢陽奉陰違需索及惡丐擁擠滋
事許喪家指名稟縣以憑提案重究不貸其各凜遵毋違特示

光緒八年六月日立石告示

嚴禁蘆洲丈費碑署句容縣正堂龍抄奉江蘇巡撫丁爲奏定
蘆洲田地變通丈期嚴禁丈費出示勒石永遠遵守事照得江
蘇沿江沿海沙洲林立坍漲靡常定例五年一丈坍則報豁漲
則報陞法至善也無如日久弊生或望水以陞科或留糧以待
補沙棍因之把持豪强於以兼併而書差洲保人等明知此弊
故每屆大丈之期倡爲丈費名目隨丈徵解得規則照舊造報
無錢則立即比追内外上下各書吏按股均分地方官亦從而

染指往往前丈之費未已後丈之費又來以百姓有限之脂膏何堪此無窮之朘削本部院民依念切是用惻然卽經會同爵閣督部堂會附片　奏明准部議覆改爲十年一丈庶爲期較寬閭閻永免夫騷擾而因時復勘坍漲仍有所稽查第恐吾鄉民四郊散處未能周知合行出示勒石曉諭爲此示仰各廳州縣沙洲業田人等知悉自此次造報後續屆十年大丈之期凡舉報坍漲照例勘丈造具圖册詳咨陞除其無坍漲者不必重行丈量並不必另造圖册以免騷擾至丈費名目永遠革除如地方官吏差保董事人等仍藉稽查欺隱爲名將並無坍漲之地通行丈量及需索丈費者許卽據實稟辦嗣後如坍漲爾等亦須隨時呈報毋得隱匿影射自貽伊戚總期共沾樂利永絶弊端毋負本部院與民體恤之意稟遵特示同治八年十一月

日立石告示

禁屍場使費碑署理句容縣正堂龍抄奉江蘇巡撫部院丁爲通飭事照得地方官相驗命案例止隨仵作一名刑書一名皁隸二名一切夫馬飯食自行備用不許書役人等需索分文乃訪聞蘇省遇有命案相驗隨帶書差跟從人夫往往多至二三十人輒向屍親犯屬地鄰索取屍場使費甚且有住鄰飛鄰名目株連蔓衍比戶驚惶殊堪痛恨夫以屍親含冤凶犯議抵爲小民至哀慘之事乃書差等反因以爲利竟欲雪上加霜以居近里鄰誼關族戚實案外並無干涉之人而若輩偏藉誅求大煽城門之火在受者既吞聲而飲恨在聞者亦扼腕而咨嗟爲民父母之謂何本部院參稽羣議搜剔弊源僉以爲欲禁書差之需索必先優給書差之公用尤應減省書差之人數爰將下

鄉相驗各項逐條逐款參酌定章通飭各廳州縣一律辦理合行札飭札到該縣即便遵照後開章程一應命案下鄉相驗務須輕車減從一切費用照例自行發給由縣詳明立案如有書差人等藉端滋擾索取屍場規費分文者嚴行懲治以甦民累地方官如不嚴行禁止准受害之家赴經管上司喊控以憑分別參辦仍一面全擬札文並後開各條出示曉諭立碑城隍廟前以期永杜弊端限本年内摹搨示式呈送此係各州縣造福無疆之事減一時之官㨾便省書差數十人之騷擾分一勺之廉泉便除小民數十家之拖累各宜實心遵辦以副厚望切切特札等因並蒙鈔粘章程下縣奉此合行勒石曉諭爲此示仰闔邑軍民人等知悉嗣後遇有相驗命案屍場應需一切費用均照例由縣捐給倘有書差藉端滋擾索取屍場費者許該軍

民人等指名稟縣以憑提究其各稟遵毋違特示同治八年三
月日立石告示

永禁流丐移屍害人無惡不作勒石告示

特授江甯府句容縣正堂黃爲剴切曉諭勒石永禁事據北門
外孝義鄉民人錢艮生陳茂桂等稟以村方突來流匪十數人
身帶刀礟任意擾害公叩驅逐等情到縣正在核辦閒據文生
朱學鏞許洪才張長年監生周修庚韓瑤齡圖長錢艮生王艮
聚等聯名稟稱生等畊讀爲業素不干外惟目擊地方禍患不
得不爲縷陳蓋游民入邨託名求乞日間沿門硬討夜則鼠竊
狗偷無論牲畜五穀樹竹魚腥毫無忌憚更常帶小刀火礟稍
與計較非拚命圖騙卽縱火燒屋倘遇倒斃之丐若輩以爲奇
貨背移有主地內詭稱屍親藉端多方勒詐更盤踞孤廟空碾

棲會無定或有專以挖取榆根爲營者無論墳墓墻脚肆行倒
伐無忌人或阻止竟遭兇毆或有藉名傭工者始而陽奉陰違
繼則拐騙錢物倘或病故雇主受累無窮甚或奸拐婦女强搶
孀婦無惡不作種種爲害指不勝屈略舉數端稟乞賞示勒石
永禁以垂久遠等情前來除分别批示並飭差驅逐外合行出
示曉諭爲此示仰諸色人等一體知悉自示之後爾等外來游
民務須滌面洗心倘敢成羣結黨身帶軍械或强討硬索移屍
索詐並亂挖榆根損動墳山墻脚有犯以上各情者許即捆送
來縣以憑從嚴懲辦決不姑寬所有孤廟空殯向無人管僧住
者著即逐一查明封閉遇有報賽公同啟閉事畢仍加封閉墻
壁缺處加高堵塞以免丐匪藏身于內倘遇倒斃之屍投保報
驗殮埋以杜藉詐其各懍遵毋違特示光緒二十七年四月十

八日給

右碑豎立北門外距城五里孝義鄉華藏菴門首曉諭

江蘇卽補知縣張士祈字廉泉於光緒十五年在倉頭鎮五圩給椿木銀並加築圩隄以工代賑共用銀三千餘兩羅春發經手

常熟徐鼎華於光緒十五年水災在五圩量貧戶給錢撫䘏約用二百餘千

附同治八年南圩被災邑人章安福代災民求賑稟稿

稟爲圩破家傾叩勘賑䘏事竊身等住居白米圩業於本月某日將圩破被災情形瀝呈電察沐批飭令將被沖缺口趕緊設法堵禦等因理應祇遵何敢嘵瀆竊身等身家性命全在圩中豈不思趕將沖口堵禦雖不能補插禾苗尚冀水勢涸退早獲

安居惟目下情形有萬難堵禦者查被沖缺口寬計十五六丈深約四五丈水勢由外而入勢等建瓴激湍崩騰迅流沖盪雖有神工不能爲力此其一難也圩内周圍四十餘里茫茫一片並無寸土尺地不在巨浸之中興工堵禦何從取土此其二難也圩内男丁見水勢太大非至秋深不能全行涸退插秧既已絕望種麥且難預期現已分赴山鄉傭工糊口其在家者不過老弱男婦縱欲興工並無人力此其三難也身等前遭兵燹祖遺房屋均被賊燬數年以來不過緣牆倚壁覆茅庋木而居前當水勢洶湧之時拚力救護圩隄不能兼顧廬舍以致茅簷土室經狂風巨浪一捲而空屋内所存稻粒亦多半隨流漂散自合圩男婦露居圩隄之上或以薦片自障晝則烈日曝曬水氣薰蒸夜則風吹露浥遍體沾濡加以三餐不具女哭兒號徹於

宵旦且飢餓之餘日夜暴露暑濕交攻勢必釀成疫癘興言及此慘不可言伏乞仁憲俯念災黎早賜勘驗並懇詳請上憲施恩賑䘏以符鈞批爲民請命之語則再造之恩合圩同戴再伏思仁憲自蒞任以來惠我黎民無微不至分則官民情猶父子未有父見其子之飢溺將斃而不一爲之援手者也呼泣待命叩恩上稟

續纂句容縣志卷四終

續纂句容縣志卷五

邑人張　瀛分纂

田賦

句容農戶向設義圖訂期納課逾限倍罰（鄉民自立義圖俗名排年上下芒及冬漕訂期完納三日後驗票無票者倍罰）法至善也然徵解之權盡歸書吏積弊所叢官民交困咸同以來瘡痍未愈休養生息免賦三年歸墾屢稔祗辦抵徵（每畝兩季其納二百五十文）國家軫念民艱有加無已至光緒初元大徵始啟歷任制府籲請減賦沈公葆楨奏定永減三成下邑窮黎額手稱慶雖三紀以來舊額未復而吏民莫不踴躍奉公掃除陋弊（自折漕後徵解皆官主之吏不舞弊民不抗延雖鰥寡皆完納）焉義圖良法歷久彌新矣同治前鱗册無存今采續纂府志及近時房稿以備崖略作續田賦志而以鹽政積穀附焉奏疏諭旨碑文均附於後

粵逆之亂檔册盡燬同治七年奉文查辦田賦量弓計畝按畝科糧不分民衛併徵分解科則成數均照部頒道光二十七年奏銷册載頃畝錢糧科定詳蒙核明鈔册發縣復核詳送茲將現辦分欵原額頃畝錢糧科則及光緒二十五年啟徵原續墾民衛分徵普減成案開載其蘆洲田地省衛加津雜稅錢糧科則並鹽政積穀均附於後

兵燹後句容遺黎幾盡故從前逋賦並同治四五六年新租奉旨加恩蠲免欽此

曾文正公立勸農局召農歸業借給牛種兩共銀伍千兩七年奏仿皖章不分丁漕權辦抵徵民衛熟田全年每畝徵民貳百伍拾文民衛荒白沙壓等熟地全年每畝徵錢壹百叁拾文儘收儘解公私費用取給善後局十三年部催開徵被兵既深元

氣未復百畝之入完賦外不得一飽有田已熟而復荒者布政使梅公啟照詳請奏減科則援蘇屬免漕啟徵年年酌減之例總督李公宗羲巡撫張公樹聲漕督恩公錫合詞入告部臣嚴駁是年十一月吳撫軍恩漕督合疏再上十二月奉旨議奏復駁光緒元年總督劉公坤一巡撫吳公元炳合詞入奏情詞懇切始准照前奏減則一年第二年准減一半第三年照舊全徵是年科徵銀米援照同治七年裁革浮收積弊成案按江北錢糧收價完銀壹兩收錢貳千貳百文加耗壹錢折收錢貳百貳拾文完米壹石收錢伍千文二年僅減成一半民力仍不支又酌減漕價伍百文不拘科則每石收錢肆千伍百文光緒三年江藩孫公深恤民困懇請沈公葆楨巡撫吳公漕督文公彬瀝陳凋敝情形請減漕糧等米奉

上諭額徵漕糧等米均著一律減免十分之三以紓民力欽此
今上御極　特旨加恩豁光同治六年以後光緒十四年以
前民欠錢糧欽此

民田

縣志止載乾隆十五年今遵新舊府志及嘉慶十四年賦役全
書道光二十七年奏銷册內開載民賦項下除坍江各則不等
原額田地壹萬肆千肆百肆拾貳頃玖拾壹畝其應科徵丁田
雜辦銀陸萬貳千貳百壹兩肆錢玖分肆釐又不在丁田雜辦
銀捌百肆拾肆兩捌錢玖分叁釐共銀陸萬叁千肆拾陸兩叁
錢捌分柒釐米叁萬玖千捌百肆拾叁石叁斗貳升貳合伍勺
內奉減三成米壹萬壹千玖百伍拾貳石玖斗玖升陸合捌勺
又閏月銀壹千叁百拾肆兩伍分貳釐閏月米拾肆石玖斗陸

升肆合伍勺內奉減三成米肆石肆斗捌升玖合叁勺豆伍百柒拾壹石陸斗伍升柒合伍勺豆係原額續墾詳後

民賦田柒千叁百陸拾叁頃伍拾捌畝壹分光緒二十五年原續墾熟田伍千肆百捌拾頃叁拾柒畝貳分叁釐肆毫

民賦地貳千伍百柒拾貳頃貳拾叁畝貳分光緒二十五年原續墾熟地捌百貳拾伍頃柒畝伍分玖釐柒毫

荒白田陸拾捌頃拾柒畝捌釐光緒二十五年原續墾熟荒白田貳頃叁拾壹畝叁分叁釐

荒白地貳拾捌頃伍拾肆畝叁分柒釐

塘蘆蕩草塌陸百陸拾頃肆拾伍畝叁分捌釐光緒二十五年原續墾熟蕩柒頃拾叁畝玖分陸釐

山叁千柒百肆拾玖頃玖拾貳畝捌分柒釐光緒二十五年原

墾熟山叁拾柒頃伍拾陸畝玖分叁釐伍毫
一則民田每畝科徵銀柒分伍毫肆絲陸忽叁纖陸沙叁塵壹
渺共銀伍萬壹千玖百肆拾柒兩壹錢肆分伍釐光緒二十五
年墾熟民田銀叁萬捌千陸百陸拾壹兩捌錢伍分伍釐
每畝科徵閏月銀壹釐叁毫陸絲共銀壹千壹兩肆錢肆分柒
釐
每畝除減科徵米叁升壹合陸勺叁抄肆撮玖圭陸粟共米貳
萬叁千貳百玖拾肆石陸斗伍升玖合光緒二十五年墾熟民
田米壹萬柒千叁百叁拾柒石壹斗叁升陸合
每畝科徵閏月米壹抄壹撮捌圭捌粟壹顆伍粒玖黍共米捌
石柒斗肆升玖合壹勺
每畝科徵豆柒勺柒抄陸撮叁圭叁粟玖粒共豆伍百柒拾壹

石陸斗伍升柒合伍勺光緒二十五年墾熟民田豆肆百貳拾伍石肆斗伍升捌合叁勺

一則民地每畝科徵銀叁分柒毫陸絲伍忽其銀柒千玖百拾叁兩肆錢柒分貳釐光緒二十五年墾熟民地銀貳千伍百叁拾捌兩叁錢肆分陸釐

每畝除減科徵米壹升叁合陸勺叁抄玖圭肆粟陸顆其米叁千伍百陸石壹斗玖升伍合伍勺光緒二十五年墾熟民地米壹千壹百貳拾肆石陸斗伍升陸合陸勺

每畝科徵閏月米伍撮壹圭壹粟玖顆伍粒玖黍其米壹石叁斗肆合叁勺

一則荒白田每畝科徵銀肆分壹釐貳毫伍絲其銀貳百捌拾壹兩貳錢肆釐光緒二十五年墾熟荒白田銀玖兩伍錢肆分

貳釐

一則荒白地每畝科徵銀貳分捌釐柒毫伍絲共銀捌拾貳兩陸分叁釐查此項荒白地迄今未據報有成熟

一則塘蘆蕩草塌每畝科徵銀捌釐陸毫肆絲肆忽陸微叁纖玖沙捌塵共銀伍百柒拾兩玖錢叁分捌釐光緒二十五年墾熟蕩銀陸兩壹錢柒分貳釐

又每畝科徵閏月銀伍毫捌絲陸忽共銀叁拾捌兩柒錢貳釐

又每畝除減科徵米肆合伍勺伍抄陸撮陸顆伍粒陸黍共徵米叁百石玖斗叁合貳勺光緒二十五年啟徵蕩米叁石貳斗伍升貳合捌勺

又每畝除減科徵閏月米壹撮柒圭壹粟壹顆壹粒伍黍共徵米壹斗壹升叁合

一則山每畝科徵銀叁釐柒毫伍絲壹忽壹微玖纖陸沙柒塵共徵銀壹千肆百陸兩陸錢柒分貳釐光緒二十五年墾熟山銀拾肆兩玖分叁釐
又每畝科徵閏月銀叁毫貳絲捌忽肆微陸纖共徵銀壹百貳拾叁兩壹錢柒分
又每畝除減科徵米貳合壹勺貳撮捌圭捌粟柒顆玖粒玖黍共米柒百捌拾捌石伍斗陸升捌合
又每畝除減科徵閏月米柒圭玖粟貳黍共米貳斗玖升陸合貳勺

學田

原額學田捌頃柒拾畝貳釐共學租銀貳百貳兩捌錢伍分捌釐光緒二十五年墾熟學田陸頃貳拾柒畝伍分壹釐共徵學

租銀玖拾肆兩伍錢伍分柒釐

草塲項下

原額草塲田地叄百玖拾貳頃伍拾叄畝伍分叄釐共徵銀陸百肆拾貳兩叄分伍釐

一則田每畝科徵銀陸分光緒二十五年原續墾熟草塲田壹千叄百捌拾壹畝肆分伍釐共徵銀捌拾貳兩捌錢捌分柒釐

一則地每畝科徵銀貳分光緒二十五年原續墾熟草塲地陸百捌畝貳分叄釐伍毫共徵銀拾貳兩壹錢陸分伍釐

以上光緒二十五年無閏共應徵地漕雜辦等銀肆萬壹千肆百拾玖兩陸錢壹分柒釐米壹萬捌千肆百柒拾貳石玖斗肆升伍合捌勺折色豆肆百貳拾伍石肆斗伍升捌合叄勺

一折色
布政司衙門地丁銀伍萬玖百叁拾叁兩捌錢肆分肆釐
閏月銀柒百貳拾柒兩伍錢伍分貳釐
扛脚銀叁百叁拾貳兩壹錢貳分壹釐
南豆伍百柒拾壹石陸斗伍升柒合伍勺
江安糧道衙門漕項銀叁千伍百貳拾肆兩玖錢柒分
存留驛站夫馬等銀肆千柒百陸拾柒兩玖錢叁分陸釐
閏月銀叁百玖拾貳兩捌錢伍分陸釐
各衙門官役俸工等項銀叁千肆百捌拾柒兩伍錢壹分陸釐
閏月銀壹百玖拾叁兩陸錢肆分肆釐
一本色
江安糧道衙門漕糧正耗米叁萬叁千叁百叁拾貳石叁斗捌

合叁勺內奉減叁成米玖千玖百玖拾玖石陸斗玖升貳合伍
勺
贈伍米壹千陸百陸拾陸石陸斗壹升伍合肆勺內奉減叁成
米肆百玖拾玖石玖斗捌升肆合陸勺
以南抵還徐屬漕糧米壹百陸石叁斗捌合內奉減叁成米叁
拾壹石捌斗玖升貳合肆勺撥抵徐屬贈伍粳米伍石叁斗壹
升伍合肆勺內奉減叁成米壹石伍斗玖升肆合陸勺
又閏月米壹斗柒升柒合伍勺內奉減叁成米伍斗叁合叁勺
又行月米肆千伍百伍拾伍石叁斗叁升壹合肆勺內奉減叁
成米壹千叁百陸拾陸石伍斗玖升玖合肆勺
卹孤米壹百柒拾柒石肆斗肆升肆合內奉減叁成米伍拾叁
石貳斗叁升叁合貳勺

又閏月米拾肆石柒斗捌升柒合內奉減叁成米肆石肆斗叁升陸合壹勺

省衛項下

原額田地貳拾捌頃叁拾肆畝伍分共科徵銀肆拾陸兩捌錢貳分捌釐米壹百玖石壹升貳合貳勺內奉減叁成米叁拾貳石柒斗叁合柒勺

又不在丁田項下科徵無耗加津銀拾伍兩伍錢捌分肆釐係照每銀壹兩米壹石各隨徵加津銀壹錢

一則屯田每畝科徵銀壹分伍釐壹毫柒絲叁忽貳微陸纖叁塵壹渺陸漠壹埃光緒二十五年原續共墾熟屯田拾壹頃捌畝伍分叁釐共徵銀拾陸兩捌錢貳分

每畝科徵米肆升陸合叁勺壹抄肆圭陸粟光緒二十五年熟

田米伍拾壹石叁斗叁升陸合伍勺
一則屯地每畝科徵銀柒釐陸毫壹絲壹忽柒微貳纖陸沙伍塵捌渺伍埃光緒二十五年原續墾熟屯地壹百貳拾玖畝肆分柒釐共徵銀玖錢捌分陸釐
每畝科徵米貳升陸勺叁抄玖圭肆粟陸顆光緒二十五年熟地米貳石陸斗柒升壹合壹勺
一則沙壓田每畝科徵銀貳分叁釐玖絲陸忽柒纖叁沙伍塵陸渺叁漠柒埃光緒二十五年原續墾熟沙壓田玖百貳拾伍畝捌分共銀貳拾壹兩叁錢捌分貳釐
一則沙壓地每畝科徵銀壹分壹釐伍毫肆絲柒忽壹微叁纖伍塵伍渺陸漠叁埃光緒二十五年墾熟地肆拾玖畝陸分共銀伍錢柒分叁釐

以上共徵光緒二十五年衞賦屯折等銀叁拾玖兩柒錢陸分米伍拾肆石柒合陸勺又不在丁田項下科徵加津銀玖兩叁錢柒分柒釐

起存解欵項下

江甯布政司衙門起解地丁雜辦等銀伍萬玖百叁拾叁兩捌錢肆分肆釐光緒二十五年原續墾熟地丁雜辦等銀叁萬貳千貳百叁兩叁錢叁分捌釐

閏月銀柒百貳拾柒兩伍錢伍分貳釐

扛腳銀叁百叁拾貳兩壹錢貳分壹釐光緒二十五年熟田地扛腳銀貳百貳拾兩壹錢肆分伍釐

衞賦屯折銀貳拾兩伍錢伍分捌釐光緒二十五年墾熟畝徵田地銀拾柒兩肆錢伍分陸釐

江安糧道衙門起解額撥民衛漕項銀叁千伍百伍拾壹兩貳錢肆分光緒二十五年墾熟啟徵漕項銀貳千叁百伍拾捌兩捌錢壹分柒釐内

額撥輕齎易蓆銀伍百柒拾玖兩壹錢捌分捌釐光緒二十五年啟徵銀叁百捌拾肆兩壹分肆釐

五釐蓆折銀陸兩陸分玖釐光緒二十五年啟徵銀肆兩貳錢叁釐

捌釐蓆折銀玖兩柒錢壹分光緒二十五年啟徵銀陸兩肆錢叁分陸釐

木板銀肆拾叁兩肆錢陸分肆釐光緒二十五年啟徵銀貳拾捌兩捌錢壹分柒釐蓆折銀貳拾兩伍錢柒分捌釐光緒二十五年啟徵銀拾叁兩陸錢肆分

漕贈伍銀壹千陸百陸拾玖兩貳錢捌分陸釐光緒二十五年啟徵銀壹千壹百陸兩肆錢柒分玖釐
裁卯書辦工食銀貳百陸拾捌兩貳錢玖分陸釐光緒二十五年啟徵銀壹百柒拾柒兩捌錢叁分玖釐
過江陸升米折銀捌百伍拾捌兩柒錢捌分貳釐光緒二十五年啟徵銀伍百陸拾玖兩貳錢肆分
協濟安慶衛半折行月米銀陸拾玖兩伍錢玖分柒釐光緒二十五年啟徵銀肆拾陸兩壹錢叁分貳釐
新增銀貳拾兩柒錢貳分捌釐光緒二十五年啟徵銀拾柒兩陸錢
黃快三則銀伍兩伍錢肆分貳釐光緒二十五年啟徵銀肆兩柒錢伍分

存留支給項下
馹站夫馬工料等銀叁千壹兩伍錢叁分陸釐閏月銀貳百貳拾伍兩陸錢內裁存馹馬四十二匹每匹每日支草料銀陸分共銀玖百柒兩貳錢閏月銀柒拾伍兩陸錢馬夫三十五名每名每日工食銀肆分共支銀伍百肆兩閏月銀肆拾貳兩水旱夫九十名每名每日工食銀肆分共銀壹千貳百玖拾陸兩閏月銀壹百捌兩買補肆成馬歲額支銀貳百叁拾肆兩陸錢玖分陸釐修理棚廠歲額支銀伍拾玖兩陸錢肆分
一各衙門官役俸工支銀叁千貳百捌拾肆兩陸錢伍分捌釐遇閏加增銀壹百玖拾叁兩陸錢肆分肆釐
府屬額支俸工項下
本府衙門門子工食銀陸兩　閏月銀伍錢　馬快工食銀壹

百陸拾捌兩　閏月銀拾肆兩　步快工食銀玖拾陸兩　閏月銀捌兩　皂隸工食銀伍拾肆兩　閏月銀肆兩伍錢　禁卒工食銀拾貳兩　閏月銀壹兩　庫子工食銀拾貳兩　閏月銀壹兩　斗級工食銀叁拾陸兩　閏月銀叁兩　鋪兵工食銀拾肆兩肆錢　閏月銀壹兩貳錢由縣批解　本府同知俸銀壹百拾貳兩叁錢叁分貳釐　江防同知快手工食銀拾貳兩　閏月銀壹兩　皂隸工食銀柒拾貳兩　閏月銀陸兩　管糧同知皂隸工食銀貳拾四兩　閏月銀貳兩　理事同知皂隸工食銀柒拾貳兩　閏月銀陸兩　轎傘夫工食銀肆拾貳兩　閏月銀叁兩伍錢　南捕通判門子工食銀拾貳兩　閏月銀壹兩　北捕通判門子工食銀拾貳兩　閏月銀壹兩以上由縣批解　經歷司馬夫工食銀陸兩　閏月銀伍錢　聚寶司皂隸

工食銀拾貳兩　閏月銀壹兩　龍江司皂隸工食銀拾貳兩
閏月銀壹兩　茶引大使皂隸工食銀拾貳兩　閏月銀壹
兩　江東司皂隸工食銀拾貳兩　閏月銀壹兩　又弓兵工
食銀拾肆兩肆錢　閏月銀壹兩貳錢　秣陵司皂隸工食銀
拾貳兩　閏月銀壹兩　又弓兵工食銀拾肆兩肆錢　閏月
銀壹兩貳錢　江淮司皂隸工食銀拾貳兩　閏月銀壹兩
湻化司弓兵工食銀貳拾伍兩貳錢　閏月銀貳兩壹錢俸銀解司
核發役食赴縣徑支　本府儒學齋夫工食銀拾貳兩　閏月銀壹兩
又門子工食銀貳拾壹兩陸錢　閏月銀壹兩捌錢　又府儒
學廩生膳夫工食銀貳拾兩　閏月銀壹兩陸錢陸分柒釐由縣
批解
本縣知縣俸銀肆拾伍兩　門子工食銀拾貳兩　閏月銀壹

兩　皂隸工食銀玖拾陸兩　馬伕草料等項工食銀壹百叁拾肆兩肆錢　閏月銀拾壹兩貳錢　民壯器械工食銀叁百貳拾兩　禁卒工食銀肆拾捌兩　閏月銀肆兩　庫子工食銀貳拾肆兩　閏月銀貳兩　斗級工食銀貳拾肆兩　閏月銀貳兩　轎傘扇夫工食銀肆拾貳兩　閏月銀叁兩伍錢

鋪兵工食銀伍百玖兩玖錢貳分　閏月銀肆拾貳兩肆錢玖分叁釐　修理倉監銀伍兩由縣給發

本縣縣丞俸銀肆拾兩　門子工食銀陸兩　閏月銀伍錢

皂隸工食銀貳拾肆兩　閏月銀貳兩　馬夫工食銀陸兩

閏月銀伍錢俸銀解司核發役食由縣徑支

本縣典史俸銀叁拾壹兩伍錢貳分　門子工食銀陸兩　閏月銀伍錢　皂隸工食銀貳拾肆兩　閏月銀貳兩　馬夫工

食銀陸兩　閏月銀伍錢俸銀解司核發役食赴縣徑支
本縣龍潭司巡檢俸銀叁拾壹兩伍錢貳分　門子工食銀陸
兩皂隸工食銀拾貳兩弓兵工食銀叁拾陸兩閏月加給發支同上
本縣儒學教諭訓導俸銀捌拾兩　廩生廩糧銀捌拾兩　閏
月銀陸兩陸錢陸分柒釐　齋夫工介銀叁拾陸兩　閏月銀
叁兩　門子工食銀貳拾壹兩陸錢　閏月銀壹兩捌錢　膳
夫工食銀肆拾兩　閏月銀叁兩叁錢叁分叁釐以上均赴縣徑支
文廟春秋祭祀銀肆拾捌兩壹錢貳釐　社稷神祇二壇春秋
祭祀銀肆兩叁錢捌分山川風雨星辰二壇春秋祭祀銀肆兩叁
錢柒分捌釐　天后宮春秋祭祀銀貳兩壹錢捌分玖釐　龍
神祠春秋祭祀銀貳兩壹錢捌分玖釐常雩禮火神廟祭祀銀貳兩
壹錢捌分玖釐　八蜡廟春秋祭祀銀貳兩壹錢玖分　邑厲

壇上中下三元祭祀銀叁兩貳錢捌分肆釐
文廟香燭銀貳兩伍錢柒分肆釐以上均由縣徑支
舊舉八會試盤川銀柒拾貳兩貳錢叁釐每名給銀捌兩柒錢玖分餘歸節省解藩
庫　科場額支銀貳拾貳兩陸錢玖分陸釐解司核發　武場供應
額支銀貳兩伍錢解司核發　科場謄錄彌封書手對讀生員額支
銀捌兩伍錢由縣徑支　鄉飲酒禮銀捌兩節省解藩庫　本縣走遞皂
隸工食銀貳百捌拾捌兩節省解藩庫　本縣察院並府館門子等
工食銀陸兩　閏月銀伍錢　湻化鎮公館門子工食銀肆兩
閏月銀叁錢叁分肆釐　白兔鎮公館門子工食銀叁兩　閏
月銀貳錢伍分　程明道書院改給督學察院門子工食銀柒
兩貳錢　閏月銀陸錢　看守巡撫察院門子工食銀柒兩貳
錢　閏月銀陸錢　龍潭墩夫工食銀拾肆兩肆錢　閏月銀

壹兩貳錢以上各欵均歸節省解藩庫　本縣孤貧柴布歲額支銀捌拾兩壹錢玖分貳釐　閏月銀壹兩玖錢肆分由縣徑支

按嘉慶十四年賦役全書所載以上俸工銀兩先於乾隆五十一年奉彙解司庫核給嗣奉文於嘉慶五年起歸縣徑支仍於地丁項下彙計考成造報又隨正徵收加壹耗羨銀兩於乾隆五十三年奉文隨同正銀完欠歸入地丁合計分數疏并題報光緒閒現行欵目均分注於各條之下

漕贈南恤兵屯米豆項下

江安糧道衙門漕糧正耗米叁萬叁千叁百叁拾貳石叁斗捌合叁勺內光緒二十五年原續墾熟田地奉減米陸千陸百貳拾叁石貳斗貳升伍勺應徵實米壹萬伍千肆百伍拾肆石壹斗捌升壹合貳勺內

漕糧米壹萬捌千捌百肆拾柒石壹斗壹合肆勺內光緒二十五年奉減米叁千柒百肆拾肆石玖斗柒升肆勺應徵實米捌千柒百叁拾捌石貳斗陸升肆合三勺

加肆耗米柒千伍百叁拾捌石捌斗肆升伍勺內光緒二十五年奉減米壹千肆百玖拾柒石玖斗捌升捌合貳勺應徵實米叁千肆百玖拾伍石叁斗伍合柒勺

改兌正米伍千叁百肆拾叁石叁斗伍升捌合柒勺內光緒二十五年奉減米壹千陸拾壹石柒斗叁升玖合玖勺應徵實米貳千肆百柒拾柒石叁斗玖升叁合貳勺

加叁耗米壹千陸百叁石柒合柒勺內光緒二十五年奉減米叁百拾捌石伍斗貳升貳合應徵實米柒百肆拾叁石叁斗壹升捌合

又以南抵還徐屬漕糧正耗米壹百陸石叁斗捌合內光緒二拾五年奉減米貳拾壹石壹斗貳升叁合柒勺應徵實米肆拾玖石貳斗捌升捌合陸勺內

漕糧米陸拾石壹斗玖合捌勺內光緒二十五年奉減米拾壹石玖斗肆升肆合應徵實米貳拾柒石捌斗陸升玖合叁勺

加肆耗米貳拾肆石肆升叁合玖勺內光緒二十五年奉減米肆石柒斗柒升柒合陸勺應徵實米拾壹石壹斗肆升柒合柒勺

改兌正米拾柒石肆升壹合捌勺內光緒二十五年奉減米叁石叁斗捌升陸合貳勺應徵實米柒石玖斗壹合叁勺

加叁耗米伍石壹斗壹升貳合伍勺內光緒二十五年奉減米壹石壹升伍合玖勺應徵實米貳石叁斗柒升叁勺

漕贈伍米壹千陸百陸拾陸石陸斗壹升伍合肆勺内光緒二十五年奉減米叁百叁拾壹石壹斗陸升壹合應徵實米柒百柒拾貳石柒斗玖合壹勺

撥抵徐屬贈伍米伍石叁斗壹升伍合肆勺内光緒二十五年奉減米壹石伍升陸合貳勺應徵實米貳石肆斗陸升肆合肆勺又遇閏增徵閏月米壹斗柒升柒合伍勺内奉減叁成米伍升叁合叁勺

行月米肆千伍百伍拾伍石叁斗叁升壹合肆勺内光緒二十五年奉減米玖百伍石壹斗伍升陸合捌勺應徵實米貳千壹百拾貳石叁升貳合肆勺

衛賦屯撫漕項米拾柒石陸斗五升肆合柒勺内光緒二十五年奉減米叁石柒斗肆升捌合伍勺應徵實米捌石柒斗肆升

陸合陸勺
江甯布政司衙門衛賦兵糧米捌拾捌石肆斗柒升伍合貳勺
內光緒二十五年奉減米拾捌石柒斗捌升伍合陸勺應徵實
米肆拾叁石捌斗叁升叁合
衛賦留備查出抵補漕項米貳石捌斗捌升貳合叁勺內光緒
二十五年奉減米陸斗壹升貳合應徵實米壹石肆斗貳升捌
合
民賦折色南豆伍百柒拾壹石陸斗伍升柒合伍勺內光緒二
十五年原續墾熟啟徵民賦南豆肆百貳拾伍石肆斗伍升捌
合叁勺
存縣支給恤孤米壹百柒拾柒石肆斗肆升肆合內光緒二十
五年奉減米叁拾伍石貳斗伍升捌合陸勺應徵實米捌拾貳

石貳斗柒升壹勺

又遇閏增給閏月米拾肆石柒斗捌升柒合內奉減米肆石肆斗叁升陸合壹勺

恤孤米石現徵米數不敷支給奉在行月米石項下撥補放給

蘆課田地洲灘本邑自兵燹後於同治年間先後清查勘丈截至光緒二十五年分止原續開報啟徵共腹裏濱江蘆洲田地泥灘貳百叁頃壹畝貳釐伍毫內

靖安廠原續墾熟蘆田壹百貳拾叁頃伍拾玖畝陸分捌釐內

壹錢壹分陸釐科則田壹頃陸拾肆畝柒分伍釐　壹錢壹分伍釐科則田拾陸頃貳拾柒畝壹分肆釐陸毫

壹錢壹分叁釐科則田陸頃陸拾壹畝柒分貳釐伍毫　壹錢伍釐科則田壹頃貳拾叁畝肆分

壹錢叁釐科則田捌拾捌畝貳分　壹錢科則田貳頃貳拾畝壹分玖釐壹毫

玖分叁釐科則田貳拾肆頃伍拾柒畝肆分玖釐叁毫　捌分捌釐科則田伍拾伍頃伍拾柒畝壹分叁釐伍毫

捌分科則田柒頃柒拾伍畝貳分肆釐　柒分伍釐捌毫科則田陸頃捌拾肆畝肆分

裕課洲原續啟徵蘆洲灘地柒拾玖頃肆拾壹畝叁分肆釐陸毫內

陸分叁釐科則地貳拾壹畝柒分　肆分科則密蘆拾叁頃拾畝捌分捌釐玖毫

叁分科則蘆洲貳頃伍拾肆畝貳分肆釐捌毫　叁分科則稀蘆貳拾柒頃陸拾壹畝陸分陸釐柒毫

壹分科則草地拾叁頃玖拾肆畝貳分貳釐　叁釐科則次泥灘拾頃肆拾壹畝柒分貳釐柒毫

壹釐科則下光泥灘拾壹頃伍拾陸畝捌分玖釐伍毫

以上蘆課田地洲灘各則不等共科徵銀壹千叁百拾玖兩肆分叁釐隨徵加壹耗羨

戶口人丁

明制在城曰坊近城曰廂遠城曰里皆有役其鰥寡孤獨僧道不任役者曰畸零附於一里十甲之後明時十年更審曰黃冊

以丁糧增減而升降之皆有丁錢此差銀也力差名曰役法以戶計者曰里甲以丁口計者曰徭役上命非時曰雜泛役皆有力役雇役雇役者以銀輸官官爲僉募應差否則以農隙赴役三十日曰力差以共雜役所謂庸也見明史其後有條鞭法凡編里甲差銀編均徭差銀編水夫差銀編民壯差銀俱在人丁項下分派徵撥見重修山陽縣志又按上江兩縣志曰自海忠介公行一條鞭法迺使銀力兩差額辦派辦京庫歲需各役法民間不問然戶役除而丁銀尚在也民生十六曰成丁六十而免舊有丁銀漢曰算錢向皆五年編審增易丁銀內有歸併軍衛黃丁快丁竄丁不等課銀自數分至五錢不同吏緣爲姦利閭閻深苦其累康熙五十二年奉　旨以康熙五十年編審爲定額以後日滋生人丁永不加賦雍正六年總督范時繹奏準

丁隨田納於是地丁銀糧以田爲額而粟米布縷力役合爲一科繇是戶丁役一切俱所不計見前志及漂水縣志

按舊志載康熙五十年審增並原額其人丁四萬九千二百五十丁定爲常額至嘉慶十四年呂府志載句容縣詳報丁冊共民丁男叁拾萬陸千玖百陸拾捌丁除原額計節年滋生人丁貳拾伍萬柒千柒百拾捌丁而隨田攤徵納賦者猶止徵銀陸千柒百玖拾陸兩伍錢之舊額也咸豐丙辰庚申兩遭兵火亂後遺黎不及十之二四十年來休養生息然較嘉道閒人丁不過十之三光緒二十六年清查煙戶其計叁萬捌千玖百叁拾陸男丁柒萬玖千伍拾叁婦女叁萬玖千柒百貳拾壹合計拾壹萬捌千柒百柒拾肆口康熙六年府志載句容戶貳萬玖千捌百捌拾貳口壹拾貳萬壹千貳百伍拾叁丁與舊縣志所載不同未詳孰是

雜稅

牙行原額貳百叁拾壹戶其徵牙稅正銀壹百伍兩陸錢耗銀壹兩伍錢陸分自同治間截至光緒二十五年分原續招充牙行壹百拾肆戶內三等則完銀壹兩肆等則完銀五錢其完牙稅正銀六拾柒兩耗銀陸兩柒錢

牛驢稅原額正銀貳拾貳兩叁錢耗銀貳兩貳錢貳分盈餘正銀貳錢貳分貳釐耗銀貳分貳釐自同治間截至光緒二十五年分原續招充其完牛驢稅正銀貳兩捌錢伍釐耗銀貳錢捌分

田房稅前志云每年約收稅捌玖百兩兵燹後至光緒二十年分每年徵完稅銀數十兩壹百數拾兩不等於二十一二年始稍起色光緒二十五年分征解田房稅銀壹千陸百伍拾肆兩

貳分玖釐耗銀銀壹百伍拾陸兩肆錢叁釐光緒二十六年分

奉

欽差大臣剛毅整頓稅務奏奉新章免解耗銀以示體卹

典稅呂府志云句容貳拾壹典徵銀壹百伍兩每典按年完稅

正銀伍兩耗銀伍錢至光緒二十三年奉　戶部具奏當典商

額稅太輕請飭各省一律加收典稅一摺飭從光緒二十三年

分起每典按年納正稅銀伍拾兩耗銀伍兩光緒二十五年分

本邑城鄉兩典共完典稅正銀壹百兩耗銀壹拾兩

按牙行稅只及舊額六分牛驢稅不足二分典稅雖加亦止

足額惟田房稅驟逾倍蓰實緣訶察之力民畏其擾不敢隱

漏又於鄉圖設立土牙遵用契格法愈密矣在賢有司神明

用之可耳

鹽引

鹽法志載江甯府屬句容額行綱引玖千柒拾陸引溧水捌千壹百引高淳陸千捌百貳拾引雍正間定額每引叁百肆拾肆斤嗣因蒲草歉産包索減輕鹽斤易致虧折於乾隆十三年二月二十日奉
旨著加恩於引額之外每引增給拾斤俾商本不致虧折民食永資利益欽此每引計運鹽叁百伍拾肆斤乾隆十六年二月十六日欽奉
上諭著將兩淮綱食引鹽於定額外每引賞加拾斤不在原定成本之內俾得永遠沾受實惠欽此每引應運鹽叁百陸拾肆斤歷係商人按照成本隨時銷售道光中改行票鹽前政遂弛自兵燹後改銷税鹽於是有專商分岸認引包銷之法　每引正鹽陸百斤外加滷耗陸拾斤包索叁斤半分裝八包爲壹引

每包連包索計重捌拾陸斤按淮南鹽法紀略每引完課銀柒錢貳分經費壹錢捌分出江釐金壹兩伍錢陸分大勝關釐金貳兩貳錢內河捐錢壹千壹百叁拾叁文計每引運本約銀伍兩伍錢有奇同治五年商人合大和認辦運銷句容溧水高淳三岸每年共額銷肆千引溢銷按引加釐闔銷照包計每引完釐金銀貳兩貳錢共應繳庫平銀捌千捌百兩按四季分納於江甯鹽巡道署轉解金陵軍餉局充餉詳定銷售價值每鹽百斤價銀貳兩陸錢民間市用銀錢並收以銀合錢按照市價長落如銷市暢達隨時稟明提價至多不得加至叁錢至滯或請核減壹錢庶使長落有權民商均便

按康熙間有計口食鹽之弊邑士民呼籲終歲而其患始除近時私梟充斥伏莽潛滋而閭閻之隱患深矣

積穀

句邑積穀自光緒四年奉飭勸辦始則按田壹畝捐穀叁斤繼則每畝捐錢貳拾文至光緒六年停辦止共買穀貳萬伍千肆百餘石分儲貳拾壹倉各倉共提存息本錢壹千陸百陸拾肆千陸拾陸文常年生息以抵歲修經費之用諭董經理春借秋還光緒十一年圩鄉被水稟准賑放圩鄉倉穀並借撥山鄉倉穀共柒千貳拾捌石零又歷年照章借放穀石及折耗各穀外截至光緒十六年實存各倉現穀壹萬壹千叁百肆石零又民欠穀肆千陸百柒拾肆石零又各年民欠穀肆百伍拾玖石零均經分年造册詳報有案至光緒十九年經前縣舒霖以上年旱災頗重民情困苦稟准借放穀壹萬貳百拾捌石有奇此外則盡欠在民積年累計有加無減共欠穀伍千肆百玖拾捌石

零實儲城倉現穀貳百玖拾柒石零所有民欠及借放穀石迭
次飭令追繳迄無一戶遵還光緒二十四年秋收尚稱中稔奉
文整頓積穀以實倉儲等因李令孟康有鑒於斯以爲民捐民
食追繳維艱是以援案於徵收下忙案內每田壹畝捐錢貳拾
文光緒二十五年張令紹棠相繼徵收兩年共捐積穀錢貳萬
壹千捌百肆拾伍千叁百貳拾叁文內除李令動撥買穀叁千
玖百貳拾壹石外二十五年張令放給董事張澍修理舊倉工
木錢玖拾叁千玖百叁拾陸文又諭城董駱文鳳等建造城內
倉厫十六間共支銷錢叁千捌百玖拾陸千叁百伍拾柒文其
餘支剩錢文分別採買穀石及提存發典生息之用
　按道光十二年總督陶文毅公勸建豐備倉教諭張履勸捐
冊序光緒四年巡撫吳元炳奏稿暨嘉慶十九年郡紳秦文

慤公救荒章程均采入義舉中茲不復贅

附錄　奏疏　諭旨　碑文

同治十三年三月總督李宗羲巡撫張樹聲署漕督恩錫奏請

減徵第一疏

竊查江甯府屬七縣田自兵燹後科則無考於同治七年經前督臣曾國藩仿照皖省章程無論民衞丁漕酌中定數仍分上下忙折徵錢文以一半提歸司庫以一半買米起運奏蒙允准歷年以來均經奏明循辦在案迭准部文催辦開徵節經檄司嚴飭府縣先將熟田分造區圖冊籍開辦丁漕體察情形議詳去後茲據江甯布政使梅啟照署江安督糧道薛書常會詳稱江甯府屬各縣賦役全書均已燬失前經詳請戶部頒發亦已霉爛無存祇有嘉慶年間重訂江甯府志賦役一門載明

七屬田地山蕩科徵銀米各額數尚可依傍驗派地漕銀米各欵則有部頒道光二十七年奏銷冊可以爲憑查江甯府志內載民田上元縣十二則江甯縣十則句容縣十則江浦縣十四則六合縣四則溧水縣八則高淳縣六則衞田上元縣三十二則江甯縣三十七則句容縣七則江浦縣四十七則六合縣三十四則究竟某則田地若干科徵銀米若干並未詳載各縣追溯舊志詢訪耆民老吏百計根求惟句容縣田地山蕩各自一則猶易分晰此外各縣民田大小科則不等一區一圖之中亦分幾則某田某地係何等則無從周悉卽訪諸原業主亦屬未能盡知又上元江甯句容江浦六合五縣均有屯田夾雜民田之內科則與民田各別大率米多銀少除屯田最多之六合縣並最少之句容縣民屯尚能區分堪以各歸各則徵收其餘上

元江甯等縣實皆民屯錯雜莫可辨認屯田爲津貼運丁世產例禁典賣然私相授受隨處皆有自知違例每多隱諱乾隆嘉慶年間歷次清理卒未得實兵燹後物是人非更難根究按其科則銀米併計與民田相埒何田爲民何田爲屯既難確指自宜仿照民田民地銀米一則科徵以歸劃一而杜趨避惟據該府縣轉據耆老紳民稟稱開墾荒田完繳抵徵實已勉力今聞開辦丁漕銀米並納不勝惶恐實緣今日情形大非昔比從前人物富庶務農之家父子相承無不盡力於南畝賦額雖重無敢異議今則本地農民無多招人代種工本倍費而荒蕪已久失於培壅收穫不及從前一半若仍照舊則完糧恐未墾之田無人敢領已墾之田又將復荒聞蘇屬平定後即經奏請減免漕額甯屬被兵最久凋敝情形較重於蘇屬懇一視同仁或酌

減科則或普減賦額等情一再具稟伏查上元江甯句容高淳等縣墾熟田地按照原額纔過五成溧水一縣則不足五成六合縣熟田最多亦僅得六成半之數其故由於田多人少賦重息微卽遇全熟之年每畝所收租籽除完納正賦之外僅餘數斗倘遇水旱偏災竟無顆粒餘剩若不酌減科則不獨催科爲難誠恐業戶無利可圖棄之如遺荒田無人願墾而熟田轉將復荒

國家賦額有常原不敢輕議改減然與其照舊科徵而民力未逮徒事追呼何如酌予減輕俾易輸將轉收實效茲與該府縣再四商酌所有墾熟田地分别腴瘠定爲上中下三等擬請將上元江甯六合溧水四縣最重之上等科則減去一二成句容縣賦額最多科則尤重地方瘠苦擬請將上則酌減二成半江

浦縣地瘠民貧被兵又久擬請將上則酌減二成半中則減去二成下則減去一成其餘草場地同各縣下則田地完數較輕者悉仍其舊無庸核減又高淳縣向徵折色銀兩核其科則較他縣爲輕毋庸改減惟該縣大糧田地本係陸升陸合一則起科前明因固城沈没田糧加派於高淳故有捌升陸合起科者有捌升起科者有陸升陸合壹勺零起科者載明縣志可考該縣農民賠納至今不堪其累查浮糧例准請豁自應將此加攤貳升壹升肆合及一勺零之浮糧准予豁除通境田地一律按陸升陸合起科仍徵折色以廣

皇仁而甦民困嗣後七縣續墾成熟田地悉照此次減定科則分別徵收似與普減額賦較爲核實等情詳請具奏前來臣等查江甯府屬被兵十有三年受災最深同治三年克復後豁免

錢糧三年渥被
皇仁亦較他處為尤渥小民完納正賦具有天良苟非萬不獲
已何敢率請議減臣等權衡收放各欵下顧民生尤應上籌
國課亦斷不敢輕議更張惟參酌時勢博訪輿情仰體
聖朝愛民之意細核從前原收之數查江甯各屬原額田地共
陸萬叁千玖百貳拾貳頃捌拾畝有奇科徵銀貳拾玖萬叁千
伍百叁拾柒兩有奇米豆壹拾陸萬貳千叁百捌拾柒石有奇
各縣現在墾熟田地共貳萬玖千貳百貳拾叁頃肆拾壹畝有
奇照原則應科徵銀壹拾柒萬貳千柒百玖拾柒兩有奇米豆
玖萬叁千伍百壹拾叁石有奇今就該司等所擬酌減科則計
之應徵熟田銀壹拾肆萬貳千柒百玖拾陸兩有奇米豆柒萬
陸千捌百捌拾貳石有奇通盤核計墾熟田地居原額僅及十

成之五而減收成數則較原額尚有五成祇因所科熟田上則居多其無避重就輕可知至所減科則少徵銀米僅居原額十分中之壹分伍釐有奇於正賦無大虧損而小民受益無窮非但目前催科不致棘手此後農民聞風歸耕或者荒田漸墾賦額日增實於
國計民生兩有裨益　是年四月十四日奉
硃批戶部議奏欽此
是年十一月覆請減徵第二疏
竊准部咨議復臣等奏江甯府屬酌減科則開辦丁漕礙難准行仍令照原額一律起徵一摺同治十三年六月十四日奉
旨依議欽此當經恭錄轉行遵照去後茲據江甯布政使梅啟照江安督糧道薛書常會詳稱江甯府屬田土本非饒沃而被

兵旣慘且久與蘇皖情形實有不同省城克復後地方困苦異
常仰蒙我
皇上軫念殘黎錢漕蠲免三年流亡漸歸復業又經多方招徠
借給牛種資本故現在墾熟田地在此三年之中者十居八九
同治七年巳屆起徵經前督臣曾國藩奏准仿照安徽章程權
辦抵徵雖比丁漕輕減無如田地荒蕪巳久墾種無異開荒兼
之地廣人稀土著農民自顧不暇凡有業田之家無不遠處招
人必須重給資本而租息又極微薄歲豐則除完納抵徵之外
所餘無多歲歉則租息益少業主不敷工本是以辦理抵徵六
七年來續墾熟田仍屬寥寥其中因利息太微工本不足欲墾
而未敢造次者有之或恐開墾丁漕銀米並納較之抵徵加重
畏累而遲疑觀望者亦有之若開辦丁漕必照舊則科徵無論

併此幾微之利無可指望且恐租不敷賦小民兵燹餘生無可賠累縱使日事追呼亦屬於事無補在部臣統籌全局參考原不厭其詳慎而地方瘠苦瘡痍未復誠有不能不變通之勢上

籌

國計必先下顧民生與其勉照原額徒有多徵之虚名莫若量予減輕期收輸將之實效且使力田小民除完納丁漕之外稍有餘利既免賠糧之虞兼釋畏累之念已墾者安心力作未墾者亦觀感而興熟田不致復荒荒田開墾日多日後民物富庶無難復還原額等情詳請具奏前來臣等查錢漕乃維正之供非出於萬不得已亦何敢輕議改減部臣所慮者目前如果准減恐將來田地復額虧短更不止此誠爲通盤核算籌及久遠之計惟查墾熟田地未及十成之五而查照原額起徵則所收

之數幾及十分之六欲就減額起徵尙有十分之五其故由於墾熟田地定爲上則居多名雖減而實仍未減蓋當分查之時嚴定等差所以杜花戶避重就輕之弊及至彙總之後量加減核所以廣

朝廷損上益下之仁當此倉儲支絀需欵甚殷臣等豈敢曲徇民情有違成例惟時勢旣有變遷辦事必求有濟又不得不將實在情形縷晰瀆陳合無仰懇

特恩俯准仍照原奏分別將上元江寗句容六合溧水江浦六縣丁漕減則徵收以舒民困而廣

皇仁出自

逾格鴻施　是年十二月初五日奉

硃批著照所請戶部知道欽此

光緒元年九月總督劉坤一巡撫吳元炳漕督文彬覆請減徵第三疏

竊前督臣李宗羲等請將江甯府屬墾墾田地仍照減則徵收一摺同治十三年十一月二十四日會奏欽奉

硃批著照所請戶部知道欽此當經恭錄轉行欽遵辦理一面由司查照減定數目出示曉諭於本年二月初九日接准部咨尚有核辦之處另行知照等因查核准咨之時業已遵照前議造串開徵續於四月初三日接准部咨江甯府屬墾熟田地減則徵收礙難覆准一摺光緒元年四月初七日奉

旨依議欽此知照前來維時開徵土忙已逾兩月臣等深慮重議更張勢多窒礙然尋繹部文所駁各節均爲慎重賦額起見又不得不恪遵部議嚴飭所屬認眞設法以冀仍照舊額徵收

當經轉飭遵辦去後茲據江甯布政使梅啟照江安督糧道衞
榮光會詳稱錢糧乃維正之供苟可照舊辦理亦何敢再三瀆
陳祇因江甯府屬各縣地勢大半濱江枕山低則患水高則患
旱田土本非饒沃與蘇松情形迥不相同自粵逆竄陷十有餘
年蹂躪殆徧被害之慘無逾於此現雖克復已久而土著農民
十無四五力田之家添雇客民工本既大花息尤微從前每畝
收米壹石者今祇收穀壹石穀價每石不過伍陸百文即使減
收起徵已屬勉力輸將若照從前原額銀米並納民力實有未
逮如果迫於催科敲扑從事小民無可賠累懼受追比因而棄
本就末致將已熟者仍復拋荒未墾者盡成廢棄竊恐於
國計民生兩有關礙思維至再勢難拘守舊章細核所減之數
每年照全額而計亦不過減去一成有奇歸之

國家則所增無幾散之民間則實惠無窮權衡緩急不得不將
實在情形縷晰瀆陳如不能永遠減則或就減成數目試辦三
年等情詳請具
奏前來臣等伏查錢糧科則賦額攸關誠如部臣所議豈可率
行請減況當此整頓錢漕之際尤不准託催科政拙之名爲該
州縣辦事因循之地然民隱必宜兼顧辦法尤貴變通江甯府
屬田土之瘠兵燹之深甲於通省目前所議減成徵收較之原
額應徵數目雖覺短少較之歷年辦理抵徵已有贏餘仰體
朝廷愛民之意自宜逐漸進步未敢驟竭民膏臣等再三體察
如將定額永遠減去二成業經部臣議駁又何敢援以爲請惟
有仰懇
特恩俯准將江甯府屬之上元江甯句容溧水六合江浦等六

縣田地仍照原請減成徵收暫定三年爲度以舒民困而廣
皇仁出自
逾格鴻施　是月二十九日軍機大臣奉
旨戶部議奏片並發欽此
光緒三年江甯布政使孫衣言詳文略
伏思戶部職任度支不敢輕言減賦其意誠在裕
國而欲求裕
國先求裕民必欲使兵火之遺盡納承平之賦非但法不能行
亦且情何以忍萬一別滋變故竊恐所失更多况牧令責在催
科不能不圖免咎向來瘠苦州縣每於查辦秋災之時多報分
數規免處分是則名爲復額實吃暗虧且藉災虧賦雖曰病
國利猶在民萬一敲筋吸髓務欲取盈則有田者羣謀棄去無

田者不復歸耕挈家四散既無所施其誅求滿目荒蕪更無所
望於開墾使江南數十萬畝之田疇更歷十餘年而不種則
國家所失賦稅豈復可以數計而徒於眉睫之閒爭此錙銖之
利爲
國深謀豈宜出此本司涖任之初接見江甯士民無不以本年
復額爲憂太息咨嗟至於墮淚實以江甯一府被寇尤深非淮
揚徐三郡大半完善可比而沿江磽瘠又與蘇松各屬之一耕
十穫者不同其困苦既爲特殊則撫綏自宜加意梅升司久任
江蘇民情最爲熟悉前督憲李愛
國愛民尤爲上下共信使民力尚可支吾亦何敢痛哭流涕呼
籲再三乃請之愈殷駁之愈峻暫減之議已滿三年今年上忙
錢糧業已勉遵部議照舊啓徵現屆六月各州縣尚少報解而

亢旱兼旬蝗蝻蔽野近雖幸沾雨澤插秧已遲難期上稔所宜
及早爲之熟籌竊念地丁關係度支不敢再請減徵致虧
國用而民情惶懼尤恐完漕之數倍於完銀我
朝
聖聖相承以愛民爲本恭逢
皇太后
皇上勵精圖治疊沛温綸勤求民隱本司目擊民艱若以前奉
部駁不敢復言豈但上負
國恩亦且下愧百姓萬不得已惟有據實詳請援照同治二年
恩免蘇松太三屬虛糧之案將江甯府一屬除高淳溧水二縣
向完折色不計外其餘上元江甯句容六合江浦五縣額徵漕
糧等米一律減免十分之三查該五縣田地荒熟併計應徵原

額漕屯兵卹等米共拾伍萬肆千捌百捌拾玖石零以十分之
三核計該減米肆萬陸千肆百陸拾陸石零就現在啟徵熟田
而計共應徵原額漕糧等米玖萬貳千玖百玖拾伍石零共請
減三成米貳萬柒千捌百玖拾捌石零尚應徵熟田米陸萬伍
千玖百柒石零所減米石分攤於各縣科則之最重者著爲定
額續有墾熟亦卽照此科徵不再加重斯民具有天良幸沐
皇仁優渥如此斷無不踴躍樂輸而利之所在趨之若鶩有田
之家既得田之贏餘豈肯輕棄其業無田之民不畏田之賠累
更當競趨於耕十餘年後民間增數十萬之艮田
國家卽多數十萬之正賦州縣無無瞻顧考成之慮漕糧無臨時
支絀之虞爲
國深謀何以易此溯查同治二年前撫憲李

奏免蘇松太三屬虛糧有以與爲取以損爲益之語洵爲切中
事情本司愚昧之見實亦竊取斯義合無仰懇憲恩俯准陳奏
倘蒙
特旨俞允再將該五縣重則田地按三成米石均勻攤派某則
某田減免若干作爲定則另行造具減定科則畝分詳咨戶部
備查總使民間完納銀米兩項牽算與抵徵不甚懸殊每屆上
下忙冬漕開徵責令各縣將銀米收價刊刻告示通頒曉諭定
價之外不准多取絲毫並於散給易知由單內將原額每畝科
徵米若干應完米若干今每畝減免米若干實徵米若干每石
定價若干逐一載明以杜浮勒務在權一時之宜爲萬世之計

光緒三年六月總督沈葆楨巡撫吳元炳漕督文彬　奏請酌減漕糧疏

竊照江甯府屬墾熟田地懇請減則徵收一案疊經前督臣李

宗羲等奏陳均經部臣議駁嗣署督臣劉坤一會同臣元炳額
請暫減三年部議光緒元年丁漕准予減徵二年按元年所減
數目酌減一半三年查照原定科則徵收等因當經轉行飭遵
在案臣葆楨莅任後因各屬荒田嚴催未墾而江甯府屬轉多
墾而復荒者驟聞之不勝其疑再四訪求僉稱江甯賦重亞於
蘇松而地磽等於徐海以十餘年廢耕之土責諸數百里孑遺
之民倘錢漕照額徵收竊恐年復一年流亡多而污萊更甚旋
據前兩廣督臣鄧廷楨之孫優貢生鄧嘉緝稟稱祖遺田地貳
百肆拾餘畝無從招佃情願充公言之甚痛臣派員履勘有佃
承種者尚壹百柒拾餘畝拋荒者僅柒拾餘畝緣恐歲非上稔
佃復續逃墊完既苦乏資積逋可勝負疚夫以累世簪纓之族
尚因無力賠賦棄之如遺則窮檐小民困於追呼何堪設想

國家大利在農若不培其根本恐撫字催科二者均無從下手藩司孫衣言到任正值上忙奏銷之際疊經通盤籌畫以爲非利農無以勸墾非減則無以利農茲據詳稱從前江甯府屬權辦抵徵上則田每畝徵錢貳百伍拾文下則田每畝徵錢壹百叁拾文爲數甚廉似應爭先開墾趨之若鶩乃求之汲汲而應者寥寥實由兵燹之餘鄉民自種自食每戶不過十餘畝而止餘地招募客民給以資本應募者來自江北土性異宜加以强悍難馴費資多而交租少大約從前每畝收米壹石者今止收稻百斤或柒捌拾斤碾米不能肆斗稍加催索則席捲潛逃牛具田租均歸烏有而田已報熟賦無可蠲辦抵徵時弊已如此今復丁漕原額綜計上則田每畝須完錢肆伍百文較之抵徵數幾倍之農服先疇棄之則無以爲生守之又不敷償課良懦

失未發黠揭竿上年六合鬧漕雖借屯米爲詞實則希圖普減
戶部職在裕
國原難輕議更張第裕
國必先裕民必欲使兵火之餘生盡納承平之井稅情旣不忍
法亦難行萬一別滋事端竊恐所失更甚目前雖遵部議上忙
勉强啟徵現屆六月各州縣報解不前加以亢旱兼旬蝗蝻蔽
野近幸渥沾雨澤插秧已遲所宜亟早熟籌預杜後患因思地
丁一項不敢再請減徵惟有援照同治二年
恩免蘇松太三屬虛糧之案將江甯府一屬除高淳溧水二縣
向完折色不計外其上元江甯句容六合江浦五縣額徵漕糧
等米一律減免十分之三查該五縣田地荒熟併計應徵原額
漕屯兵卹等米共拾伍萬肆千捌百捌拾玖石有奇以十分之

三核計該減米肆萬陸千肆百陸拾陸石有奇就現在啟徵熟
田而計應徵原額漕糧等米玖萬貳千玖百玖拾伍石有奇共
請減三成米貳萬柒千捌百玖拾捌石有奇尙應徵熟田米陸
萬伍千玖拾柒石有奇將來繼墾熟田亦照此科徵不再加重
斯民具有天良幸沐
皇仁優渥如此斷無不踴躍樂輸有田之家既得田之贏餘豈
肯輕棄其業無田之民不畏田之賠累更當競趨於耕十餘年
後民間增數十萬之熟田
國家即多數十萬之正賦等情詳請具奏前來臣等伏查漕糧
關係正供不容輕議增減蘇松等屬同治二年蠲免十分之三
此破格之
恩豈尋常所當援例然江甯府屬淪陷之久倍於蘇松荼毒之

酷甚於蘇松田土瘠而遺黎稀更無從與蘇松比較同是
朝廷赤子何忍聽其旣登衽席者馴致流亡蘇松太減米五拾
肆萬餘石之多爲萬古未有之
隆施所以鞏萬世無疆之
寶祚今於江甯府屬再減米貳萬柒千餘石僅及蘇松太二十
之一於
國計似無大損而
聖主如傷之隱周浹旁皇其以人情爲田一樹百穫者何可數
計惟前次所請減者有二成半二成一成半之分今則統減三
成似乎冀幸過甚然前次銀米一律請減今所請者不減銀而
減米相權不甚懸殊我
國家

列聖相承皆以愛民爲本幸逢
皇太后
皇上勤求民隱疊沛
温綸父老捧誦
詔書莫不感激涕零奔走相告臣等不能奉宣
德意使地鮮遺利家少餘糧絶無致富之謀只有乞
恩之疏捫心清夜何地自容然實出於智盡能索之苦衷非敢
蹈釣譽沽名之陋習惟有籲懇
鴻慈逾格
特旨准照蘇松太成案核減上元江甯句容六合江浦五縣漕
米三成俾民不以納課爲畏途而以墾荒爲利藪臣等不勝感
激屏營之至

光緒三年七月十五日内閣奉

上諭沈葆楨等奏瀝陳江甯府屬凋敝情形懇請酌減漕糧一摺江甯府屬經兵燹之後田畝抛荒尚多今年被蟲被旱播種失時據奏小民困苦情形實堪憫惻加恩着照所請所有江甯府屬之上元江甯句容六合江浦五縣額徵漕糧等米均着一律減免十分之三以舒民力餘著照所議辦理該督等即刊刻謄黄徧行曉諭務使實惠均沾毋任吏胥舞弊用副

朝廷軫恤閭閻至意該部知道欽此

戶部疏略

查蘇屬減賦案内由該督撫飭屬核繕原定額數並派減科則列表造具應減應徵細冊恭繕一分咨送軍機處進呈

御覽並將各冊分送部科查核應請

飭下兩江總督等查照蘇屬減賦成案造冊奏咨報部再蘇屬減漕不減伍升以下輕則現據該督奏請上元江甯句容六合江浦五縣額徵漕糧等米一律減免十分之三與蘇屬稍有不同其如何按則勻攤應令詳查確實至衞田屯糧與民田有無區別抑應一體減免漕項銀米蘇屬不減兵卹等米向不起運現均在請減之列此次繕造表冊應將原額漕糧若干派減漕糧若干減賸漕糧若干按原定科則核算不得將科則歸併以滋弊混並將正耗漕項兵卹等米各歸各款分註細數其有屯米者亦另款登載仍俟臣部核復後將訂定實在科則修輯賦役全書先纂一屆應自某年起由該督等酌定奏明辦理以後按限纂輯俾昭信守其一高淳溧水二縣向完折色現時漕糧既蒙核減該二縣徵收折色及漕項南米應如何辦理之處並

令該督等另案奏報原奏聲稱繼墾熟田照此科徵不再加重
斯民斷無不踴躍樂輸十餘年後民間增數十萬之熟田等情
查減免漕糧招徠開墾較易爲力該督自必確有把握應再請
旨飭下兩江總督等自光緒三年爲始嗣後每届年終將甯屬
各縣該年墾熟田畝若干開具簡明清單咨部備查
是年十月初六日奉
旨依議欽此
江蘇巡撫部院丁日昌奏定蘆洲田地變通丈期其略謂江蘇
省沿江沿海沙洲林立坍漲靡常定例五年一丈坍則報豁漲
則報陞法至善也無如日久弊生或望水以陞科或留糧而待
補沙棍因之把持豪强於以兼併而書差洲保人等明知此弊
故每屆大丈之期倡爲丈費名目隨丈征解得規則照舊造報

無錢則立限比追內外上下各書吏按股均分地方官亦從而染指往往前丈之費未已後丈之費又來自奏准改爲十年一丈庶爲期較寬閭閻永免夫騷擾而因時復勘坍漲仍有所稽查今勒石垂禁如地方官差吏保董事人等仍藉稽查欺隱爲名將並無坍漲之地通行丈量及需索丈費者許即據實稟辦嗣後如有坍漲亦須隨時呈報毋得隱匿影射自貽伊戚

附章程　一每屆十年大丈之期如有呈報坍漲者照例勘丈造具圖冊詳咨陞除　一腹裏洲地如無坍漲者永免大丈一丈費名目永遠革除如有仍前索取者許即據實稟辦一望水陞科預埋爭佔之根最爲惡習嗣後如有新漲必須變成泥草各灘方許繳價買受若係水影光灘不准報買以杜訟源　一各洲遇有坍没應隨時呈報豁糧不准再有留糧待補

名目以爲影射地步　一報買新漲若干務將價銀照數呈繳地方官以便釘交執業不准報多繳少及赴司道府州衙門繳價以杜罩報之弊

光緒六年四月署兩江總督吳元炳會奏片略　再江蘇各屬濱江沿海沙濱田地坍漲靡常定例五年一丈兵燹後經部議准改定十年一丈今屆限滿續丈之期當經臣等札飭候補道朱之榛會同署蘇藩司許應鑅認眞督辦去後茲據該司道等參照上屆成案議定章程今屆舉辦大丈以清理坍漲爲第一要義漲者即令補繳價息准其承買給照執業坍者予以詳豁俾免賠糧並將控爭各案一律勘訊斷結其舊額田地變成沃壤者分別轉則轉漕以袪取巧避就之弊而又革除丈費訪拏蠹棍以甦民累詳請出示曉諭遵辦前來臣等伏查沙洲本天

地自然之利該沙民等自應漲則報升坍則報豁乃時閱十年
漲坍升豁多有未定以致控爭之案又復層見疊出推原其故
非由豪強痞棍之把持即因書差沙保之需索現在該司道所
擬章程洵足以除積弊而恤民隱其此次所需經費均由司道
於洲價本款動支不准稍有需索並不設局以節縻費

恭錄乾隆三十八年十二月初四日

聖諭

今年七月閒據陳輝祖所奏請將該省民屯新墾丁糧隨年攤
徵一摺交該部議奏旋經戶部復准陳輝祖所奏並請行查各
督撫就本省情形酌籌妥議具奏
朕彼時駐蹕熱河正值籌辦軍營事多未及詳加審核且以部
議通行各省必其事屬應行故爾依議嗣據直隸等省陸續議

奏大概請仍舊制者居多則陳輝祖所奏及該部所議皆未爲得當國家承平休養百有餘年閭閻生齒日繁歲有增益向來編審人丁按丁科則自康熙五十二年我
皇祖聖祖仁皇帝特頒恩詔盛世之民永不加賦即以是年丁糧之數作爲定額仰見
皇祖惠愛黎民厚澤深仁法良意美實萬世子孫臣庶所當遵守不易者葢民爲邦本庶富相因但令小民於正供之外留一分盈餘即多一分蓄積所謂藏富於民百姓足君孰與不足者此也
朕臨御以來仰承
天祐
祖德際此累洽重熙無時不以愛養斯民爲念是以兩次降旨

普徧天下錢糧並輸徧各省漕米爲數不啻數千百萬而因災蠲賑及隨時恩免者尚不在內所冀羣黎益慶盈寧共享昇平之福豈肯於丁糧區區毫末之賦稍存計較乎現今海宇戶口繁滋難以數計如各省錢糧有增無減卽爲滋生繁庶之徵夫人數既多自地無遺利安得有未闢之曠土留爲墾種陞科若求可墾之地則新疆烏魯木齊等處地土沃衍尚可墾爲屯田至於內地開墾一說則斷無其事各省督撫亦斷不得以此爲言卽或瀕河沿海之區閒有東坍西漲其數甚微秖須地方官查明照例妥辦若以新墾民屯地畝復將丁銀隨年攤納是與小民較及錙銖尤非惠下恤民之道陳煇祖所奏固屬瑣碎而戶部議覆亦復未識大體所有各省辦理丁糧事無論已未覆奏俱着悉仍其舊毋庸另議更張其湖北長蘆二處已經該部

覆准者亦不必行仍令照舊辦理並將此通諭中外知之欽此

恭錄嘉慶四年三月初九日

仁宗睿皇帝聖諭

有人奏民間供輸漕糧之弊向來漕糧按畝徵收功令有淋尖踢斛之禁而州縣因以為利多有每石加至數斗及倍收者所收未及三分之一本色已足則變而收折色小民不肯遽交折色則覊留以花消其食用呈驗以狠籍其顆粒使之不得不委曲聽從慮上司之參劾也則饋送之慮地方訟棍之控告也則分飽之等語此等積弊實所不免著傳諭有漕各督撫務督飭所屬留心查察毋使州縣藉端勒掯朘削累民倘有前項情弊即行據實嚴參辦理欽此

恭錄嘉慶四年十二月十一日

仁宗睿皇帝聖諭

本年辦理清漕即經降旨令蔣兆奎悉心籌畫剔除積弊以期漕務肅清乃蔣兆奎謬執已見意在加賦茲又奏稱生齒日繁諸物昂貴經費不敷不能減去等語是蔣兆奎始終以加賦爲是獨不思漕弊既經革除則旗丁之浮費可省又何有不足豈有將浮收之事竟著爲令甲乎且州縣若果收清漕旗丁運弁無瑕可指勢必不復爭鬧況現在清釐漕務亦並非於剔除積弊禁革浮收之外一無調劑已節次飭部酌議加增米擔並降旨令各幫漕船多帶土宜廿四擔免其上稅又飭禁沿途一切陋規該旗丁等自可足用即倘須調劑亦何至除加賦外而別無良策乎欽此

恭錄嘉慶十四年十二月二十三日

聖諭
前據阿霖保面奏於收漕時通融辦理以槪收八折擬即出示
曉諭一節係在未經降旨清釐積弊以前現在將漕務各衙門
書吏以及委員經紀人等各項陋規一槪裁革弊源旣清則旂
丁費用大減津貼亦屬有限如敢仍前多索必當嚴辦示懲若
州縣等任意浮收自應一體嚴行究辦該督等惟當實力查察
妥爲經理倘竟出示明收八折而州縣等藉此多徵侵肥入已
或又不止於八折之數將來該省人民有將該督折收告示揭
粘呈控者
朕當執法懲治斷不因該督等呈奏在先少從寬貸也欽此
謹錄道光元年六月十八日
上諭

昨據御史王家相奏八折收漕之議可不可當經降旨交孫等會同妥議具奏本日復據侍郎湯金釗奏稱收漕之弊非定八折所能有濟且伊曾任江蘇學政從前所定旗丁幫費於定額之外州縣仍不免私自增給恐八折收漕雖有限制之名無限制之實

朝廷只被加徵之名於事毫無實際等情着將湯原摺發交孫等閱看直省漕糧以江浙最重孫等四人係本省督撫所屬州縣收漕其情形利弊皆可洞悉究竟所爲如何辦理方能有益無弊該侍郎湯及御史王所言可不可之處均一一詳悉查復熟籌審計會同妥議具奏將此諭令知之欽此

恭錄道光元年六月二十七日

上諭

漕糧本維正供歲有定額百姓任田納賦斷無不踴躍輸完者如果地方官辦理得宜何必更科則務防濫收惟定法久而流弊而弊又相因而生則欲杜其弊必先察其致弊之由而嚴爲之禁着通諭有漕省分各督撫破除情面力矢公忠州縣如有浮收勒折立卽嚴參重懲其旗丁勒索州縣紳衿包納漕糧亦各執法嚴辦勿稍狥縱均不得借言調劑輕改舊章至於沿途攢運總督及倉塲侍郞凡沿途抵通官役人等需索使費者有犯必懲羣知警惕以塞漏洩

朕清理漕務其意本爲卹民

天庾并無升斗之益諒天下臣民所共悉不可使上被加賦之名而下無利民之實也特此通諭中外知之欽此

順治十四年九月　日禁革漕弊沿習水次耗費碑

江甯府句容縣爲漕弊沿習已久水次耗費宜除事抄奉本府理刑推官李信牌開蒙巡按江甯等處兼管屯田監察御史劉憲牌內開照得漕糧爲三軍命脈取給東南民有胼胝之勞軍有輓輸之苦交倉起運期不失額數而已年來耗費多端軍民稱困如弁丁在次有差人需索之擾有宴會優筵之費一酒一飯無非銷鎔此盜賊所由起也又如鄉民負米交倉有貼辦運官供應有糧官總書常規先將雜費取盈不顧正糧虧縮每致無辜敲比民疾之未瘳也本院巡歷茲土凡關國計民生之事靡不加意諮詢於凡弊竇陋例譬猶切近瘡痍必去之而後快除定幫僉甲與夫派支行月等事已屢檄司道嚴剔外所有水次應行應革事宜務須整頓所有未盡弊端不妨詳續補足總之不許牙役需索官旗不許苛勒糧里爲此仰

廳卽將單開應行應革各項是在監兌官務持風力整頓之卽便勒石各縣水次咸使恪遵若有違犯者該廳嚴拿處治重則拿解庶各知儆惕乃於完倉速運之限有裨也仍將鐫過碑文報查等因蒙此理合亟行爲此仰縣官計開事欵卽便勒石該縣水次倉前曉諭務使恪遵等因奉此擬合遵照憲行事欵勒石務須恪遵如敢故違定卽拿解重處須至碑者

計開

一禁革管年舊例查各處開倉兌糧各官到次一切供應皆係管年備辦而管年又皆取之糧里殊屬病民應永禁革違者參究

一禁革酒區舊例查盜太一帶僉有酒區一役原爲有司運弁開倉交斛動輒經日不可無食之需近則運官之程儀折席運

丁之花紅犒賞咸皆取足於糧里病民殊甚應永禁革違者參究

一禁戲筵舊例開兑各縣於倉廒中張筵唱戲其一應備辦鋪設胎累地方查厨子包席一筵價銀八九兩唱戲一本價銀六七兩其他之鋪設器具又不知若干殊爲耗費抑且病民應永禁革違者參究

一禁倉棍指詐查得各次有倉蠹積歇别無營業專伺開兑之日包攬打發指稱各衙門差役如查糧驗米諸名色科派使費分肥民膏幾何堪此剝削况不許差役下倉需索立有嚴禁小民何仍墮術中應嚴行查察一有犯者重治不貸

一禁革運弁常規往例監兑等衙門運官詳准頭運初屯有禮兑糧有禮過淮出江有禮多者費四五十金少者亦不下二三

十金運官取諸各丁各丁又倍取諸糧里澄其本源弁丁之物無非蠹漕派民所出也雖各府縣水次奉行不力官之賢不肖不等如此陋例名色已不堪聞矣應永禁革違者參究

一禁革差擾每年兌運各衙門差人多借催兌催行催通關名目動輒叢集十數起一起則正副役數人十數起則正副役百人在於水次不論公事之急速先需車馬之差費則官丁糧里捐盡脂膏抑且應酬之不暇奚暇急完公事是催糧反以悞糧矣今後糧不完足責成縣官有米不兌責成運官遲悞過限者監兌推官開報分別參處總不許各處差役藉端需索有犯者立拿究處其徵收交兌數目縣衛勤報上司有所稽查自不差催假使縣衛又因革除怠緩即提經承責治仍將本官紀過註

以下考

一禁各弁丁勒掯糧里每年兑運有等奸弁刁丁不肯受兑勒要民解過淮額外索騙不滿欲不已也羈留鄉民守候使擔未兑名色致生百般使費既經開兑則有旗甲綱司與夫運官子姪入倉以取樣米爲由每人每倉樣米二三四斗兑運官每倉要樣米五升識字門快等役有開倉常例喜錢等項及至兑收又有淋尖踢斛耗米兑完又有出通關使費百計刁難種種苛勒嗟乎鄉農盡力畝畝之後豈堪若輩無厭之求兹以後米色精粗在縣官徵收之日即先驗明在倉時即照部頒官斛斛準收倉給以完票至開兑之日官及軍民總不許會面將從前刁難掯索之弊永行禁革有犯者許監兑官拏究追處

一嚴查交兑折乾凡漕糧折乾之弊皆由稽察不嚴故奸旗頑里串同積歇倉書每於糧米開倉而預支米價一則圖其就用

一則利於私折又有米已受兑而私囤歇家或以抵還飯錢或以易買貨物是米未上船而數已虧種種弊混何怪不足抵通挂欠耶嗣後水次開兑交兑官令各縣糧官坐守倉門逐一查問如某軍兑某處米每挑十石即記一點挑至七十石爲壹倉記簽一圈本軍應兑幾倉照會兑畢查與圈點相符即總註曰某軍兑某厫米俱出驗點照收其米皆係現米預折之弊可除矣仍於倉門外遣一的當人沿河瞭望不許裝入民船如是則顆粒皆得運載私囤之弊可除矣此在監兑官力行飭禁違者嚴拿重處

一預防沿途盜賣凡漕米盜賣之弊皆由防閑不密故苛弁窮丁串通頭船弁丁或借口起剝僱夫而糶米自潤或指稱通幫公費而賣米分肥又有指糧揭債而債主隨船逼討即以米本

利算還是米雖上船而日緉沿途何怪乎不足抵通挂欠耶嗣後每次開兑交兑官遣一的當老成兼通書數者按日給以口糧不許需索各丁巡攔各船之上裝完一船即將米數問明隨用印記上葢蘆蓆封條逐一檢點方令開行如有差錯其巡查原差并本船弁丁重加責治再沿河尾押仍又不時查其封記如是逐船逐艙防範嚴密矣此監兑官力行飭禁違者拿處

一禁革管糧官吏常規查各州縣收徵之日里中有糧官長夫茶菓糧書倉夫飯錢等項區里之大小不同銀米之多寡不一除已往不深究外今後不許索派分毫如有仍踵故習者訪出官參吏處

一禁革弁丁交接查各水次完糧官旗每有親戚探望餽土儀打抽豐或有債主隨船取欠日常治席演戲欵留打發糜費錢

糧多生奸盜重爲漕弊以後水次運船總不許前項人等往來
如有故違交兌官差人拘提究處

清漕碑記

江甯府句容縣正堂陳爲漕政剔清輿情歡戴懇恩轉詳勒石
以廣　皇仁以垂憲恩事抄奉本府管糧監兌督運分府加
一級朱信票開據句容縣生員樊伯玉吳兆昇唐應白孔興聖
鄒開來等里民劉國忠樊仲薤徐正南王景蘭吳偉楊均樊文
奎張先谷王自明湯之相王維新等稟稱天下漕糧奉　旨官
收官兌惟有句容僻壤山陬前任縣主遵行不力未免陽奉陰
違康熙二十一年幸逢憲天福星攝理爲國爲民剔清弊竇纖
悉無餘專務漕政諒切尤深慨捐清俸修理倉厫未久轉署府
篆方切瞻依幸遇新任縣主陳父母年少力强克仰憲恩加詳

本府總督太老爺余批到縣剪除派索任旗丁百般刁難親兌交船痛兆姚邁狀顚連捐俸賠補通縣糧里較算往昔節費三萬四千餘金蓋由上臺恩膏溥爲下民利樂實亦縣主遵守化作窮鄉歌舞凡奉憲興革之事無不竭力遵行卽如倉夫區頭火耗茶菓嚴行禁革至於保甲農桑馹馬可行善爲調劑獨漕糧一項百弊叢生害民特甚今雖人存政舉竊恐日久廢弛憲天專司漕政俯望全始全終謹將各項省費條目單列上陳伏乞俯電輿情留恩千古通詳各憲批給碑文勒石永遵註德政於鐫鏤之壁垂芳徽於甘蔭之棠合邑焚頂等情到職據此卑職查得漕糧積弊相沿民困已極卑職職忝監兌仰體憲臺恤民至意敢不刻意興除是以前署句邑嚴查徵兌諸弊條悉禁革卽修倉紙張諸費皆詳明憲臺六縣俱卑職捐俸給發誠恐

各縣借派里下爲害實深茲句容縣陳協濬能悉遵條示鋭意奉行漕政一清丁民感戴誠以憲臺之威靈屬吏莫不從風今句邑士民樊伯玉劉國忠徐正南等以二十一年分派漕糧諸弊雖除慮恐不能永久開欵粘呈請詳憲臺批允勒石永禁緣由卑職查漕務所關深切民生合無詳請憲臺俯電輿情批允勒石永遠遵守使奸胥虎里不致復蹈苛派私加之弊俾憲臺之威德永垂奕世卑職亦叨沐鴻休無曁矣隨經備由具詳各憲請示今奉總督江南江西等處地方文武事務兼理糧餉操江兵部尚書兼都察右都御史于憲票內開詳前事到部本部院據此爲照句邑徵收漕糧革除諸弊朱同知倡之於前陳縣令效之於後共襄嘉績省費數萬洵一時之良吏也深爲可喜仰江寧府大加獎勵速令勒石嚴禁以垂永久仍通飭各屬遵

照繳等因又奉總督淮揚等處地方提督漕運海防軍務兼理糧餉兵部左侍郎兼都察院右副都御史加四級郎批該廳呈詳句容縣士民樊伯玉吴兆昇劉國忠徐正南等稟禁漕弊各欵俱切實不誣如詳勒石禁革永遠遵行繳等因又蒙總理糧儲提督軍務巡撫江甯等處地方都察院右副都御史余批該廳詳據句容縣士民樊伯玉劉國忠徐正南稟請詳禁革漕弊各欵如詳勒石永遵繳又蒙署江蘇布政使司分守江鎮常道孔批如詳勒石繳等因又蒙分守江鎮常道加二級孔批開如詳勒石永禁繳等因又奉本府正堂于批開漕弊多端各欵指陳已着如詳永禁是句曲片石即貴廳代庖之功也遵守勿失惟邑長是望此覆繳等因到府奉此除原詳抄發外合即飭行爲此仰縣官吏查照各憲批詳事理即便勒石永遠遵守各等

因到縣奉此將禁革漕弊各欵開列於後一體仰遵在案擬合
鐫石曉諭爲此仰通縣軍民知悉遵照各憲批詳內事理凡徵
收漕糧嗣後務宜官徵官兌咸服遵依至於禁革漕弊各欵共
勷鼓舞一體奉行永遠禁絕毋得違錯須至勒石者
一禁革倉夫工食每里省銀二十餘兩通縣二百二十一里計
省銀四千四百餘兩
一禁革催糧差票每里省銀三兩共銀六百六十餘兩
一禁革茶菓每里省銀五兩四錢共省銀一千一百九十三兩
零
一縣丞下倉花紅茶菓每里省銀三兩共省銀六百六十餘兩
一禁革倉夫修倉工費每里省銀三兩共省銀六百六十餘兩
一禁革兌伍例費除伍銀外每石省銀一錢伍分計漕銀共省

銀五千二百伍十兩

一禁革大樣淋尖踢斛每石省銀一分共省銀三百五十餘兩

一禁革住戶每石省銀一分共省銀三百五十餘兩

一禁各倉夫飯米每里省米十六石共省米三千三百五十石

一禁革會伍折席上下綱司每里省銀二兩共省銀四百四十餘兩

一禁革區頭每石省派銀二兩并領籬過篷每石省銀一分計共省銀七千三五十兩

一禁比錢糧板子錢每里省銀三二十兩不等計共省銀四千四百餘兩

一禁除正贈伍米外索加贈每石省米八升計共省米二千七百石

一禁革漕米兑完取通關需索每石省銀二分計共省銀六百六十餘兩

一完地丁漕贈戥耗較昔每兩省火錢等耗六分計共省銀三千六百餘兩

一禁鄉城典鋪汞遵二分起利

康熙二十二年歲在癸亥又六月日文林郎知句容縣事關中陳協濬　縣丞劉質　典史劉化龍通鄉十甲一甲糧長公立

嚴禁徵收丁銀積弊碑記

江甯府句容縣張爲嚴禁徵收錢糧積弊以紓民力以裕
國課事康熙四十二年十月二十五日奉本府正堂陳呈詳前事內開案奉江撫都院宋憲牌前事內開照得州縣徵收錢糧自有一定科則額編正數之外毋庸稍有苛求歷經本都院嚴

行申飭在案茲康熙四十二年起徵之時誠恐不肖官胥罔恤民艱復萌故智或私加耗贈或溷捉輕封或銀色已定而故嫌青徵或不遵版串而罔稽完欠或縱柜役執戥秤收或縱銀匠鏨銀估色或違禁肆行差擾或收書勒索票錢凡諸陋弊皆爲民厲所當實力革除以省勞費而裕國課除文出示嚴禁外合行申飭仰府即便嚴飭各屬徵收康熙四十二年地丁正雜銀兩以及帶徵歷來舊欠錢糧務遵額定科則實行版串之法設柜常川收納聽民照依部頒法碼足色自封投柜不許私加火耗捉輕苛勒及縱容銀匠估色勒傾收書只司登數不得執戥秤收索取票錢糧戶遵限完納即給印串歸農不許混託甲首致滋拖累一切若圖催等項各色盡行革除一有違犯經本都察院訪得實或被糧戶公同呈告定行官參役處決不姑貸各

宜凛遵均毋玩視愼之文到通取遵依報查等因奉此卑府於七月初旬履任仰體憲臺除弊卹民之念密訪各屬徵收錢糧之法尚有執戥秤收舊弊卑府卽嚴行飭禁其中有不肖官吏陽奉陰違私加重耗者卑府宣揚憲示再三誡諭命其改過自新再爲詳參但恐奸胥蠧役或有逢迎本官以遂其欲日久又復不遵查蘇松地方錢糧更重並無設戥之例何獨省會有此陋習合無詳請憲臺嚴飭各縣將原奉憲行嚴禁徵收積弊緣由通取碑摹送查庶民累永除恩流奕禩矣等因具詳本都院暨江蘇藩憲隨奉江撫都院宋批開各屬徵收錢糧本都院屢次申飭務遵截票之法常川設柜聽民自封投納卽給印串不許私加耗贈何江屬各縣尚有執戥秤收加耗等弊仰布政司嚴飭勒石永禁仍不時察訪如有陽奉陰違卽揭提參繳等因

批司行府又蒙江蘇布政司劉批開仰照另檄備奉院批遵照通飭勒石取碑摹具呈繳各等因到府蒙此合照抄詳并錄憲批飭行爲此仰縣官吏遵照來文事理即便遵照勒石縣前永禁以垂永久須至碑者句容縣知縣張聯芳立

禁革夫差碑

江南江甯府句容縣正堂加一級方爲永禁夫差派累圖里以恤民瘼事於康熙五十二年九月十一日抄奉總督江南江西等處地方軍務兼理糧餉操江兵部左侍郎兼都察院左副都御史加四級赫憲牌內開照得本部院公出經過句容縣訪聞該縣歷來備用擡摃人夫俱係派於里民承應殊屬累民隨卽細查察查該縣有雲亭龍潭二驛從前原係額設站夫供應差使後於康熙二十四年閒奉文全裁至今並無額夫應差所有

過往欽差公務勘合火牌以及文武上司經過需用人夫燈籠火把俱係該縣十七鄉里民均派每鄉十三圖每月輪流當差週而復始遇有需用人夫皆係里民出銀僱募應用累民已甚若不立法禁革派累終無底止今本部院法行自近凡公出經過二驛所用人夫俱係自發現銀僱用自龍潭驛起下至鎭江上至省城以及句容縣下至丹陽上至省城每站每夫一名日給紋銀壹錢貳分僱夫應用永不派累圖里以除積弊咨明

江甯京口將軍　總漕總河部院　江甯安徽撫院　兩淮鹽院　江甯蘇州織造

江南提督外合行通飭曉諭爲此示仰句容縣驛士民人等知悉嗣後二驛如遇　欽差大人公務勘合火牌應用人夫該縣自捐僱價銀兩僱夫承應如過院司道府廳縣以及經臨過衙官員併武職營弁經過二驛所用人夫燈籠火把俱各自行

僱備不得仍前擅派十七鄉里民承值敢有陽奉陰違明發僱
價暗仍繳還虛應故事併包封短價借名官僱仍累里民者或
被告發或經訪聞官卽飛章題參衙役夫頭立拿處死斷不輕
貸本部院爲民除累永行禁止法在必行各宜凜遵除出示曉
諭外合併飭行爲此牌仰該縣吏民卽將發來告示一道查明
示尾實貼曉諭仍具遵依回報等因又於五十三年四月初九
日奉本府正堂加一級紀錄三次衙信牌開奉蘇松常鎭督糧
道署理江蘇等處提刑按察使司王憲牌內開准江蘇等處承
宣布政使司牟咨文開奉總督部院赫批該兩司會詳各衙門
經過句容雲龍二驛需用人夫等項不得派累里民一案緣由
蒙批如詳勒石永行禁止取具諸碑摹遵依申報該司仍不時
察查如有陽奉陰違私派等弊卽行揭報以憑參究等因到縣

奉此勒石永禁為民除害嗣後敢有奸胥陽奉陰違私派里民等弊即拏重究各宜凜遵毋得故違須至勒石者

康熙五十三年六月　日句容縣知縣方矩縣丞王天祐典史汪金聲同刊暨闔邑士民公立

乾隆十七年十一月二十二日尹制府碑文江甯府句容縣為特飭議詳事奉署本府正堂張信票開奉署江安蘇等處督糧道託憲牌開奉總督部堂尹批本司道議詳江省州縣收辦漕糧積弊多端謹案各縣示禁規條奉酌臚列開呈詳候鑒核示遵等緣由奉批據詳規條均多與從前釐定章程相符如詳通飭州縣勒石署前并漕倉處所俾官吏軍民咸知遵守又南米一項原係隨漕一條鞭徵收在民完納並無區別州縣官以漕糧考成較嚴先儘起運餘為南米遂有別徵之弊非高浮橫取即

重價折收實爲民累久經本部堂屢檄嚴禁在案該司等應摘敘簡明條欵一并刊入永禁取碑摹送查再收漕章程本部堂前任兩江時行據司道會議詳請勒石以垂永久業經批準通飭是否各屬並不遵辦仍查明具覆此番飭行之後有無玩違不遵情事該管道府一體查察通報等因到司到道行府轉行到縣奉此照勒石以垂永久合將禁革條例開列於左

計開

一上下兩江徵收漕糧遵奉督憲尹於蘇撫憲任內奏定章程每擔隨正交納費銀六分照今錢價八折收錢四十八文不許收銀以杜重戥秤收之弊其所取費錢內酌留三分爲津貼兌運諸費存縣二十四文內酌留二分爲修理倉廒置備蘆蓆器具及詳定協貼捐項一切雜用其餘一分給發漕總記書爲紙

張八工飯食之用又每石收脚錢四文水次離倉遠者每十擔遞加錢二文此外毋許多收分文至錢價低昂無定仍隨時詳報增減

一漕總記書務選殷實樸誠者秉公簽點由府核實加結報道着辦本官不許勒取硃價贄禮卌費隨禮門包等項點定之後漕總專司文移記書止許在倉登記收數印官不得稍受權柄致使朋比作奸仍嚴加查察如有包攬浮收舞弊之事定即按例究處倘印官婪收規禮縱容滋弊定行嚴參治罪

一本斛遵照部頒小口鐵斛製造送道飭准印烙發用印官隨時稽察每晚另存内宅封貯倘有敲鬆撬薄任意大小暗中巧取等弊定行官參役處

一漕倉遵例辰開酉閉凡米到倉插旗編號挨次斛收如果米

多即開廒口分斛總在本日斛完毋許後先攙越耽擱守候倘有挨至夜暮米不收完仍然斛收者明係弊混嚴拿漕記從重究處

一糧戶完米務須親自到倉交納毋許行鋪攬價買米包交糧戶運米到倉自應平斛響擋毋許漕記人等執擋動斛腳踢手捧喧鬧抑勒斛外餘剩之米悉令糧戶掃回不許在倉人役擅取顆粒違者重究

一漕糧例禁折乾而行糧耗贈米擔亦悉應本色上船過淮聽候漕憲盤驗倘州縣希圖浮滿預先併廒各幫違例折收不許上船者縣幫官吏弁丁一併參處

一州縣任胥僱用積蠹腳夫斗級盤踞倉場飛扒走斛斛成虛角凹面雜窩等弊有累軍旂歷奉上憲嚴禁盡行革除如敢潛

藏察出重究

一各幫弁丁赴次兌糧驗明米色乾潔立時受兌不許藉端延捎每日將上船米若干石先給鈐記收票一紙移送州縣俟兌竣之日即將通關米結經交州縣查收方許開行如無故遲延不兌或兌後不交通關米結許州縣通稟以憑拏究至軍旂除三分漕費之外不得多索絲毫一應兌費心紅程儀鋪設樣袋飯米通關規條弁丁綱司水手貼銀貼倉鼠耗尖米合米蓆板穩挑演戲酒席花紅投文等陋規永行禁革犯者弁參丁處

一監兌廳員徧歷水次親驗米色稽查縣幫弊竇秉公查究毋許徇庇並不許索要兌例心紅夫價鋪設樣米通關席筵中伙跟役催兌開兌等陋規違者參處

一南米原係隨漕一條鞭徵收並無區別乃州縣官以漕糧考

成較嚴將當年徵完米石先儘起運餘爲南米續後另徵或浮高斛面或暗折明加甚至重價折乾實爲民累嗣後徵收南米務照漕糧畫一辦理該管府州嚴加查察如有浮面加扣及折收等弊立即嚴拿參處

以上各條係漕務緊要大端臚列開陳總之除額定漕費腳錢之外浮索一文照例大小輕重定罪決不寬貸

禁革丁漕加耗碑記候補州署句容縣正堂加五級龍爲籲恩請示勒石永禁事奉本府正堂章牌開奉前藩憲陶批據句容縣貢生王運昱監生俞承祖生員華德元紀淇澤民人徐虎臣孫致中具呈前事內稱切以句邑丁漕原遵定例每屆徵收之際蒙各大憲俯恤民隱剔弊綦嚴禁諭諄諄士民仰戴但窮鄉僻壤不能遍示現有丁大鵬倪九顯等控案爲此公籲大憲大

人賞給原定規條頒示程式即飭句邑承辦書吏遵照遍貼一十七鄉曉諭勒石俾糧戶咸知定例奸胥不敢譸張則章程畫一永遠恪遵憲德憲恩百世不朽矣上呈等情奉批禁革漕弊規條每年俱發各屬曉諭何以句容未經遍貼本年條約已奉署督憲飭行見在刋頒轉發仰江甯府飭俟頒發到縣即行照抄多張遍發一十七鄉分貼曉諭該府仍一體訪察倘有弊端立即嚴拿毋稍狥縱等因批府轉飭到縣奉此合行勒石永禁爲此示仰合邑士民人等知悉爾等交納丁漕遵照憲定章程其完銀價隨時查明市值核詳憲示每屆啟徵時開數曉示徵輸以免匪役浮收倘敢稍有弊混立即嚴拿詳究其各凜遵須至碑者前行詳定每庫平紋銀一兩應加耗羨一錢火工解費二分計每兩連耗費其應收銀一兩一錢二分縣民武羽翔徐

珮璋等於乾隆四十三年十一月以請示禁革漕蠹事奉儲憲錢批查句邑徵收漕米應聽糧戶自斛自㰅斛手人等攙混滋弊久經永禁在案仰江甯府卽查明嚴行飭禁毋任陽奉陰違致干重究乾隆四十八年月日合邑士民公立

禁止散排零兌碑江南江甯府句容縣正堂加五級紀錄五次張江南江甯府句容縣正堂加三級紀錄三次費爲籲恩勒石萬民咸仰事乾隆四十九年十一月奉宮保總督部堂薩批據本邑監生紀浩俞承祖里民王朝梗朱鳴皐詞稟前事內稱切句邑漕倉北去縣城七十餘里中隔上元縣界不通舟楫鄉民納漕往回二三百里逶經重巖叠巘狹路崎嶇車載驢馱動輒顚覆婦幼提攜艱於步履所以向例每里編成十甲輪充糧長九逸一勞每屆收漕其本里糧米花戶悉交現年糧長彙送漕

倉廒斛廒交總給印票年清年欵在縣主摧科既易於責成而
糧長輪派自不敢稍有貽悮官民兩便不同包攬法經百數十
年載入縣志併有康熙雍正乾隆歷年相承總串切據此句邑
因地制宜之善政也上年漕書辦理不善破廒爲零升量合捧
冀圖飽慾以致各鄉虧折賠累掛欠較多公私兩無裨益現蒙
新縣主仍循舊制彙交廒斛出示曉諭在案誠恐官吏復改蠹
弊叢生似非均徭善政欣逢大憲明察秋毫萬民感激生等爲
敢粘呈各鄉糧串環叩憲恩剔除蠹弊仍照彙交廒斛誌載舊
規勸石永遵萬民安堵再開挑龍潭河道幸遇　聖朝曠典
恩賞便民上屆本無派累而去年奸胥滋擾藉此生端雖蒙
各憲諄諄嚴禁曉諭鄉城或恐日久廢弛有負憲德併請刊石
一體永禁普天感德公侯萬世上告等情奉批查該縣漕倉設

立龍潭水次距縣窵遠每鄉輪值糧長彙交蠆兌亦因地制宜之道既經歷久相沿民素稱便自應仍循其舊至挑河勒派久干嚴禁仰句容縣查照向例辦理勒石遵守毋許胥役混擾取其碑摹呈送糧串併發等因到縣奉此合遵刊碑飭禁爲此仰縣屬一十七鄉二百二十一里各士民鄉保糧長人等知悉嗣後完納漕糧遵奉院憲批示仰循舊例各花戶將米彙交現年糧長赴倉蠆兌毋許科斂侵吞致滋拖欠至龍潭河道撈淺永禁勒派滋擾鄉民倘有胥吏抗違一經察出或被告發定行嚴究其各永遵須至碑者乾隆五十年四月日句容縣知縣張倘

懷賚元震一十七鄉士民公刊

永禁漕弊碑特調江甯府句容縣正堂加五級紀錄五次又加軍功二次陳爲公籲勒石等事據糧戶文生丁先庚汪煥監生

袁敏吳維周等詞稱糧戶運米到倉歷被漕記人等勒索使費
開欵叩求恩禁永遠革除探桶錢鋪廒錢收籌錢樣盤錢看斛
錢跟隨錢正副站廒錢泥米出倉錢淸書紅票錢籮爬斛手錢
重斛輕擸乘機偷竊深口蒲鞋藏米於內交相更換百般刁難
衆心不服致有京控叩賞永禁等情據此除批示外合行給示
勒碑爲此示仰諸色人等知悉嗣後凡有糧戶運米到倉所有
前項一切使費槪行革除倘有復蹈前轍一經察出或被告發
定卽嚴拿重究其各凜遵毋違特示道光二年十一月二十六
日示合邑糧戶王世理成宗盛袁公表朱臯鳴丁洪九鄒兆禎
高加春章錦武裔應表張餘成解克勳王兆祥柳文明胡賢佐
祝恆年朱應昌陳秀升唐成功丁崑山謝思成徐美章巫萬淸
朱士美步蟾樊震初高玉書嚴邦鮮陳正善王瑞豐周佩豐張

萬書許濟美張餘三周恆金王南賓王玉山柏玉芳戴正治陳
時鳳郭大福戴道音王崑山張繼宗宋宏遠唐廣普許榮升王
志壽夏顯祖王佩芳王秉周趙金吾周應芝楊相平戴錦山石
宏亮潘朋遠桂雲海笪其昌王茂書華登書夏義友吳啟璉韓
正聚呂煥章何理統許履遠笪瑞廷茅正英史賢臣樊永蘭等
同敬立文生笪鳴謙書

句容田賦自光緒三年深沐　皇仁永減三成後歷年報
墾至數百頃然較原額不過六成今徵檔冊僅誌一時之蹟
非定制也奏疏數則甄錄續纂府志威督藩諸公之慈惠永
矢勿諼　列朝　聖諭以及碑文均見道光時所刊句
邑鄉規雖時異勢殊舊章未復而恭讀　列聖諄諄愛
民之諭草茅具有天良能不感激涕零急公奉　上乎昔

先正澤流下邑鐫鏤之壁雖沈甘棠之棠勿翦藉此聊誌德
政溯芳徽云爾

續纂句容縣志卷五終

續纂句容縣志卷六上

邑人張餘堂分纂

水利　湖　河　淮源　塘　壩　閘　圩岸

東南爲財賦之區而財賦多出於農田水利者又農田之命脈也昔明道程子爲上元主簿時力講治隄之法迄今白米圩等處猶慨然想見其遺澤吾邑興水利者前明如丁賓茅一桂　國朝如周應宿宋楚望諸公宦績彪炳罔不由此乾嘉以來縣境之水道如故也然歷年既遠湮塞者多譬之人身形質猶是而血脈不能周流則元氣之受病者大矣官斯土者宜何如調護轉移乎志水利凡塘壩雖微必書以類相從不敢略也

湖

赤山湖在治南三十餘里一名絳𣸣週圍舊百二十里之廣

其源發於山入於河而漸達於江湖之東南達受句邑茅山浮山虬山甲山瓦屋山諸山之水東北又受崙山五棊山亭山華山胄山諸山之水兩源會合於湖出陳家閘口入上元界逕三岔赤山至湖熟自湖熟而西由龍都西柏村尾北至方山而與秦淮之西源合（淮源詳後）湖中有正支河河內有五蕩兩灣湖西舊有石閘（卽陳家閘）時其啟閉淮河水涸沿河各圩懼旱則開閘以洩之淮河水漲沿河各圩懼淹則閉閘以蓄之法云美矣然歷年既久湖河淤塞石閘無存蓄之既不能容洩之亦不能暢湘潭左文襄督兩江時從郡人之請委員估開經始於光緒八年十月至十年二月而工竣今湖中新河一道通接東來之舊河者卽文襄所疏濬也茲詳敘其始末如左俾後之留心水利者有所考證焉（劉著程廷祚二論詳見前志藝文）

署上元縣知縣續溪程遵道上沈文肅稟稿光緒五年閏三月初一日
敬稟者竊於上年春間據紳董端木錦等稟稱赤山湖秦淮河久經淤墊懇請挑濬以利民田並刊呈圖說等情據此查農力獲益恃河渠爲挹注之源山澤利民非宣導即漫溢爲患秦淮上游百十里之赤山湖古絳湖也上承三茅諸山之水匯成巨浸由秦淮而注之江民田灌溉樂利孔多乃代遠年湮滄桑屢易湖面既經淤墊河身又間段淺塞每遇山水暴漲湖不能瀦河不能達泛溢橫流圩田被淹勢所必至上年三月初八日卑職前往謝村勘案道路所經數十里汪洋一片心竊憫之且湖河形若建瓴一遇亢旱即成乾涸灌溉無資該紳董等稟請挑濬尙屬因公起見似宜查勘情形能否疏濬擇要核實估計稟候憲台核奪卑職當即札調宿遷

汛熟悉河工精於估計之効用熊振清諭令攜帶藤篔旱平各器具上自茅山絳湖一帶下至通濟門外挨次周歷將各處正河支河河底之高下河面之寬窄河水之淺深逐一測量明確分款登記赤山湖能否重開有無把握一併飭估分別造具草册呈核旋據該効用稟稱沿河周歷查勘自通濟門迤南至西柏村河身灣曲計程七十里一律深通俱無庸挑自西柏村向東至上三岔允盛橋止共工長七千五百六十六丈五尺計程四十二里有零該段附近河邊閒段淺塞面寬五六七丈水深四五六尺不等詢之土人僉稱每值天旱即成乾河該處二面均係圩田陡立礙難展寬僅因地制宜配平上下橋底量爲估算擇其至淺段落共工長二千七百十五丈五尺共估土四萬四千二百七十六方又下三岔

支河一道共長四千四百五十八丈計程二十四里零向受
青龍山等處來源年久失挑河心高阜山水驟漲一晝夜即
長至丈餘河道淺窄宣洩不及往往破圩決隄禾苗被淹共
估土六萬八千八百三十方再查赤山湖向爲水櫃周圍一
百餘里湖面舊有石柱計高一丈二尺測水淺深以驗旱潦
既經淤墊湖面周圍僅四十里石柱僅出土一尺是以不能
瀦蓄若欲規復舊制深恐工款太鉅力有不及逐細履勘該
湖內河汊甚多擇其接受來源之深大者就勢開挑以石柱
現高灘面一尺之下再挑深九尺爲準分爲正河支河以資
容納其正河共工長一千七百零四丈七尺五寸共估土八
萬七千八百二十五方支河共工長九百零六丈共估土五
萬八百十三方以上統共估土二十五萬一千七百四十四

方若僱民夫興挑工有險易岸有高下路有遠近方價多寡不齊約計非六萬金不辦薪飯局用器具雜款在外合將查估緣由繪圖貼說造册稟呈前來卑職伏查該効用所稟赤山湖工鉅不能重開僅就承接來源之河泓擇要估挑並擬挑秦淮河閘段淺塞之處及下三岔支河一道係屬因勢利導俾水漲可資宣洩亢旱不至乾涸附近民田少受一分之害卽多獲一分之益所議尚可採擇惟庫儲支絀何能籌此鉅款第既據紳士等稟懇卑職忝膺民社敢不悉心籌畫據實上呈倘蒙大人分年籌辦則工少而力易舉上江句溧四邑接壤民田數十萬頃咸有水利而無水患矣是否有當伏乞鑒核訓示云云

劉琨等上左文襄稟稿光緒八年五月

具稟上江句三邑職增生劉琨孫雨辰馬泰瑜張德信陳道
明徐廷佐王琢成等稟爲隨委勘估湖河情形先擇要略呈
求電核事竊職生等前會稟請撥勇濬湖通淮興利除害等
情荷蒙侯中堂鈞批絳湖水利有關數邑農田迭據各縣稟
請挑濬均以工大費鉅未能卽辦既係地方要工自難漠視
本爵閣部堂查核前署上元縣程牧原稟及繪呈圖册尙屬
明晰惟現在去程牧勘估之時又閱數年情形有無異同所
請派勇興挑應否准行仰江甯布政司卽委妥員確勘籌議
詳覆察辦稟及程牧原呈圖册四件並發仍繳等示遵照在
案旋蒙藩委試用同知陳丞會縣勘估職生等奉上元郝邑
尊面諭隨侍陳丞會勘查絳湖內有支河三条水蕩五處第
此次河蕩乃絳湖淤墊較深之區每逢春水以及夏雨暴注

諸山之水如建瓴湖墊高處水不能容致往低處冲成水槽年復一年潰決河蕩形勢春令絳湖河蕩有水二三尺不等此乃各圩民通力合作築壩蓄水以資灌溉田禾之利所蓄乃積成之底水並非諸山泛漲之浮水山水驟發水漫壩行勢難阻遏同治八年諸山水發陡漲丈餘勢甚洶湧湖不能容湖內雖有五蕩三河不足藉資停頓猶之一杯之水安能救一車薪之火兼之淮河淺狹暢洩無從勢不得不奔騰砰湃合湖一片汪洋隨在衝決句邑上游之新老各圩圩破隄決百里皆成巨浸不獨田禾民居悉被淹沒且絳湖高較省城四十餘丈省城當下流之衝城內沿河兩岸及低窪之處亦水深數尺同治十二年圩鄉水患又遭公私交困伏思治水之要因地制宜因勢利導期於水旱可資宣蓄況水利爲

農田命脈今絳湖關繫數邑水利誠能今日湖河復還舊制
宣蓄兩得其宜上江句溧樂利無窮則侯中堂再造恩施昭
垂千古矣第興工首需籌款似此工鉅費繁如何籌辦陳委
員及張句縣正在籌商之際有上元之副貢生譚烺等稱與
挑全湖非有百萬銀兩不可此次挑淮河外再將絳湖水蕩
五處挑深五尺藉資遏頓諸山暴漲之水不使急洩下游免
患等語旋據鄉民僉稱沿河圩隄迭修堅固易被水沖塌湖
內水漲土淤今日挑深五尺明日水集鬆浮之土隨水沖下
日復一日淤墊依然況當諸山之水泛漲沖突僅恃五蕩三
河不但勢難停頓且沖決堪虞似此所議挑蕩挑河略爲敷
衍無濟於事水利未見興復水患亦未消除徒費經營虛糜
款項等語職生等三歷絳湖察看形勢博訪輿情周諮利弊

再登赤山而覽全湖在抱若藉資兵力派委熟悉湖河土方之人導利興挑再將前開江北之朱家山機器移濬湖河擇其機器合用而用如此辦法費少功倍較易成功斷不至糜費銀兩百萬之多亦斷不至如前開朱家山行乎不得不行止乎不得不止惟處時勢艱難庫款支絀之際固不能過費庫項然亦不能遷就藏事於國計民生兩無裨益若謂因時制宜節省經費起見亦必妥籌良策交通盡善長治久安以收實效想我侯中堂急於民事有利必興與其議賑議卹救災恤患於將來莫若思溺思飢興利除害於現在職員等愚昧之見不敢自是除將詳細情形再稟外合將隨勘形勢先擇要畧稟呈侯中堂電核察奪施行

譚焜等稟司道稿光緒八年五月初一日

具稟候選教諭譚焜文生雍與三雲騎尉王業恩貢生馮德
見稟生陳浩稟生陶璞文生陶蘭馨稟生陶斯詠爲敷陳湖
河地勢懸隔仰乞恩施俯賜詳請挑濬湖蕩疏通淮河以備
旱潦事竊職生等前以絳湖湖身淤墊急須挑濬以蓄山水
而緩河流等情稟奉爵閣督憲左批示前據劉琨等具稟已
批司委員確勘籌議詳覆俟議復到日卽行察辦可也旋奉
憲恩遴委陳丞會同上江句溧四縣偕詣絳湖確勘湖河形
勢利便稟候籌議詳察等因奉此仰見仁憲軫念民瘼無微
不至職生聆悉之下欣忭實深比卽趨赴湖濱隨侍陳丞確
勘湖河地勢始知前署上元縣程牧所繪圖册意主湖內開
河上接茅山來源下達秦淮北河使山水之暴漲者可以暢
行其於洩水之道固爲盡善而於湖河高低形勢及利害所

係則似猶有未盡焉夫淮之上游賴有湖者爲其能容納山水而不至於衝突也今之沿河百數十里疊被水災者爲湖身淤墊不能容納山水而衝突爲患也若濬湖內之河以通淮則東山水使之直下而河身盤曲不能急洩其衝突必較前益甚矣蓋湖之出口其高於淮者已踰五六尺淮之上游高於下游其逐漸而下者又不知凡幾若不於上游籌停頓之處而欲下流之順軌此不可得之勢也今陳丞往復履勘湖河形勢測量高低窮究利害博採輿論擬挑湖中舊有五蕩使水有所容至淮河之緊承絳湖其有淤墊者復疏濬之使水有所洩雖經費較鉅而湖河分治蓄洩得宜非特沿河百數十里之圩隄不患衝決即下游之省垣亦可免山水泛溢之虞矣職生等利害切身曷容隱默故不揣冒昧瀝情上

陳謹具公稟叩求仁憲恩施逾格垂照蟻忱俯賜詳請爵閣
督憲矜念民生困苦並賞設法挑蕩疏濬俾下隰之區悉成
樂土四邑人民均仰沐鴻慈於無旣矣
司道詳稿光緒八年五月十三日
爲會議詳覆事案奉憲台批上江句三邑職增生劉琨等稟
請派撥營勇挑濬絳湖並秦淮河各工由奉批絳湖水利有
關數邑農田迭據各縣稟請挑濬均以工大費鉅未能卽辦
旣係地方要工自難漠視本爵閣部堂查核前署上元縣程
牧原稟及繪呈圖册尙屬明晰惟現去程牧勘估之時又閱
數年情形有無異同所請派勇興挑應否准行仰江甯布政
司卽委妥員確勘籌議詳復察辦稟及程牧原呈圖册四件
併發仍繳等因到司奉此查此稟前據上江二縣及溧水縣

先後稟奉前憲劉批司會同善後局委勘詳辦當以開挖此湖須將秦淮河一律挑濬同時並舉工大費鉅可否暫緩委員勘估稟辦經司會同善後局詳奉批准飭遵在案茲奉前因卽經由司將奉發圖册札委試用同知陳丞光烈會同上江句溧四縣詣勘明確估需土方經費各若干據實稟復以憑籌議詳辦去後茲據委員試用同知陳丞會同上江句溧四縣稟稱遵經會同馳赴赤山湖卽古絳湖也登赤山而覽全湖之形勢繞湖濱而訪湖河之利弊探原溯流旣得其詳乃照原估議開之河道攜帶工丈手按段復量勘得湖身雖淤爲平陸而湖內之河影現値夏汛均各水深三四尺不等本月十七日得一犂之雨湖口允盛橋以上開放蝌子壩山水沖刷而下陡高一丈其湖身之高可驗也先量赤山湖內

議開之正支河次量三岔河及秦淮河與原估僅隔三四年
且荒圩尚未墾齊而山田更無人墾種浮土漸無淤墊亦緩
原勘湖河至今復量尚無甚新淤間有參差即於原册簽明
惟山下岔河共四十九段逐段復量其長處各段均有錯訛
想其初量時由湖內量至該處弓繩已敝未即時更新致滋
流弊與淤墊無涉已於原估册內更正及再細核原估土方
及下三岔河新增土方共計土二十五萬五千二百九十二
方每方以一挑二運計之每工得一百二十文爲準應需銀
五萬六千三百八十二兩辛飯器具在外此照原估復量復
勘之確情已詳勘形勢博採輿論僉謂湖內開河東水過多
長趨直下一洩無餘上游圩田失灌溉之利下游圩田有沖
擊之患惟能全濬絳湖則蓄洩兩益特經費浩繁勢有難行

不得已推濬湖之意而小施其功挑湖內之河誠不若挑湖內之蕩蕩者稍可容水而資亢旱之灌救亦能殺水而緩盈潦之奔騰再照原估疏通秦淮及三岔河以暢去路修復陳家閘以司啟閉似於上下游均有所利五蕩云何一曰白水一曰青草一曰田雞一曰上蕩一曰下蕩現均有蓄水未涸難於蕩內丈量僅能於蕩外周圍環估白水蕩約周廣三里其餘各蕩約廣一里以周三徑一之方乘之每蕩挑深五尺共得土方二十三萬四千方土方照前估工價核算應需銀五萬一千六百八十一兩加以原估興挑三岔河秦淮河及新增三岔河土方共土方十一萬六千六百五十三方應需銀二萬五千七百五十三兩修復陳家閘經費約七百兩統共需銀七萬八千一百四十四兩土方加多故經費亦增辛

飯器具在外此就輿論及現勘形勢擬議也民生利害所關
卑職等既有所聞見不敢隱不直陳應否查照原估興辦抑
或酌採現勘情形卑職未敢擅專除奉發圖册已由卑職光
烈申繳外繪圖貼說聯銜據實稟復鑒核轉詳批示祇遵等
情前來本司道等伏查絳湖水利攸關數邑農田誠爲地方
緊要之工自宜及早挑濬現經飭據委員陳丞會同各縣確
勘稟復僉謂湖内五蕩宜早挑挖以資宣洩加以原估興挑
三岔河秦淮河各工約需土方銀七萬八千一百四十四兩
較之程牧原估土方加多經費亦鉅應如何籌款興辦今將
送到圖説據情具文詳送並先將前發圖册一併呈繳伏候
憲台鑒核批示遵辦實爲公便
籌防局陳道鳴志稟稿

敬稟者竊職道奉憲台面諭飭赴句容履勘赤山湖興辦水利情形稟復核辦等因職道遵卽會同新兵後營陳都司鶴齡於八月二十四日自省起程由通濟門水路前往於二十五日抵三岔河勘得一路河流均一律疏通毋庸挑濬是日適舉人秦際唐遵奉憲札會同履勘亦卽趕到二十六日早職道邀同舉人秦際唐都司陳鶴齡代理句容縣知縣黎令光旦等履勘句容縣東舊河由三岔河勘起行二十里至淤鄉沿河寬四五丈深約一二丈不等循河向東北五里至小其村又三里至何莊廟河道均寬二三丈不等又五里至畢墟村河道亦寬丈餘過此以往向東北五里至鼉龍廟皆屬土岡河影淤成田地過鼉龍廟土岡十里至呂坊寺又有河影約寬丈餘每逢春夏水漲之時寶堰船隻亦可駛至又八

里入丹徒境之寶堰河船隻即能暢行計由淤鄉至畢墟村十三里由鼉龍廟至呂坊寺十里河身尙易挑濬惟畢墟村至鼉龍廟五里一片土岡施工較鉅此二十六日履勘句容縣東舊河影之情形也二十七日職道又與該舉人等履勘赤山湖周圍計七千九百三十丈以一里一百八十丈約計四十餘里湖中舊有石柱相傳高一丈二尺今祇出土尺許淤塞太深謹勘得湖中舊有五蕩日漸淤狹惟白水蕩較大若濬五蕩則泥土仍積湖中一遇大雨時行土泥入蕩依然淤塞是濬蕩之議似無把握惟白水蕩有正溜河一道通麻培橋入秦淮爲湖水之西流又蠏子壩近蕩有溜一道由張廟達義成橋至淤鄉爲湖水之東流一經濬深則湖水可由東西兩路分洩泥土亦可培高隄岸再於東西擇地各建一

閘以時啟閉可期水旱無虞較之濬河挑蕩實屬有利無弊此二十七日履勘句容縣赤山湖河道之情形也職道伏思赤山湖受茅山丫髻瓦屋斗門諸山之水洩於秦淮年久淤塞民田均受水患歷經官紳籌議設法挑濬俱以工鉅費絀而止竊念地方非常之利必待非常之人而後與今職道履勘後與舉人秦際唐等互相商榷以爲江甯城外歷經水患一由於赤山湖水無分洩之路一由於江洲淤高江潮抵住淮流不能宣洩今相度水勢必須復開句容東之舊河以資分洩茲擬先將句容縣東淤鄉至呂坊寺舊河開通再將赤山湖內兩河深濬以河中泥土加築隄岸遇水盛漲東西可以分洩東則洩入丹徒之寶堰河西則洩入秦淮仍於兩處建閘以資儲洩既免上江句溧四邑之水患又可使蘇常船

隻由內河而至江甯免長江風濤之險洵屬一舉兩益可爲百世之利惟開河工程及建閘等項經費須俟測量地勢高下方能分段核計暫難酌定所有遵諭履勘赤山湖興修江甯水利情形理合稟候批示祇遵云云

江督左宗棠興辦水利摺光緒八年十月初五日具奏

臣因兩江要政首在水利農田以其地倚長江江水肥滑而宜稻伊古以來爲東南各省秔稻之鄉土沃泉甘民可使富也計一歲之閒春苗秋稼次第收成民食所餘出糶數省俯仰優游民雖終歲勤動自忘其苦世稱江南地大物博蓋指其多稼宜桑而言非有藉於貨寶之饒也特重農之政闕焉不講水利諸務廢輟不修農夫漸忘其本務官司亦鮮勸相及之故旱潦頻仍而民生日困賑貸煩數而庫款亦時有不

給之虞臣自新疆修治水利以來積有閱歷洎奉恩命移督兩江蒞事彌月因出省閱伍之便徧歷大江南北各郡縣與署運司徐文達及地方各文武印委等詳勘境內支幹各流水性並延詢當地士夫老農詳究風土所宜樹植各務得其大略察視溝洫通塞深淺各建壩閘涵洞俾其大小相承長短廣狹咸如其分驗諸長年水勢漲落權其利害輕重勸栽蘆葦楊柳柔其悍激之性值農忙則飭撥軍營畫段承工各具畚鍤就地興作而以諳習工程者導其先故民不擾而事亦集地方官紳購料集工向稱敏速統領章合才殫誠規畫併力營作隨員王詩正柳葆光奔走先後傳宣指畫商布一切動合機宜以故官民胥勸氣象一新訖事返署清理積牘復出省治理江蘇水利一切亦如江北辦法亦剋期竣

事維時省城修整市廛集料鳩工蓋造鋪屋兼造寓舍以待省試士子留王詩正督臣親軍併力修葺柳葆光亦留署淸理文案幫同照料比臣由蘇滬治河事竣回署則瓦屋鱗比居然成市矣王詩正遵飭履勘秦淮上游赤山湖及六合屬之朱家山一帶水利居民到處聚觀焚香列案苦求一律施治正紳如薛時雨鮑源深陳魯潘敦儼何士農等皆謂此兩處爲江南北水利最要鉅工迭經各前任大議興修或因經費不敷或因事機阻閡迄未就緒乞以時力成此舉貽以美利臣慨然引爲己任適王詩正遵旨回籍臣與江甯藩司梁肇煌鹽巡道德壽籌商於省城設立水利總局遴委諳悉工程道府丞倅數員入局襄辦接辦朱家山赤山湖兩處要工並調章合才總理楚軍營務指揮親軍以節臣勞而速

水務竊此工若成則滁州全椒來安江浦六合句容溧水上元各縣民田旱澇有備年穀可冀順成歲收約多數百萬斛蓋亦此方數十百世之利也就今日下游已見之效言之當夏秋盛漲時江西安徽沿江州縣蛟水暴發怒濤極天圩岸多毀而淮揚以下隄閘險工迭出究之得守且守俾下河得以及時收穫民氣漸蘇糧價亦平而福建山東直隸採米海船滿載而去吳民一飽之外仍欣欣然有餘三之樂雖由

聖明在上江神風伯効其靈文武官紳殫心竭力設法護持所致然非乘春水未生之先亟修隄壩宣洩攸宜恐無以臻此現飭省外各道府按照已修隄壩一律增高加厚兩旁挑濬溝渠去其淤墊加以樹植各統領營官僉撥兵勇助民夫營作但盼天氣暢暖明春二三月可一律竣事嗣後但議

歲修無須大舉而春苗秋稼均盼有收郡縣腹地民氣完固各知以身家爲重海防更易措手矣梁肇煌德壽於地方農田水利研究已深工程諳習章合才又一時良將於淮楚各軍素稱孚洽率作興事當可收一勞永逸之功則誠江南農民之幸亦即微臣之幸也

濬修赤山湖記

赤山之東有巨浸焉名曰絳湖受三茅瓦屋了髻浮虬諸山之水外環百數十里溉田萬頃潦則港汊交錯宣洩暢流旱則閘壩縱横潴渟屯澤固一方百世之利也吳人創之梁人通之唐宋以來屢修屢廢沿及前明湖身淤墊闢爲田畝據爲廬舍迄乎今日僅僅周四十里矣春水暴漲狂瀾欲倒秋暘燥烈漏巵無餘歷數百年豈無一二賢豪鋭意興修然非

閎於浮議即怵於巨工借觔難籌望洋徒歎歲在壬午湘潭侯相左公宗棠總督兩江關心民瘼上江句溧四邑紳佩合詞籲請勘估興工公奏　朝廷慨然引爲己任乃遴道員詳審地勢擇要修濬即飭諸將所部淮楚各軍率作興事肇於是年十月迄於甲申三月所濬東西流河道二十二里並建陳家村閘橋各一座旋擬接開東河達於寶堰以分秦淮水勢適閩海不靖公秉鉞南征湖工截止然即此水各有歸不致泛濫橫決而築隄修閘蓄洩以時足資灌溉旱潦有備年穀順成已造四邑十數萬農民之福湖濱舊有禹廟居民肖公像於別室而祔祀焉春田秋社芼芷薦馨世世祈報民不能忘也今年夏臨湖居民丐余作記余不敢以不文辭謹質言其顛末而以派撥兵數履勘委員及土方丈尺支用銀數

附識於後俾後之享其利者有所觀感焉時在光緒二十六年上章困敦之歲邑歲貢生候選訓導張瀛謹撰

附記興挑赤山湖工程派撥兵數

派撥統領銘武軍唐軍門所部二千五百人統領新兵營易軍門所部二千八粟鎮軍所部五百人都五千八

履勘委員辦理籌防局候補道陳鳴志都司陳鶴齡代理句容縣知縣黎光旦正任句容縣知縣張沇清試用同知陳光烈上元舉人秦際唐

興挑赤山湖土方丈尺支用銀數

赤山湖自道士壩起至陳家邊止計工長三千九百七丈九尺五寸五分共挑土十七萬五千八百十一方二分四釐三毫七絲五忽僱夫應給方價暨營勇米折等項共支銀一萬

七千九百六十八兩七錢三分一釐三毫七絲七忽又築壩車水並犒賞營勇共支銀三千三百兩又置辦器具等項共用銀一千一百七十九兩四錢六釐又修建陳家閘一座長七丈六尺寬一丈高一丈二尺重建陳家村石座木橋一座長十二丈二尺寬九尺高二丈二尺共支銀三千九百八十七兩九錢八分七釐又在工各委員夫價等項共支銀一千三百八十六兩五錢又總分局用差官司事書役人等飯食共支銀九百九兩七錢五分六釐共支用銀二萬八千七百三十二兩三錢八分三毫七絲七忽內除收殘缺器具變價銀二百六十九兩四錢三釐七毫六絲一忽八微抵支外實支用湘平銀二萬八千四百六十二兩九錢七分六釐六毫一絲五忽二微

附赤山湖河道記略

絳湖爲山水滙聚之所湖有五蕩屯水沿湖有九河進水夏秋雨集山水暴注五蕩屯焉然後由麻培橋流至陳家閘下注秦淮下圩免衝突之患上圩有蓄洩之區按麻培橋之溢出湖水也乃湖水坌集洶湧直下之路當湖水不甚泛溢時則由新圩東南角之蠏子壩從容流出由三岔鎮之永盛橋紆回而入秦淮永盛橋者即北山山水入湖之道其橋所跨之河即九河進水河道之一由麻培橋東走則有趙埠上村過趙埠上村則爲湖堰村出湖堰村循行約二三里湖邊有埂埂上爲南陌村過南陌村約三四里有將軍廟去廟不遠有平湖石相傳承平以前石之頂老鸛巢其上牧豎取卵緣梯可造其頂近則石頂未没於土者僅尺許牧童可坐而息

焉再行則有蘆亭村村前有萬壽庵庵側有橋名朱家橋乃其村人導引湖水以資灌溉禾苗之處過橋約半里又有名清潭橋橋之堍有三官殿神巷村引水灌田之處去此不遠又有名寶貝橋橋所跨河亦山水進湖河道之一又此路水多由印家邊經笪村望湖岡唐家莊一半流入鯉湖塘一半從寶貝橋流入赤山湖出寶貝橋則爲山陽地村又里許則爲赤岸村去此約數里有嶇名羊耳山山之隈有名羊耳橋橋所跨之河亦山水進湖河道之一此路水源由甲山虬山而來過羊耳山橋由堰北村下葛村之閒東走有道埠橋旁有小村曰道埠裏今其村已無居人由道埠村再前有西溪橋橋所跨河亦進湖山水河道之一此路水之來源多出虬山從上三墈過龍源橋而歸此以入湖橋旁有西來庵再行

為上葛村向東踰劉巷村里許有後白橋橋所跨河亦山水進湖河道之一由後白橋溯流而上則為堰裏村村前有堰橋由橋而上則為方溪村村有土橋此路水從天王寺來當是浮山瓦屋山雨山山水下注之區總歸後白橋流至塘壩頭村從新橋而入湖者新橋現已倒坍待修過新橋則非上容鄉地矣 邑人劉渭識

附南鄉水利說

縣之西南鄉近歲多歉澇則圩淹旱則山枯十餘年中訖無並稔者說者謂山田高患旱圩田低患澇理無兩得似也然何以前之不如此也按吾邑東南皆山而西偏一隅其勢差卑所謂圩鄉也山鄉之利全在塘壩塘壩淤淺則水無停留之所其病似在不知開浚塘壩圩鄉之利全在絳巖湖即赤山湖

以瀦水水由湖而入秦淮下流通上流自無泛濫之憂旱則又藉其所瀦之水以滋灌溉今湖由漸壅水不受瀦民又侵開湖地以植禾稼見呂志而湖亦漸見淺狹當山水大發之時急流奔突無所止蓄不至潰防決隄不止其病似在不知浚湖誠以山則利在水能留圩則利在水能留與能去也今留者既不能留去者復不易去山圩兩受其病攷南鄉諸山北境之水總歸於湖山水下先灌近山之塘壩徐徐而入湖又徐而入秦淮紆迴停頓極其自然誠以上流之塘壩不塞而湖能瀦水也自兵燹之後塘壩日淤湖亦就淺然核其受病之原反不在民之不能開浚也向者東南諸山林木郁茂庶草穢蕪山水發作而沙不下流塘壩者皆清水也由塘壩而入湖者亦清水也所以不致壅淤即少有所積開浚亦易非

若今之無可用力者自同治初温州台州安慶等處棚民寄居於此即以墾山爲事至光緒十四年荆豫客民又來開墾耕種兼開諸山如浮山歷山方山丫髻山瓦屋山一帶既經開徧且山未辦糧而種植麻麥利獲數倍由是山之荒者盡轉爲熟則草木全無無以阻遏淤沙水稍發沙即隨水而下如黄河之水大半是泥先淤近山之塘壩水大發則沙土亦隨水而下並淤下流之湖上流之塘壩受淤則水下愈急湖不潴水則下流愈塞而水下益急則山田失灌溉之利而受其衝淹之患圩田一時不能受此急流率多浸灕之害湖不潴水則水已悉入於江稍逢乾旱亦與山田同爲枯槁而已向之水發不厭其多水去不虞其竭者今水甫至則見爲淹水稍退即見其涸則山鄉之不患澇者今患之矣圩鄉之不

患旱者今患之矣此無他皆開山者爲之也此吾鄉水利受病之本末也 邑人胡景洛識

江城湖詳前志 按此湖爲東陽湖隄村一帶最要水利似不過稍形淤淺耳呂志云今廢爲圩誤

周家湖詳前志

泗莊湖在泗莊村前距治南十八里即斗門圩東之小湖也爲斗門圩瀦水處

馬塘湖在周戴村北距治西南十里水源發於筆架山等處湖長二里寬一里許

河

便民河在治北七十里舊名運河乾隆四十五年江南督撫奏開以避黃天蕩之險至四十八年始通行 御賜今名起上元攝山至句容龍潭又東至鎮江丹徒下師古灘以入於

江按便民河南岸汊河約十餘處名山水河河各有閘量水江之大小以啟閉山圩田均受其益歷年既遠汊河淤塞旱年潮水不能遠達山田坐失栽插之時澇年山水暴注宣洩不及橫流旁溢近河圩田多受其害度地勢而深濬之是有待於勤民者　又紅旗等港本淺狹近則淤墊更甚至九十月閒卽枯涸船隻不能暢行同治十一年候補府孫雲錦奉督部之命濬石埠橋一帶之河然未竟其功識者惜之

官塘河　新河　黃堰河　鳳凰河以上並詳前志

東橋河河源有二一自治東北駒驪崙山發源至孔家村東首戴村西首柏莊東首由白衣橋至神頭壩上溪村西首房家村前之夌雲橋下半里許歸此河一自治北寶華亭曽諸山發源至鋪頭橋滙總由鵓子橋竹廟橋楊塘橋蔡家橋小圩橋下半里許歸此河自是隨城環流至小南門之白陽橋大南門之南橋兆文橋西門五里杜家山之平橋由黃泥壩三岔鎮滙於絳湖是謂淮源

掘河在治東十三里西通秦淮昔吳運糧之處今已淤塞而河影倘在

崇福河淤鄉河皆在崇德鄉河源一自茅山諸峯而來由崇福橋入赤山湖一自鎖山鼉龍廟而來由義成橋

青墩埠入赤山湖兩河之水灌溉民圩十數處

新河在赤山湖麻培橋側光緒九年左文襄新濬深一丈闊一丈有奇

大河在高陽橋後水發源於甲山

東山河在治北東陽鎮之東河爲本鎮襟帶華山牖天龍射烏山諸山之水匯出於此北入於江沃田最廣近已淤塞光緒十七年鎮人周紹先倪珩稟請邑侯汪樹堂詳撥營兵挑濬已蒙上憲准撥在案尋汪侯升任通州不果鄉民至今惜之

附秦淮源

淮源有二其西源出溧水東廬山東源出句邑茅山元和郡縣志秦淮水源出上元縣南華山在丹陽湖熟兩縣界西北流經秣陵建康二縣之閒按自來志書皆以淮水有兩源一出溧水東廬山一出句容華山華山即今寶華山其山南麓有水固亦入淮然其流甚短不可以爲淮之正源也蓋元和志所謂華山者乃指今江甯之橫山丹陽者今小丹陽也湖熟者古湖熟縣也淮水經此乃西北流入江甯所指者仍東廬山所

發之水耳如謂華山即今寶華山其山豈在丹陽之界且其水乃南流非西北流也爲志書者皆不知華山之爲橫山故其言多不確耳惟茅山之流爲巨古以通運此當爲淮之一源古引入破岡瀆居山脊而東西分流今惟有西流之水吳志赤烏八年遣校尉陳勳將屯田及作士三萬人鑿句容中道自小其至雲陽西城通會市作邸閣自是以後六朝都於建康東南漕運士商艫舳由曲阿泝流入句容復沿下至秦淮皆賴此陳勳所鑿道也句容谿谷事由人鑿水小舟不並行故蕭子良言臺使於破岡逼商旅到下先過已船又由高而下其流易洩非埭無以蓄水古所云埭今閘壩也宋元凶劭破柏岡方山埭以絕東軍齊明帝時王敬則反曲阿令邱仲孚鑿長岡埭洩瀆水敬則軍至瀆涸不得過瀆固易洩難盈當時歲有修築功力必煩隋滅陳而故都同於下邑埭功既省深谷爲陵固其宜也顏魯公送劉太沖序云江月弦魄秦淮頂潮君行句溪正及春水似唐肅代時此水尚通而其後遂絕今句容茅山岡或云即古瀆所經之地想宜然耳建康實錄云陳勳鑿句容中道至雲陽名破岡瀆上下分爲十四埭上七埭入延陵界下七埭入江甯界於是東郡舟行不復經京江實錄此言誤京江通常州水道唐人始開六朝未有也謝安鎭兗設航海之備欲經略事了由海道東歸蓋謝公意不欲再詣都門不欲行句容之瀆苟非航海不能舟歸矣況吳時安得有京江路乎實錄又云梁以太子名綱乃廢破岡瀆開上容瀆在句容東南五里頂上分流一東南三十里十

六埭入延陵一西南二十五里五埭注句容上容瀆西流入江甯至陳霸先又湮上容瀆修破岡瀆隋平陳詔並廢之

其水西南過縣南受華山谿水華山水出華山北嶺南流遶縣東又南合茅山水茅山水又西北入上元界又西逕古湖孰縣北又名長谿水建康志引丹陽記湖孰前有長谿東受句容縣赤山湖水入於秦淮長谿北受秦淮水又受石谿及上元東山諸谿水舊志石溪在句容北五十里源出胄山淮水又西流折而北至方山西與西源合流按西源出東廬山西北流過溧水城東北過烏刹橋與明臙脂河合臙脂河首引高湻石臼湖水西入溧水界又東至洪藍埠入山又東北流過天生橋出山受溧水城西南山溪又北流過沙河橋東出通城濠西北出入於淮水淮水又北過石湫橋入上元界逕古秣陵縣之東又北至方山下至是兩源合焉淮水又北過湻化鎮關又西北過上方門至府城通濟門西流入城入江甯界其在城外者爲城濠水城濠水南流折而西過聚寶門與落馬澗合又西分支流由賽工橋三山橋西由北河口入江城濠水北流至西水

關復與城內之淮合淮水自通濟門入東水關與楊吳舊城東濠合又西至淮淸橋與靑溪合淮水又西南過武定橋經鎭淮西北過新橋又西北至斗門橋與運瀆合又西北出西水關復與城外濠水合遂沿石頭城以達於江約呂志云水之源發於山句邑地脈以茅山爲主山茅山北行至東北起崙山崙山西起五棋山五棊山西起華山華山之水南入秦淮北入大江華山之硬脊西走嚴山西南落平起胄山左落一支南結縣治西南正行一支起孔山誌稱爲雁門山雁門右落一支西北經上元長甯慈仁二鄉之地起棲霞山雁門復折而東南爲上元神泉鄉之地起湯山湯泉出於山之左其水東南經上元泉水鄉而入秦淮民多截之以資灌漑湯山山右之水南流由孔山西經上元長甯慈仁二鄉之地由棲霞而入大江湯山東南起大城山大城山南爲靑龍山靑龍東南行一支至上元之鳳城鄉爲湻化鎭又西而南行者爲彭城祈澤諸山其居中最長而南行直收秦淮者爲方山左右爲上元泉水惟政二鄉之地其水皆南入秦淮靑龍復折而西爲武岡山武岡破脊北走亦與靑龍山接又與孔山相接而煤井灰窑多在焉約劉湘煃上元水利論按湘煃江夏人著有江漢叢書論金陵水利甚詳

塘

郭西塘在西郭光緒十一年知縣張沆清重濬紳民爲立碑於塘側鈐塘在治南五里鈐塘村大可數十畝土人呼爲劍塘謂黃巢置劍於此其說甚謬沸塘在治東二十一里虎耳山西南里許其水常沸故名大培塘在治東十五里灌田二百餘畝大培塘在治東趙家村西灌田百畝上培塘在治東後塘村西南灌田百餘畝滁溜塘在柏莊村南許家大塘在治東小太平莊西灌田七十餘畝親家塘在治東二十里朱塘在治東北七里灌田三百餘畝孔家塘在治東蔣莊東北灌田百五十餘畝白馬塘在治東下隍村北灌田七十餘畝西塘在治東徐家邊村東首灌田百餘畝梁塘在治東三十里孫塘在治東十里許灌田百餘畝洋塘在闇頭村西南爲都包圩上水之一滙歸荷塘在後北墅村闊二十餘畝花塘在花塘頭村孔家塘在孔岡頭村西斛塘在斛村西黃塘在瑯琊鄉灌田二百餘畝全塘在孝義鄉灌田四百餘畝東灌塘在孝義鄉下坊邊村灌田百餘畝朱家塘在西岡村北灌田百餘畝白水塘在宋家莊西北大塘在紀莊村東上河塘下河塘在南城上村東楊家大塘在楊家村西菖蒲塘在尹家莊北碾塘在窑頭村周圍二里灌田二百餘畝沙塘在樊家邊灌田百餘畝大旱不竭何塘在石

頭岡村北為何守一所濬故名昆塘在治北范巷村東石獅塘在治西通德鄉石獅埠村東灌田九十餘畝

上司塘下司塘在治西善司廟後半里二塘毘連灌田一百餘畝滲塘灌田二百餘畝雖大旱不涸

大塘在治北東儲岡村南葛塘在治北葛塘頭村東南灌田七十餘畝圍子塘在治北木漲村南灌田七十畝

陳塘在治西十二里灌田二百餘畝周家塘在曹家村後灌田百餘畝魚阡塘在孔家村前荷花塘在西岡上官塘在墓東村北曹家塘在萬家村韓家塘在揚甸村東新塘在揚甸村西

東塘在杜家村東廟塘在馬閘里南汪家塘在地壇村沈塘在東宋家莊東北長塘在丁家巷村頭大塘在朱家下頭村東上山塘中山塘陸塘大陵塘

時堰塘焦家大塘荷花塘船塘以上八塘俱在通德鄉荷塘在南陵莊為一村之沃豸塘在科屋村中灌田百餘畝大塘在店岡村西競渡塘在甯巷村西北李塘在西村西南大藕塘在丁莊村西荷塘在史村北中塘在史村西南活地塘在西小溪村南前

塘在朱巷村南社塘在南唐莊村南白耳塘一名便塘在張墟村西廟塘在百子廟下灌田百餘畝

冬瓜塘在神符村東北灌田百餘畝泥塘在後王莊村東螞蟻塘在石頭岡之胡家邊烏雀塘

在湖家邊村西　將軍塘在王莊村北塘之東有將軍培培下有泉　板塘在王莊村西　大塘在王莊村前
上塘　下塘在西馮村北　荷塘在成村西　十畝塘在成村東　墩塘在楊巷村東周圍里許大
旱不涸　花塘在花茂村西　蘆草塘在花茂村長里許　三縣塘在臨泉鄉江甯溧水句容三縣以此
分界故名　上紅塘在治北上圩村南灌田百二十畝　下紅塘在治北小圩村西北灌田三百六十畝　上
觀塘　下觀塘在玉晨觀前塘面約三十畝　雙塘在治北雙塘村東灌田八十餘畝　大塘在治北戴
家村西　新塘在小戴家村西　下圩塘在揚塘圩西北　上明塘　下明塘在治北滕家村後　後
黃塘在治北章家邊村東　窑塘在治北章家邊村東南　漕塘在治西土橋鎮長基岡前明正德元年紳士王
芳重濬　過湖塘在伍城圩欒家村　馬塘在東陽鎮西數武　靈塘在東陽鎮西數武　破塘在東
陽鎮西半里許　潮水塘在東陽盧君觀後　官塘在東陽鎮丁家園前　周婆塘在東陽鎮上街外數武
石人塘在東陽鎮南半里許　倪家塘在東陽鎮倪家園前　貴塘在東陽鎮左首數武　寺塘在東陽鎮
宋熙寺後　沈公塘在東陽鎮南半里許　養心塘在龍潭鎮中諸山之水滙於此而後北達運河今已淤塞　余
家塘在倉頭鎮西山水滙集於此由萬善橋以達於河　雙塘在倉頭鎮東北以兩塘連屬故名　蘆堰塘

在下蜀鎮之西里許廣可六十畝沃田頃餘　**三連塘**在治北顧家壩北首塘心有井一口大旱不竭　**鍋底塘**在下蜀鎮之西　**山化塘**在下蜀鎮之西南　**清水塘**在下蜀鎮之東南　**雙塘**在下蜀鎮東橋外　**龍泉塘**在下蜀鎮東橋外　**新塘**在下蜀鎮東北鍾家圩　**花園塘**在下蜀鎮南寺之前　**鍾家塘**在下蜀鎮南寺後　**黃泥塘**在下蜀鎮西　**清水塘**在仁信鄉紀家窑左首相傳下有七泉雖大旱不涸　**岐塘**在曹家邊村北現水源湮塞待濬　**雁塘**　**蛇塘**俱在治北城上村　**東塘**在治北居家邊村北

以上諸塘淤淺待濬者多矣所以不能爲旱備也

壩

城頭壩在治東光里廟前自崙山發源下達東橋河　**千層壩**在治東北徐家邊村北首自驪山發源　**新壩**在治東鄒巷村西自大培塘來源下達淤鄉河　**斜橋壩**在治東張巷村南郎新壩來源　**路下壩**在治東茅莊村東自驪山發源下達寶堰鎮　**木橋壩**在茅莊村東　**下塘壩**在治東麇墅村西北自驪山發源至山培村西格橋下半里許二水合流由麇墅橋達寶堰　**大壩**在治東上溪村前自掘河發源歸東橋河　**青龍壩**在治下隍村北自掘河發源東達蘇浙　**西沿壩**在治東梁塘村西長二里許　**北堰壩**在治東相莊村後下郎北

堰橋**石壩**在治東本湖郵西南大悲庵前舊係石壩康熙時居民始易以土**土橋壩**　**上壩**　**下壩**　**東壩**均在治東**江北壩**在治東木瓜園東上流發源於仇家邊村南大山嘴下流由朱家壩入戴亭中橋壩西南經上戴村注於大河**流水壩**在袁巷里村西**大壩**在南唐村西南**澗底壩**在常城村西**西橋壩**在牌樓下村西南**碼頭壩**在揚甸村北**漏底壩**在揚甸村北**鞠壩**在東小溪村西南**大壩**在朱巷村西**土壩**在西岡村東**七畝壩**在王家邊村前**蒲塘壩**在治東二十五里西佴墅村南**仙塘壩**　**黃家壩**　**總壩**　**三畝壩**　**節節壩**　**白虎壩**以上均在治東**椿壩**在治東南二十五里**黃堰壩**在治西南十餘里周戴村西相傳宋慶元間所建句境東橋河水必西流至壩前以通秦淮其北自筆架山一帶來水滙聚此壩之河以達秦淮通德福祚兩鄉田畝五千餘頃皆資其灌溉壩以黃泥築成土人又呼爲黃泥壩云**蠏子壩**在三岔南赤山湖邊此壩管七十二埠三十六圩自茅山進水至赤山以達壩口居民賴之**廟頭壩**在三岔西赤山湖邊**道士壩**在赤山湖外河東南**上壩**在泗莊湖東**橫壩**一名橫堤在斗門圩南**塘泥壩**在道士埠由茅山來水必自此壩轉西北而歸大河入秦淮**岔河壩**在杜家村周戴村等處爲馬塘湖阻水之壩在黃堰壩下**西頭壩**在東孔社西**清水壩**在陰橋頭西其水爲茅山

支流東滙入淤鄉河下通赤山湖爲崇德鄉東半水利最要之區石𪣻在西孔社東王家𪣻在上容鄉八圖下葛村赤山湖南高丈餘長十丈外每歲一修𪣻上有河一道上通承仙鄉之南水源由瓦屋山巫山及諸小山來一經山水泛漲由東至西滙歸是河𪣻上數十村之圩田不至淹沒者皆此𪣻之力也大橋𪣻在周岡普濟庵後橋下丈餘原有𪣻兵燹後未築凡橋上之田百餘畝時逢天旱必倒吸此𪣻水以救之按此𪣻乃浮山北境水之所經過劉王𪣻在丫髻山麓長塘𪣻在穀城張巷村𪣻在張村前𪣻即句溧之分界烏龍𪣻在上容鄉水由溧水諸山來黃老鼠𪣻水由虬山來由岩子里大小蔣家邊西岡頭下村堰北入於赤山湖爲諸村水利之要區龍腰𪣻在圩塘頭村西大𪣻在成村西石𪣻在楊巷村後光緒六年村人戴蕚重建祠堂𪣻在方山麓南塘𪣻爲周家邊寺前村揚句村後倪村蓄水處黃金𪣻在治西琅琊六圖灌溉田百數十畝高家𪣻在黃金𪣻下曹塘𪣻新塘𪣻蟬塘𪣻以上均在高家𪣻下上𪣻下𪣻畚柯𪣻小河𪣻以上均在通德鄉長生𪣻在通德鄉光緒十六年運石改建約費七百金楊家𪣻木龍𪣻時莊𪣻嚴家𪣻海家𪣻烏塘𪣻以上均在治西土橋鎮左右山河𪣻在治北瑯琊十圖長楊𪣻在治北十三里烏龍𪣻楊圩𪣻

新壩　章子壩以上均在孝義鄉　大壩在治北楊埠村東　孫家壩在治北耶耶鄉　顧家壩附邑人王榮浩顧家壩水利說天下事有顧眉睫之利而貽無窮之患者其開山種穀乎夫種樹於山藝穀於田此自然之利也必欲盡地之利而易山爲田於古未有也有之自道光間安慶人始其初入境也結棚而居不佃田而佃山山不徵糧利一新墾之土必壯收獲較多利二雨後有浮土可以代壅利三山不論畝可以縱意所如利四有此數利開種旱穀者所由蜂聚而至而近山居民初亦因其浮土之自上而下可以肥不而坐收近利也遂不之禁又烏知後患之不可收拾乎蓋北境之山華山爲最其流南入秦淮北入大江而入江之水實巨於入淮於是由大澗灣而下山民築澗以瀦水自紅門樓蘇家邊連巷顧家壩一帶蜿蜒二十餘里澗寛三四丈至窄亦二丈有奇深二丈淺亦有丈餘春夏則約水上田秋冬則放之於河旱潦無虞法至善也迨鄰近之山既開土鬆易潰濯濯者無所阻滯一逢夏雨連降山水洶涌沙石隨之而下年復一年澗漸於塞水不能容旁流橫溢田禾有淹沒之虞廬舍遭衝突之害至此始悟開山之患有力者出而阻之阻之不能且訟之官遂長爲調停之說已開者聽未開者止然山民受病已深自此遂有歉年而無樂歲矣現則愈淤愈淺澗與田平欲爲此方興利非濬深其澗不可而工程浩大補救良難余故著其始末如此以待後之念民瘼而施實澤者　石壩在治北城上村東

閘

陳家閘詳赤山湖下　蔡家橋閘　白羊橋閘二閘於光緒二十年重建　木橋閘在治東解塘村東未建　漏堰閘在治東漏堰村東光緒初年重建　石閘在治東仙塘壩東　太平閘在袁相里東未建　塘壩閘在都包圩　花溪閘在白雲觀不昧橋下光緒十二年蘇州陳柳橋捐建　王家閘

薛圩閘　涂圩閘　河口石閘　朱家閘　蘇家閘　闞家閘　解家閘　鎮山圩閘　季家閘　官閘　刁家閘　潘家閘　朱莊閘以上諸閘皆在便民河南岸　柏家閘在靖安廠爲西大圩三千餘畝課田之水利四面附以窑場三截場之上壙圩道光初年因陋就簡造有松木板閘七十餘年來迭次修理已朽爛岌岌可危光緒二十年圩董等集衆計議採石青龍山於水涸時改建仍舊制長五丈五尺寬二尺七寸高二尺九寸石厚五寸有奇司其事者爲王愛堂徐良臣

圩岸

沙州圩在三岔鎮東首水由赤山湖岔河進　沙新圩在沙州圩前左文襄開新河之土加築者

陳家圩在陳家圩村東由黃堰壩馬塘湖一帶來水　漢堰圩在闞巷村西

周戴圩在周戴村西南　斗門圩一名新志圩在三岔鎮北里許

義成圩即義成橋之圩東接崇德鄉界西接焦公圩　焦公圩在青城埠東南

崇福圩在道士埠距青城埠二里許　老圩在岡子山等村

都包圩在崇德鄉西南　東湖圩在赤山湖東南

家西圩在閘頭村東北　黃毛圩在夏莊橋東北

大埠圩在蘆江橋北　厦莊圩在厦莊橋北

新州圩在蘆江橋河北岸之東　龍埠圩在下葛村西

三包圩　東廠圩

西岡圩　東道圩

蒲長圩以上皆在上容崇德兩鄉　玉帶圩在堰北村北一名全家埠

尖灘圩　章家圩

王家圩　大軍圩

戴家圩以上五圩皆在龍潭鎮東　頭圩在倉頭鎮西六里許
二圩與頭圩毗連　三圩與二圩毗連
小四圩與三圩毗連最低窪　大四圩在鳳檀鄉九圖
五圩在倉頭鎮東五里許以汶河分界現河身均已淤淺山水下注最易淹沒　以上諸圩皆在便民河南岸
亭子圩在銅冶村北　馬廠圩在銅冶村北
尖圩在倉頭鎮西半里許　邵家圩在倉頭鎮西
鎮山圩在倉頭鎮北鎮山下　上中圩在倉頭鎮北
韓大圩在倉頭鎮北　楊家圩在王府莊村前
青山圩在倉頭鎮東北三里許　八十畝圩在便民河南岸陳家莊前
馬廠圩在下蜀鎮西此圩以草場徵賦　西大圩在靖安廠地係上句交雜此圩獨隸句容

金陵志載句容圩岸九十六處後惟存六十三處今則並其所存者而名有互異矣攷縣境山多而圩少諸圩水利南則

倚賴於赤山湖北則倚賴於便民河而皆病在淤淺葢圩田最懼山水湖河不能容洩圩卽瀰漫至保圩重在修隄不待智者而辨之矣戚氏志云農民生計居處多在圩中每遇水至則舉村闔社日夜併力守圩辛苦狼狽於淤泥之中如禦大寇幸而雨不連降風不涌浪可以苟全一歲之計其爲壞決則水注圩中平陸良田頃刻變爲江湖哭聲徧野挐舟結筏走避他處國賦民食兩皆失之是皆水不安流之故耳其言最爲痛切

續纂句容縣志卷六上

續纂句容縣志卷六下

邑人張餘堂分纂

風俗物產

吾邑在萬山中土風樸厚前志所謂秉性愿慤習尙禮義非虛語也自粵西匪亂後風俗稍稍異矣然士以慕勢爲恥民以畏法爲心先民矩矱猶有存者至物產之盛衰恆與俗尙之侈儉相因附載於後亦以見物土之宜云爾志風俗物產

聘禮納聘禮其筭盒中用柏枝及絲線絡菓作長串或翦綵作鴛鴦又或以糖澆成之又用膠漆丁香粘合綵絨結束或用萬年青草吉祥草相詡爲吉慶之兆攷通志婚禮後漢之俗聘禮三十物以元纁羊雁淸白酒粳米稷米蒲葦卷柏嘉禾長命縷膠漆五色絲合驩鈴九子墨金錢祿得香草鳳凰舍利獸鴛鴦受福獸魚鹿鳥九子婦陽燧鑽凡二十八物又有丹爲五色之

縈青爲東方之始共三十物皆有俗儀不足書按此則今俗相沿之儀有自來矣

近代喪禮中有二事循俗而與古反者沿流既久遽難變之其一曰服古人遇死喪凡應服某服者或內親或外親人自製其所應服之服哭之交友亦不以元冠色衣弔蓋哀感在心故必變服以臨之耳乃今自同宗外凡應服者必喪家送布始製而服之不送卽應服而元其冠色其衣者有矣甚且喪家力不能送共以詬厲加之而大家復有破孝送帛之事破孝毋論何人但入弔者卽贈以布或絹有生平不一識面聞名爲布而弔者矣不知變服志哀乃哀之旗心既不哀服於何有且送而不服尤屬無謂至送帛則本不爲服直以幣帛將孝子之敬爲酬酢而已其一曰奠始死而有奠記所謂餘閣者也成服後諸祭皆

主人自爲之其在姻友有賻禭賵已耳賻以錢帛禭以衣服賵以車馬皆以助殮與殯之事今則賻禭之禮閒有行焉賵則江南絕未聞者乃代爲喪家致祭屠割羊豕崇飾菓蓏粔籹餦餭寓錢楮幣之類闐塞於庭客乃爲酹酒致敬夫酹乃主人之事賓客乃代而行之知禮者謂宜於送孝上祭一切止之惟有服者人自製而服以示哀戚變常之意其在賓客第行賻禭以助之或貧者出力以佐其事祭悉輟而不舉庶使喪主人不苦於送帛之紛紛而賓客亦不爲此無益之縻費是亦從禮從儉之一端也

喪禮之不講甚矣前輩士大夫如張憲副祥有期之喪猶著齊衰見客其後或有期功服者鮮衣盛飾無異平時世俗安之毫不爲怪閒有守禮者恐矯俗招尤不敢行也昔晉人放曠禮法

之外爲儒者所詬乃其時陳壽居喪使婢丸藥坐廢不仕謝安石期功不廢絲竹人猶非之視今日當何如哉余謂士大夫在官有公制固所不論至里居遭喪卽期功亦宜示稍與常異如非公務謁有司不變服不赴筵會卽赴亦不聽聲樂不躬行賀慶禮不先謁賓客庶古禮猶幾存什一於千百也以上顧起元客坐贅語

昔年文人墨士雖不逮先輩亦稍涉獵聚會之閒言辭彬彬可聽今或衣巾輩言談之際多雜亂不雅又嘉靖中年以前猶循禮法見尊長多執年幼禮近來蕩然或與先輩抗衡甚至有遇尊長乘騎不下者又昔年市井僻陋處多有豐厚俊偉老者不惟忠厚樸實且禮貌言動可觀三四十年雖通衢亦少見矣又昔年士大夫有號者十有四五雖有號然多呼字後來束髮時卽有號末年奴僕輿隸俳優無不有之又古昔富厚之家多謹

禮法屋室不敢淫飲食不敢過後遂肆然無忌服飾器用宮室車馬僭擬不可言王丹邱建業風俗記

父母死人子宜謹事飯含庀喪具蓋棺在卽色笑承違頃刻不應離左右矣金陵陋俗族姻尊長必躬往告否則詬責甚厲惟陳恪勤公爲太守能引士喪禮禁止之

吳越彥上高澹張明府書云條風乍拂正宜有事西疇乃神旂高樹社帖紛傳搆花臺演傳奇所費不貲誠不牽於禍福之說嚴行禁止救荒裕課弭盜莫善於此

茶坊之盛亦在近年舊家廳屋改而開設入其中座上客常滿也何處得許多閒漢以上金鼇待徵錄　按鄉村之有茶肆自近年始

按以上諸論雖不爲本邑而言然皆切中今日之流弊故採而錄之以爲轉移風俗者勸

嘉慶間句容俗尚敦龐雨暘時若雖素封之家冠裳襪履不逢慶賀無衣帛者客至則家釀園蔬取之宮中而自足親朋戚友無告貸者見丐者爲希罕物入其家倉箱豐厚行其庭婦子恬熙越十數年家稍贏餘冠裳襪履無衣布者有衣布者則曰喪服婦女服飾華靡雖后妃莫能過客至四簋則曰便饌宴會賓客則倡優萃至連宵達旦費數十百金以爲常乞兒充塞道路入其家倉箱空虛行其庭婦子詬誶窮奢極欲伊於胡底上帝震怒以致水火刀兵旱潦瘟疫勃然驟致慘殺屠戮幾無孑遺同治初年家邦既復溝壑餘生俗尚勤儉士大夫布衣帛冠吉凶慶弔無乘輿者鄉民力田之餘肩負薪米售諸坊郭不入茶寮酒肆婦女椎髻操作荊布自適癘疫不作年穀順成百物價廉比戶贍足民風渾噩訟獄清簡十數年後俗漸奢侈婚嫁喪

葬之費動百餘緡鄉人至邑啜茶飲酒者座常滿闤闠宴集綺羅珠翠光耀奪目服飾頭面競尚新奇水旱間作穀亦稍稍貴矣近年風趨愈下百物價昂牙角之爭貲產立罄雖中稔之年民有菜色良可嘅已以上采張瀛說

自咸豐十年兵燹以後縣之南鄉戶口凋零不及承平時十之二三田地山場大半荒棄光緒十四年荆豫客民來開辟殆盡其器用與耕耨之法與吾鄉大異今土民類多效之土客雜處其於水利多寡之間塘硱啟閉之法土民往往受其滋擾往時插苗土民必待夏至客民則在小滿時已徧插矣

吾鄉婦女舊皆著腰裙有不著者卽被人指謫自光緒十四年以來著腰裙者十之二三亦化客民之俗也客婦卽行禮着腰裙者絕少

同治初雖承平未久民氣未復而居鄉者多土著即所招佃戶大半江以北人與吾鄉習俗不甚相遠所以民皆安堵訟獄不生自客民入境多强暴不循土風於是盜賊叢起訟獄繁興敦厖之風亦爲之頓減矣

句容民好賈而南鄉爲尤甚乾嘉時富民林立甲於一邑皆賈爲之也其讀書好古者雖較少然巍科高第未絕也騷人墨客不爲無人自遭兵燹服賈之家已不得承平時十分之一若咨經諏史尤所罕聞固有心世道者之深憂也以上宋胡景洛說

服之不衷身之災也自海禁既開凡衣服器用多染西人獨吾邑仍循常制不競時趨短衣窄襟邊領小袖諸異服至今猶罕見之此固風氣之習於樸質亦由良有司之善於維持也宋駱崇光說

厲壇之祭以城隍神臨之禮也好事者設立隨會名目赭衣滿路鐵鎖琅璫男女雜遝貴賤不分聞道光中知縣王檢心曾禁止之

北五鎮居民稠密闤闠鱗列其中市面東陽爲最下蜀次之龍潭橋頭又次之倉頭爲下然亂前殷實甲於他鎮爲士爲賈者必兼業農故其風甚樸其人不文今列肆較多於前而風俗遠不逮古矣以上采訪

物産

句容農田皆稻麥二種而稻爲多洋秈稻則楚豫客民攜至者性耐旱潦米色晶白尤嘉種也浮山芝蔴肥美甲於他處土名浮山蔴木之異者若山桃南燭側柏出茅山李文饒平泉草木記所珍視前志已言之茅山又有漢柏唐桂其草藥則茅山蒼

朮爲冠陶貞白所謂味重金漿芳踰玉液者也銅山則產黃精太子參茅山華山俱出葛產華山者佳其果實則有松鶴山之銀杏山在天王寺南肥美而圓仁內無心林禽則治北小窰村最良菜則周彥倫所謂春韭晚菘者皆備鱗介之屬最珍者尺八蠏出赤山湖其殼青色絲則近來南北鄉出數甚多實物產之大宗茶則有空青雲霧東陽華山口最著名王門橋所產亦高品花之異俱在治北者乾元觀之白玉蘭相傳爲陶貞白所手植黃墅之白牡丹其花色白如玉瓣邊微黃根有青蓮色花鬚深黃心紅如猩血綠葉青莖扶疏一本繁枝蔓延數圍備呈五色相傳其種爲鹿蹄來洪逆踞金陵時使八移其根去久之未活而所掘之根旋發皆靈物也此外有非邑所專產者不書書其異者

續纂句容縣志卷六下